國語國文學叢書 092

捷解蒙語

학자원

국어국문학총서 92
捷解蒙語

2018년 9월 15일 초판 1쇄 발행

저　자 : 李世烋 等
펴낸이 : 김병환
펴낸곳 : 학자원
주　소 : 134-814 서울시 강동구 천호대로 1121
전　화 : 02) 6403-1000
팩　스 : 02) 6338-1001
E-mail : hakjaone@daum.net
등　록 : 2011년 3월 24일 제324-2011-14호

HAKJAONE Publishing Co.
1121 Cheonho-Daero Kangdong-Gu Seoul

ISBN : 979-11-6247-061-9 93810

값 30,000원

捷解蒙語

(서울大奎章閣本)

捷解蒙語 解題

金　炯　秀

— 蒙學三書研究에서 —

司譯院 關係의 敎材로서 〃捷解〃 類로는 四學 중에서 漢語와 滿州語(清語)에서는 볼 수 없고、倭語와 蒙古語에서만 볼 수 있다。

倭語로는 17世紀에 刊行된 〃捷解新語〃와 그 後에 이룩된 改刊本들이 傳하고、蒙古語로는 18世紀에 들어서 刊行된 〃捷解蒙語〃가 傳하고 있는데、이 倭語와 蒙古語의 〃捷解〃書는 그 內容이 各各 다른 것으로 되어 있다。

〃捷解蒙語〃의 刊行은 두 차례에 걸쳐 행해진 것으로 다음과 같다。

첫번째는、乾隆 丁巳 즉 英祖 13年(1737 A.D.)에 李世烋 등에 依해서 刊行된 것으로、여기에 對해서는 〃通文館志(卷二) 科學〔續〕條에 있는 〃蒙學八冊〃 註의 守成事鑑 御史箴 孔夫子 伯顔波豆 待漏院記 音義不適時用 故乾隆丁巳筵禀定奪並去前書 以新飜捷解蒙語四卷行用 並與老乞大抽七處寫字 以准漢學冊數이란 記錄에서와 同書(卷八) 什物〔續〕條의 捷解蒙語板 乾隆丁巳 蒙學官 李世烋等捐財刊板이란 記錄을 보아 알 수 있다。

두번째는、乾隆庚戌 즉 正祖 14年(1790 A.D.)에 方孝彦 등에 依해서 訂正 刊行된 것으로、여기 對해서는 奎章閣本 〃捷解蒙語〃의 最終卷인 第四의 末尾에 附載되어 있는 李瀷의 〃蒙學三書重刊序〃에 詳記되어 있다。

書名으로는 위에 引用한 〃通文館志〃(卷二)科學〔續〕條와 同書(卷八) 什物〔續〕條의 記錄으로 보아 英祖 13年의 初刊本에 對해서는 〃新飜捷解蒙語〃 또는 〃捷解蒙語〃로 두루 불렀으리라 생각된다。

그리고、李瀷의 〃蒙學三書重刊序〃에 있는

老乞大及 類解二書則隨其字音之差異者 仍舊板而補刊之 捷解一書則並與字音語 套而改之 始役半載功告訖 本學訓長方君孝彦實主之

와 같은 記錄으로 보아、1790年 方孝彦 등에 依해서 〃蒙學三書〃를 改訂刊行時는 〃蒙語老乞大〃와 〃蒙語類解〃 二書는 〃字音〃만을 修正했고、〃捷解蒙語〃는 〃字音 語套〃를 아울러 修正했음을 알 수 있다。

現存 〃捷解蒙語〃는 모두 四卷四冊으로 된 木版本으로 第四 最後의 두張만이 書簡文이고、그 外는 모두 두 사람의 對話로 이루어져 있다。各卷의 張數는 第一、第二가 各 20張、第三、第四가 各 17張으로 되어 있으며、每張의 前後面은 各六行으로 하여 蒙古字 本文 右側에 한글 發音表記가 並記되어 있고、그 뒤에 國譯文이 뒤따르고 있는데、그 體裁는 〃捷解新語〃와 同一하고、〃蒙語老乞大〃와도 비슷하다。

그리고、奎章閣本에서는 最終卷인 第四의 末尾에 李瀷의 〃蒙學三重刊序〃가 附載되어 있는데、가람文庫本과 東洋文庫本에서는 이를 缺하고 있다。

〃捷解蒙語〃의 現存本으로는 서울大學校 中央圖書館에 奎章閣所藏本과 가람 文庫所藏本이 있고、또한 日本 東洋文庫所藏本이 있다。

筆者는 奎章閣本、가람文庫本、東洋文庫本이 셋을 두고 對照해 볼 때、셋 다 同一版本임이 쉽게 확인되었다。現在 우리가 볼 수 있는 이 現存本은 方孝彦 등에 依해서 正祖 14年(1790 A.D.)에 〃字音 語套〃 등을 修正하여 刊行한 것이다。

쓰고 ᄒᆞ여 비치쿼 둘 타마 가 서굴

새한 외란 베치뷔 고림을잘ᄀ독 비침과뎜과동

닑어닉여외오고 처음으로反切을 아 투술 빈두 기

웅신 볼바수라굴 고 쳐거지러위

툭탐 알반 호얄 토로개 기

捷解蒙語第一

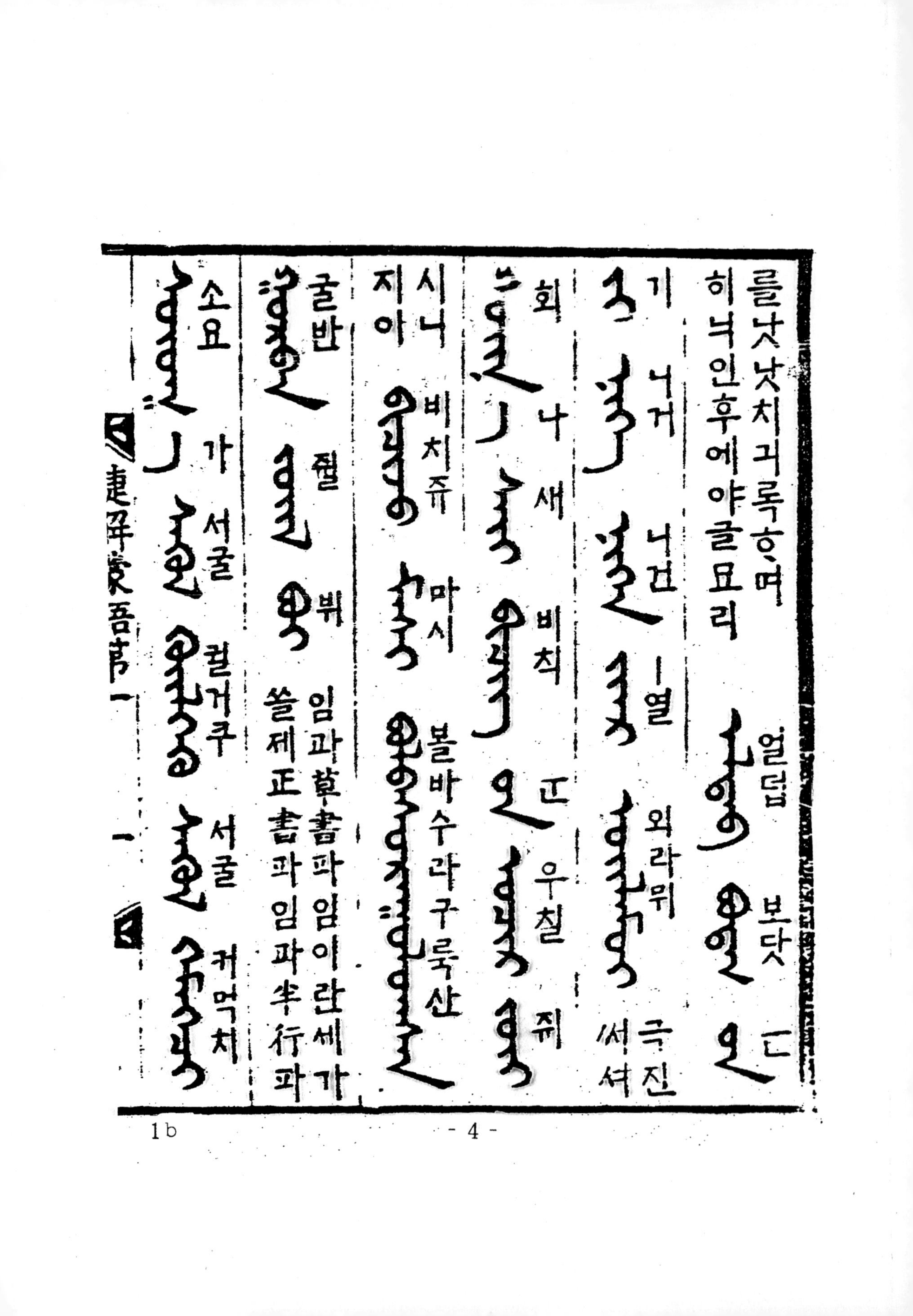

를낫ᄉ낫치긔록ᄒᆞ며
히녀인후에야글묘리
얼덥 보닷ᄉ ᄃ
기 니거 니건 -열 외라위 극진
ᄡᅥ셔
회 나 새 비치 됴 우칠 쥐
시니 비치쥬 마시
지아 볼바수라구룩산
굴반 쥘 뷔
임과草書파임이란세가
쓸제正書과임파半行과
소요 가 서굴 컬거쿠 서굴 커먹치

우쥭 ㅣ 쳡 타나후 연 투라

질 도토가두 둘 아리바 비치

우게 술바수 아니ᄒᆞ고 ᄇᆡ호면 굴반

날마다 이리 게을리

술무러셔 어둘 부리 엔 오솔다후

모로ᄂᆞᆫ거

ᄶᅵ라 우루 머더퀴 기 아사구쥬

홈을알

배달 너 러 기 타나뮈 형상과일

온갓거세

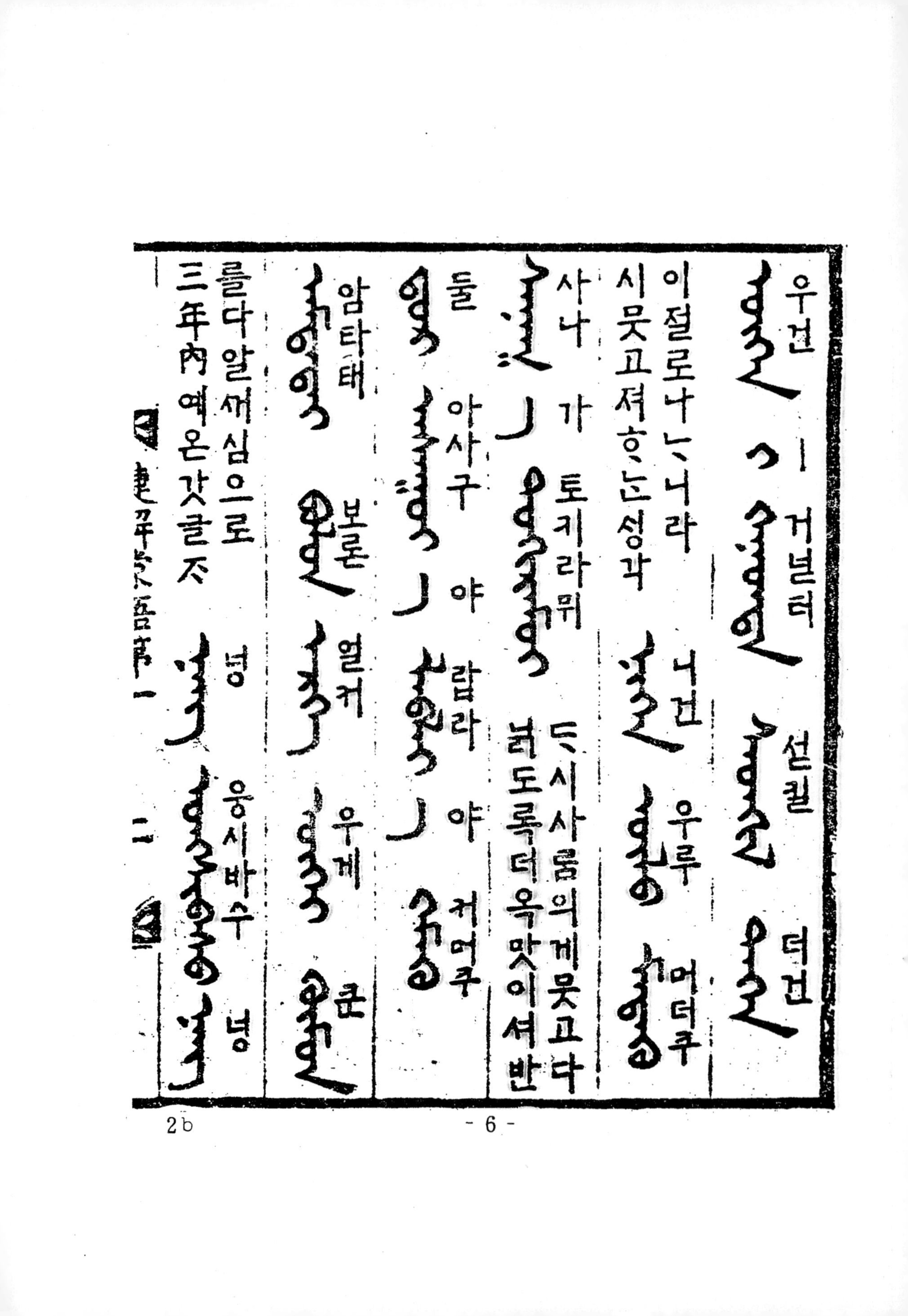

우건 이 거브터 선궐 더권

이졀로나ᄂᆞ니라 니권 우루 머더쿠

시ᄆᆞᆺ고져ᄒᆞᄂᆞᆫ싱각

사나 가 토기라뮈 ᄃᆞ시사ᄅᆞᄆᆡ게뭇고다

ᄂᆞ려도록더옥맛이셔반

둘 아사구 야 랍라 야 거머쿠

암타태 보론 얼귀 우게 쿤

를다알새심으로 넝 웅시바수 넝

三年內예온갓글ᄌᆞ

선길 다루쥬 바사쿠 머더쿠 쿤

토기라위

ᄆᆞᄋᆞᆷ이절로나ᄂᆞ니 어더

속으로깃거또驕慢ᄒᆞᆫ

바얄라쥬 바사 오몰학 선길

아마란

슬어든ᄃᆞᆺ시싀훤ᄒᆞ여 도도라반

ᄯᅳᆺ과ᄆᆞᄋᆞᆷ에ᄭᅮᆷ일흔거

다뤼 거더더선 오록산 머두

올바수 득ᄆᆞᄋᆞᆷ에어드면 사나 가 섬길

ᄒᆞᆫ모로ᄂᆞᆫ말을믄

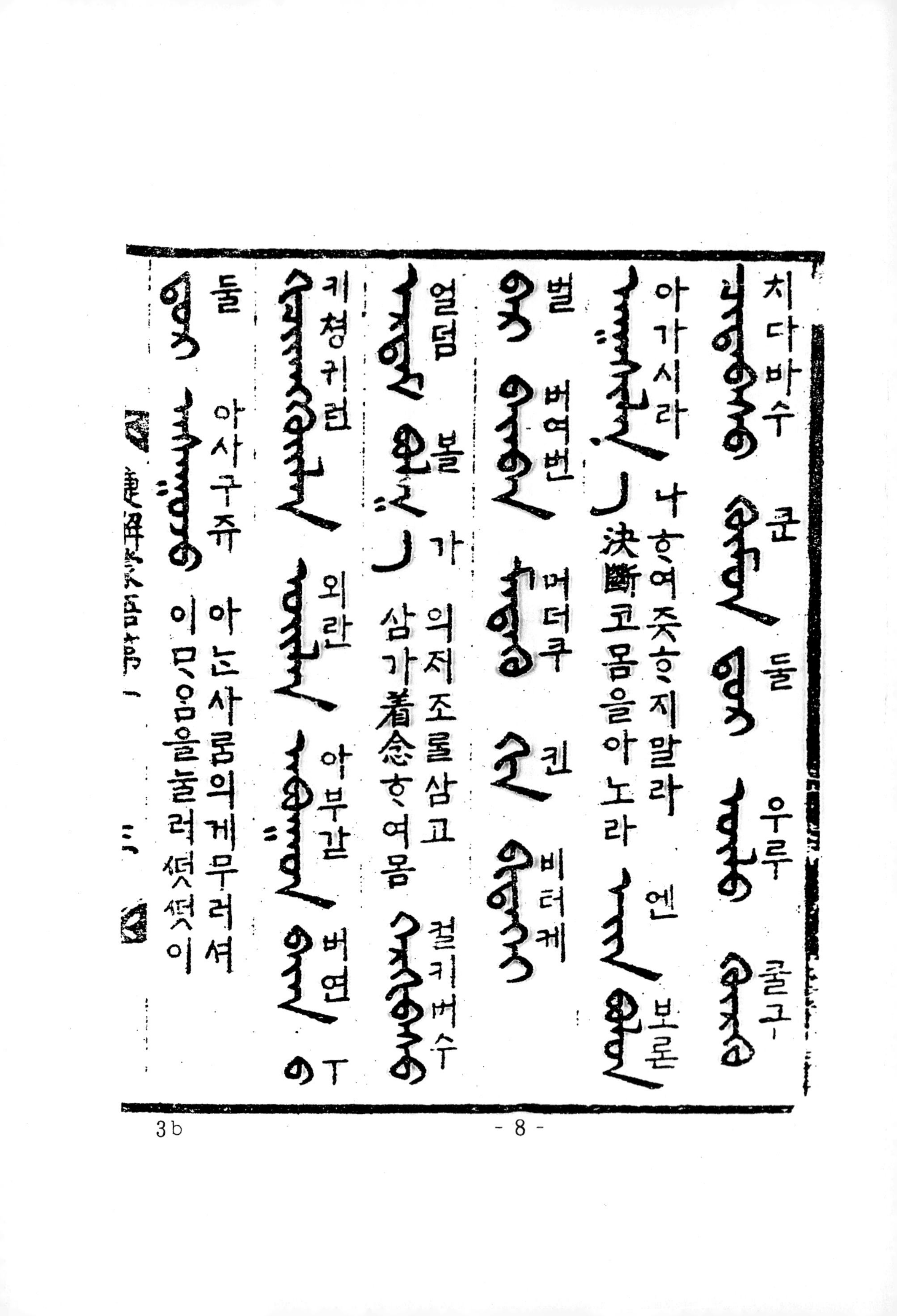

치다바수 쿤 둘 우루 굴그ㅡ

아가시라 나 ᄒᆞ여 즈ᄎᆞᆫᄒᆞ지 말라 엔 보론

決斷ᄒᆞ고 몸을 아노라

벌 버여번 머더쿠 퀸 비터게

얼덤 볼 가 의저조로 삼고 걸키버수

삼가 着念ᄒᆞ여 몸

키청키런 외란 아부갈 버연 ㅜ

둘 아사구쥬 아ᄂᆞᆫ 사ᄅᆞᆷ의게 무러셔

이 ᄆᆞᄋᆞᆷ을 눌러 ᄡᅥᆺᄡᅥᆺ이

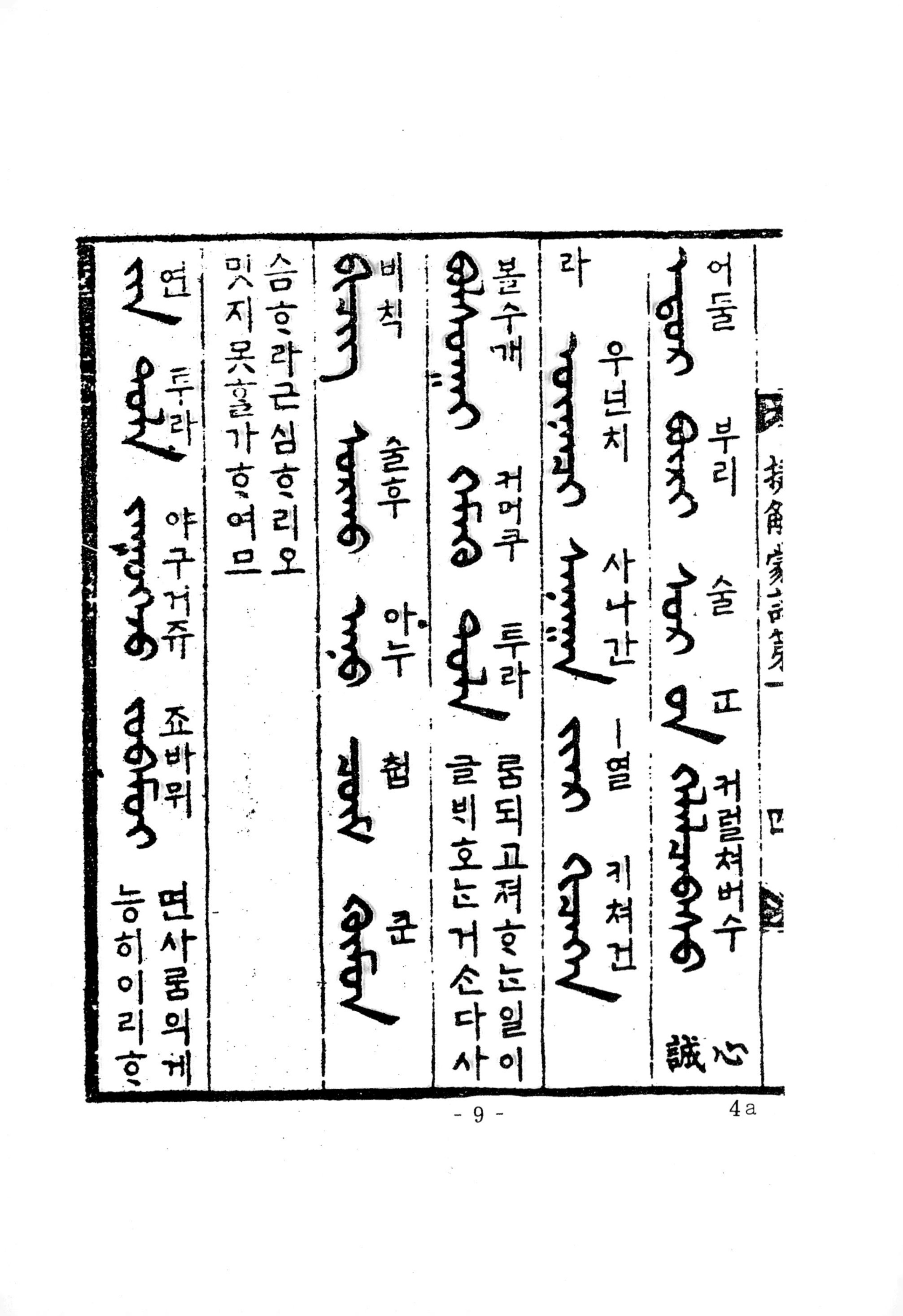

어둘 부리 술 고 거럴쳐버수

心識

라

우녀치 사나간 ㅣ열 키쳐건

볼수개 커머쿠 투라

롬되고져ᄒᆞᄂᆞᆫ일이
글빅호ᄂᆞᆫ거손다사

비칙 술후 아누 쳡 쿤

슴ᄒᆞ라근심ᄒᆞ리오
밋ᄉ지못ᄒᆞᆯ가ᄒᆞ여므

연 투라 야구거쥬 죠바뮈

면사롬의게
능히이리ᄒᆞ

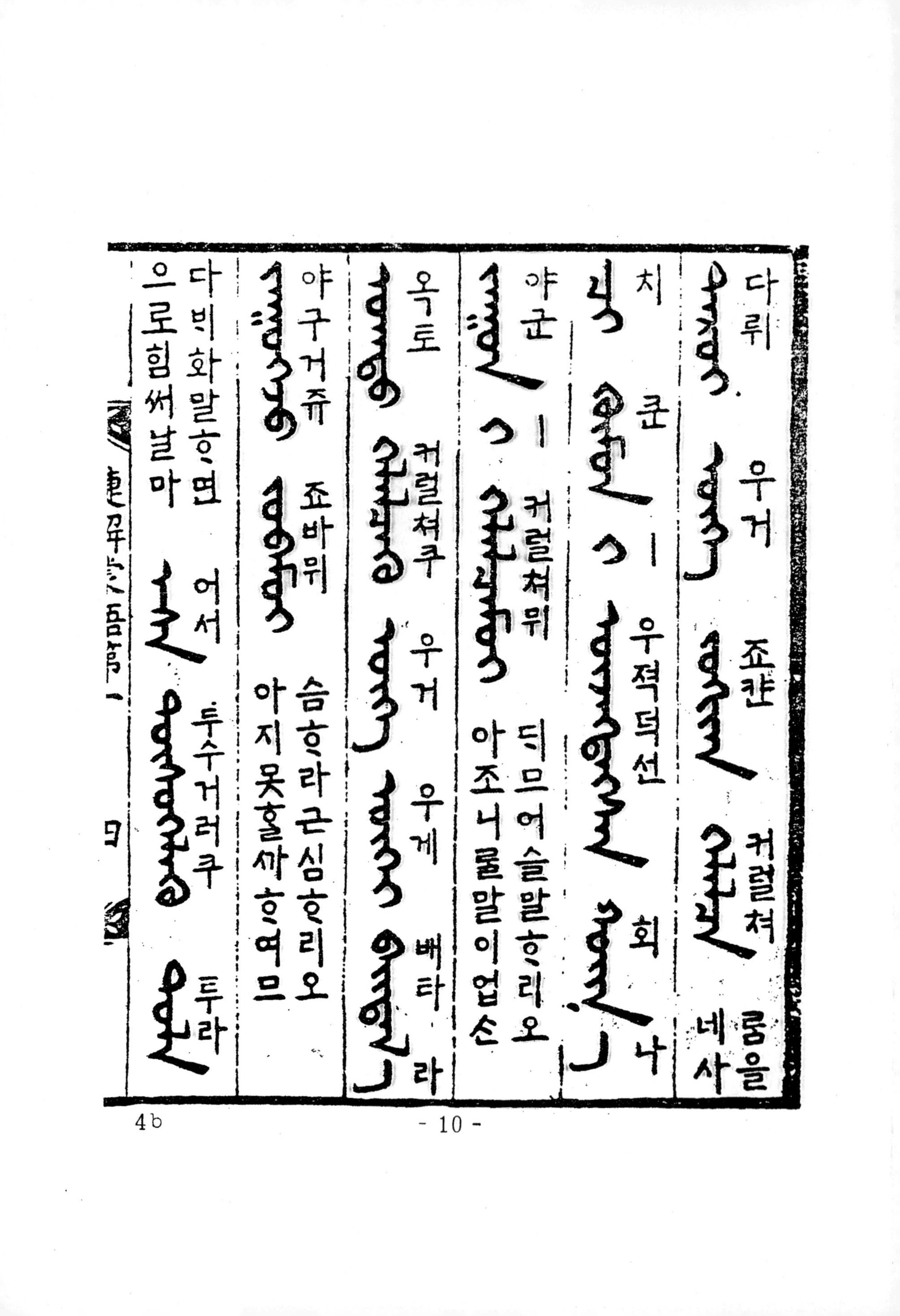

다리 우거 죠갼 커럴져 룸을
네사
치 쿤 우적듸선 회 나
야균 ㅣ 커럴쳐뷔 듸므어 슬말ᄒᆞ리오
아조니룰말이업손
옥토 커럴쳐쿠 우거 우게 배타 라
야구거쥬 죠바뷔 숨ᄒᆞ라근심ᄒᆞ리오
아지못ᄒᆞᆯ쌰ᄒᆞ여므
다ᄇᆡ화말ᄒᆞ면 어서 두수거러쿠 두라
으로힘써날마

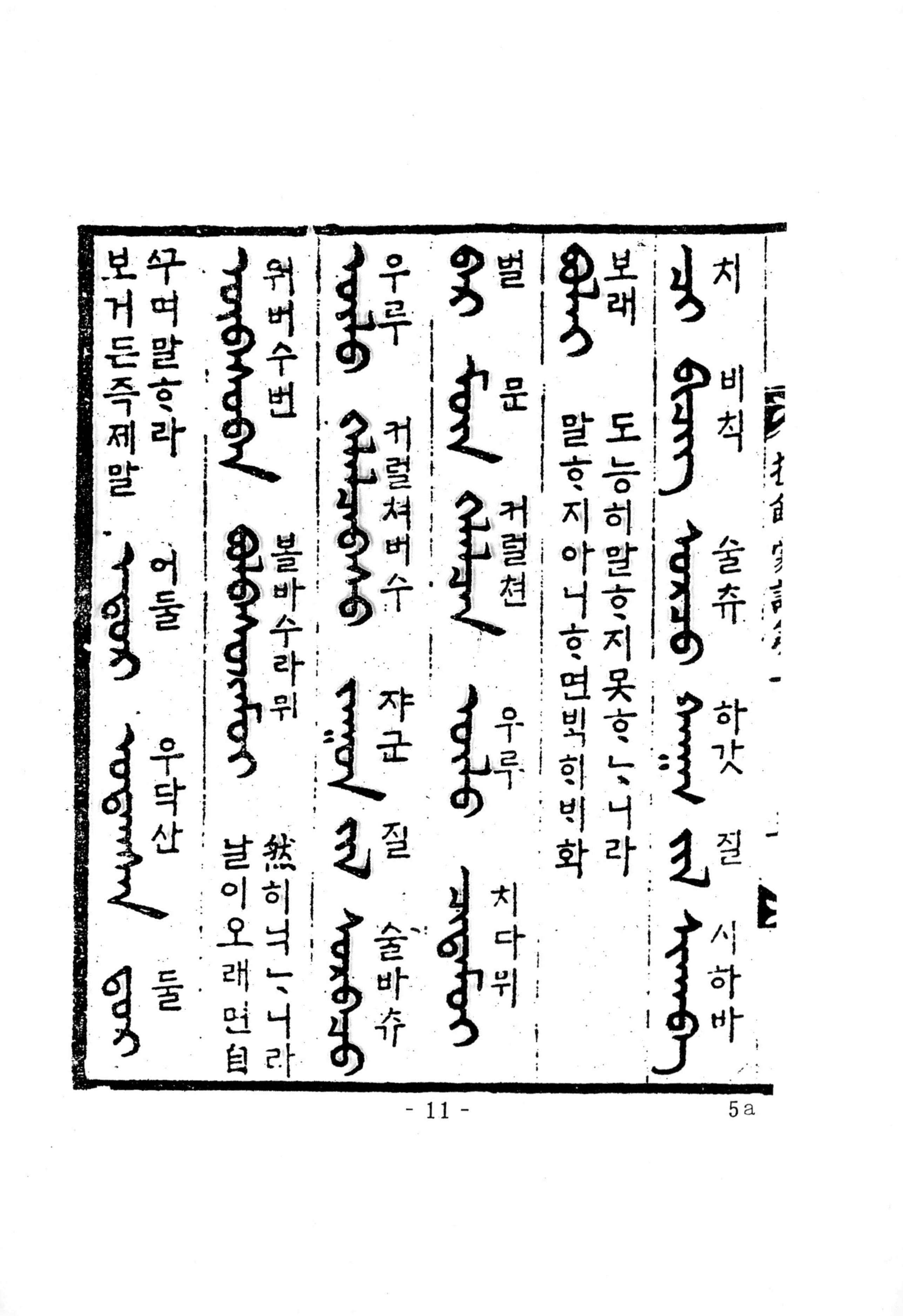

치 비칙 술츄 하갓 질 시하바

도능히말ᄒᆞ지못ᄒᆞᄂᆞ니라

말ᄒᆞ지아니ᄒᆞ면빅ᄒᆡ빅화

보래 벌 문 거럴쳔 우루 치다뷔

우루 거럴쳐버수 쟈균 질 술바츄

워버수번 불바수라뷔

然히넉ᄂᆞ니라

날이오래면自

ᄉᆞ구며말ᄒᆞ라 어둘 우닥산 둘

보거든즉제말

셧이더두어려일오되 절벌 타나후 쿤

의게쳔쳔이말ᄒᆞ면셧

커커 하하 커먼 치다뮈 ᄒᆞᄂᆞᆫ사ᄅᆞᆷ

내아기못

알굴한 ㅣ열 커럴쳐버수 바사쿠

오 비 타나후 우게 쿤 둘

엇지

아누 야말 뷔 ᄒᆞᆫ말능히니ᄅᆞ지못ᄒᆞᄂᆞᆫ거ᄉᆞᆫ

네글비환지거의半年이로되

니건 우거 커럴쳔 우루 시다후

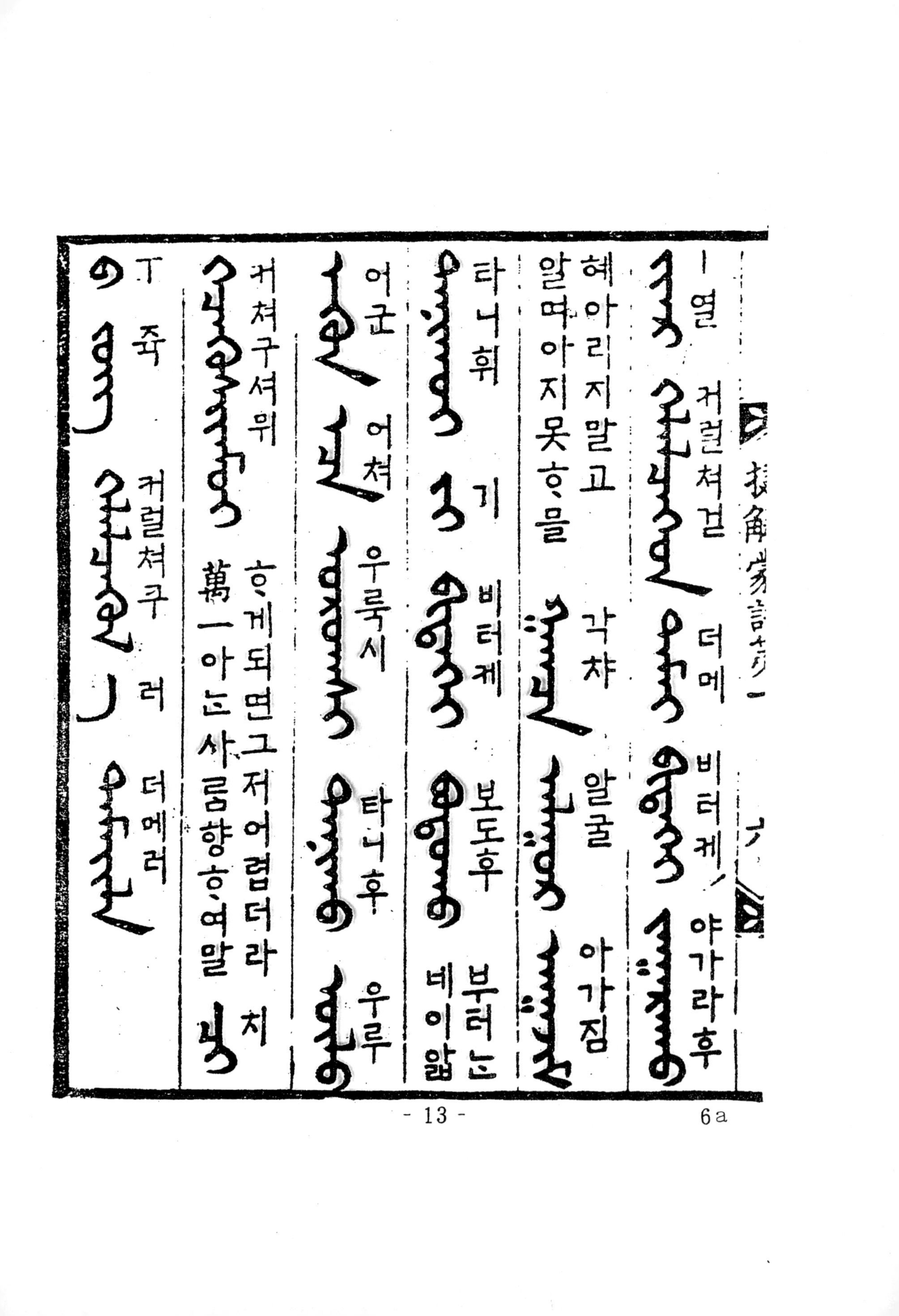

一 열 커럴쳐검 더메 비터계 야가라후

혜아리지말고 각챠 알굴 아가짐

알며아지못ᄒᆞ믈

타나휘 기 비터계 보도후 부러ᄂᆞᆫ

비이앏

어군 어쳐 우룩시 타나후 우루

커쳐구셔위 ᄒᆞ게되면그저어렵더라 치

萬一아ᄂᆞᆫ사ᄅᆞᆷ향ᄒᆞ여말

丁 쥭 커럴쳐쿠 러 더메러

이비 우루 머더쿠 가쟐 우게

투구케 라샤라후 줘리구 가쟐

듯기죠치아니ᄒᆞ니라 미누 우거

으면구륟이업고어훈도

아얄구 문 라가람지 우게 이셜

선말

볼바수 토모론 우게 보로간 다군

망녕되이밧비말라 투구케 우거 훌둔

다만從容히말ᄒᆞ고

이 외라수개 ᄆᆞᄅᆞ침을괴롴ᄒᆞ쟈
내비록庸劣ᄒᆞ나兄의
도로 볼바츄 아바개 연 술각산
투라다 리ᄆᆞᄅᆞ침으로 비 커두 우권쳐
兄이ᄉᆞ랑ᄒᆞ여이
위루션 엔 쿠 술각산 T
우롴 치다위 지못ᄒᆞ더니 아바개
다만능히고치
곳을내모로ᄂᆞᆫ곳이업ᄉᆞ되 각챠 하란
내말이셜어그르며어긋나ᄂᆞᆫ

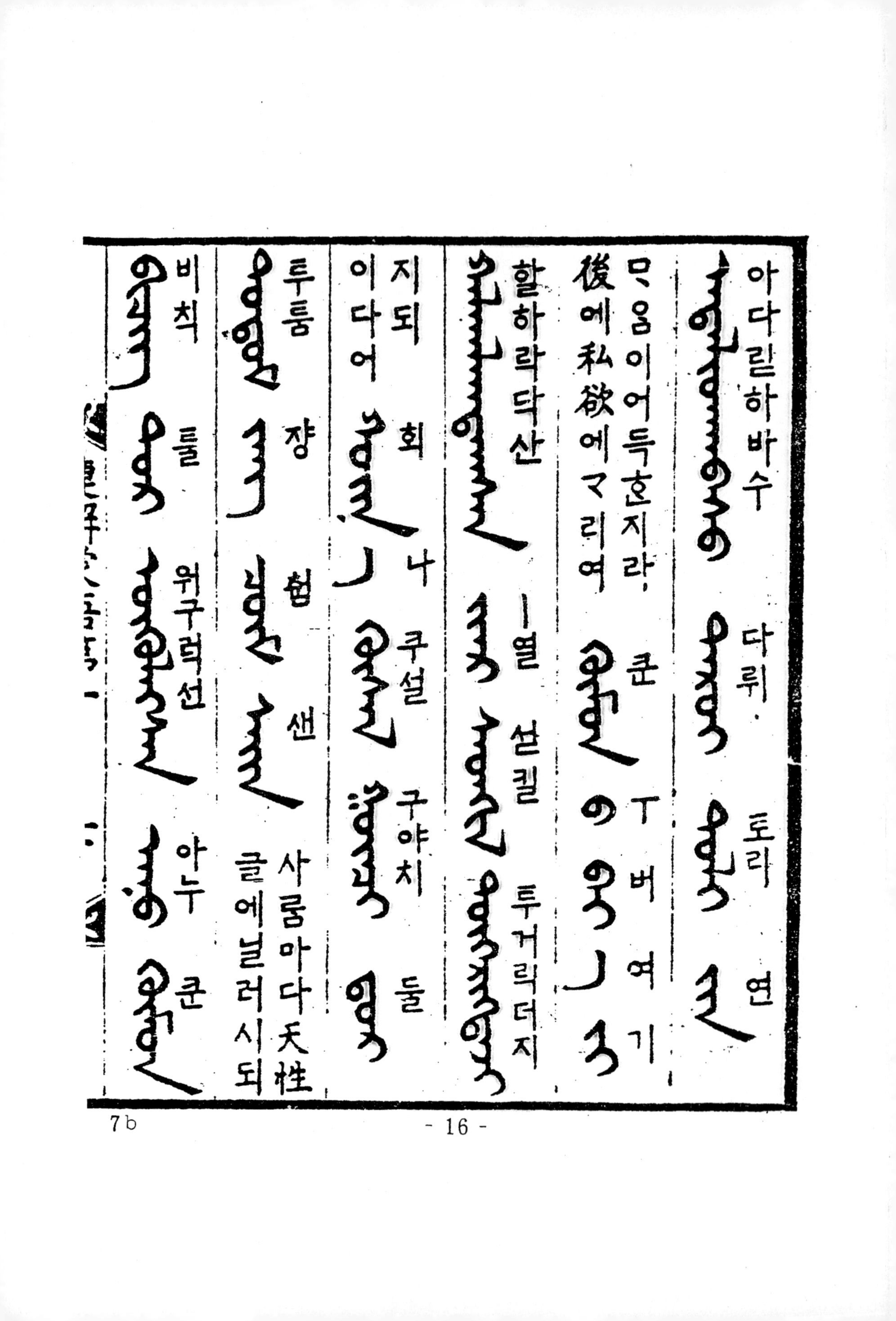

아다릳하바수 다뤼 토리 연

ᄆᆞ옴이어득ᄒᆞᆫ지라 쿤 ᅮ버여기

後에私欲에ᄀᆞ리여

할하라다산 ㅣ열 섣퀄 투거리더지

지되 회 나 쿠설 구야치 둘

이다어

투툼 쟝 헙 샌 사룸마다天性

글에닐러시되

비칙 틀 위구럭선 아누 쿤

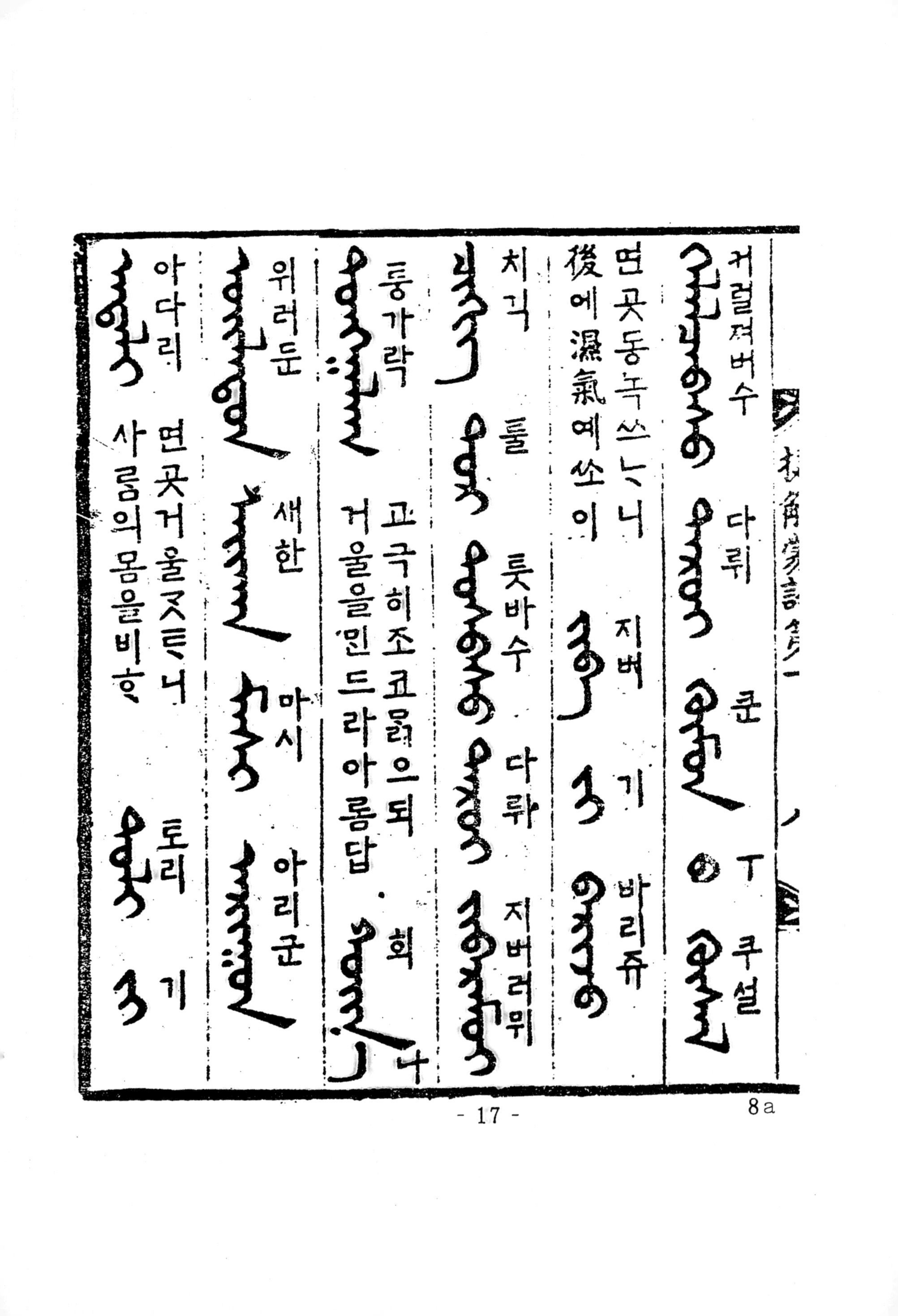

커럴저버수 다뤼 쿤 ㅜ 쿠설

면곳동녁쓰ᄂᆞ니 지버 기 바리쥬

後에濕氣예쓰이

치걱 툴 툿바수 다랴 지버러뮈

퉁가락 고극히조코믉으되 희

거울을민드라아롬답나

위러둔 새한 마시 아리쿤

아다리 면곳거울ᄀᆞᄐᆞ니 토리 기

사ᄅᆞᆷ의몸을비ᄒᆞ

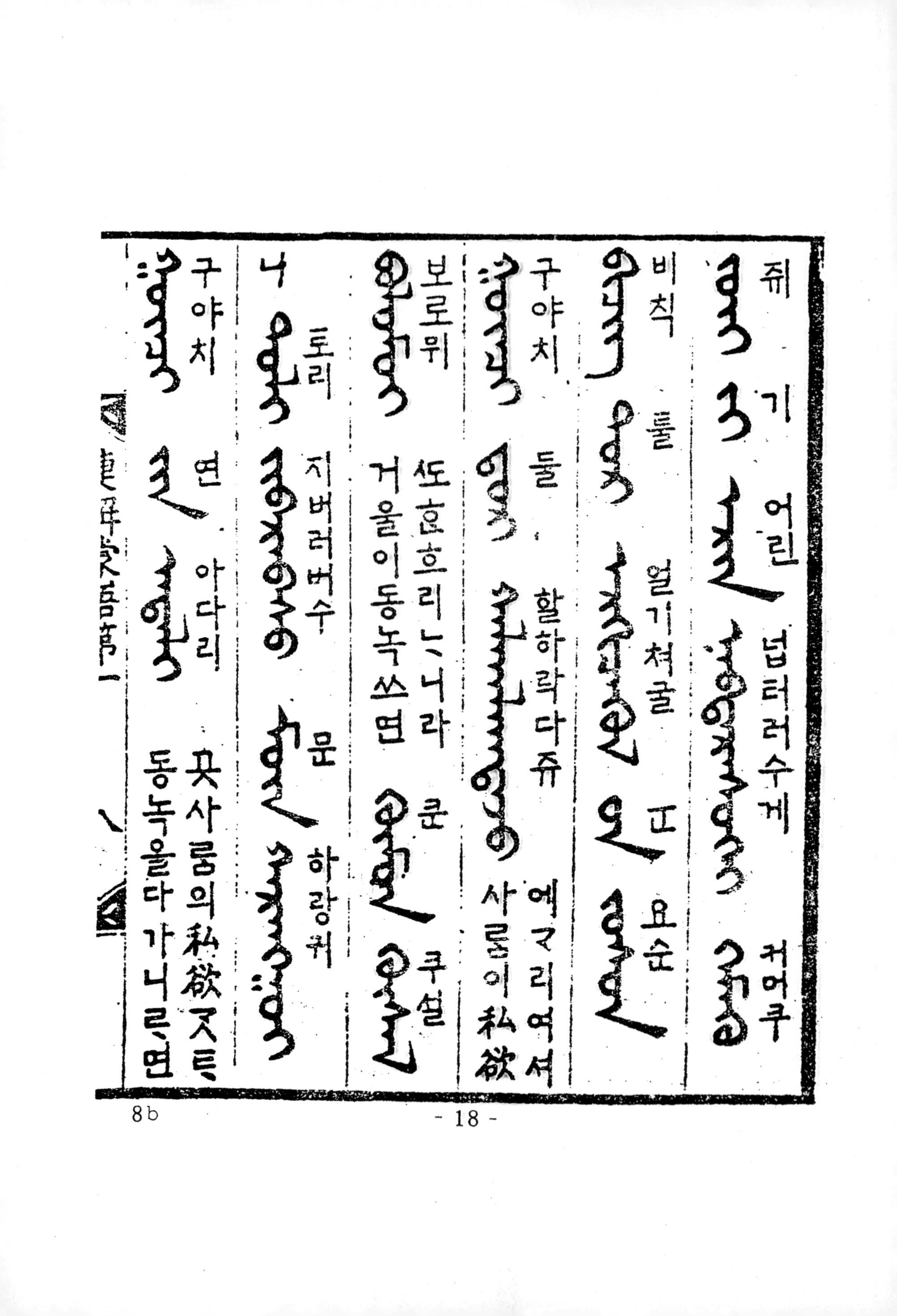

쥐 기 어린 넙터러수게 거어쿠

비칙 룰 얼기쳐굴 ᄀᆞ 요순

구야치 둘 할하라다쥬 에ᄀᆞ리여셔

사ᄅᆞᆷ이私欲

보로뮈 또ᄒᆞᆫ흐리ᄂᆞ니라 쿤 쿠설

거울이동녹쓰면

토리 지버러버수 문 하랑궈

구야치 면 아다리 곳사ᄅᆞᆷ의私欲ᄀᆞᆺ트

동녹을다가니ᄅᆞ면

리ᄂᆞ니
나죵내호
쿤 요순 쥐 기
하랑귀 보로뮈 시치아니ᄒᆞ면ᄯᅩᄒᆞᆫ
거울동녹을닥가업
우루 아릴가바수 문 어츳러 러
업고 토릭 T 지버 기 쥴군
는거시
아누 우게 고져아니ᄒᆞ면나죵내열리이
글에구을려道理로구ᄒᆞ여통
우게 볼바수 어츳러 러 너귀더쿠

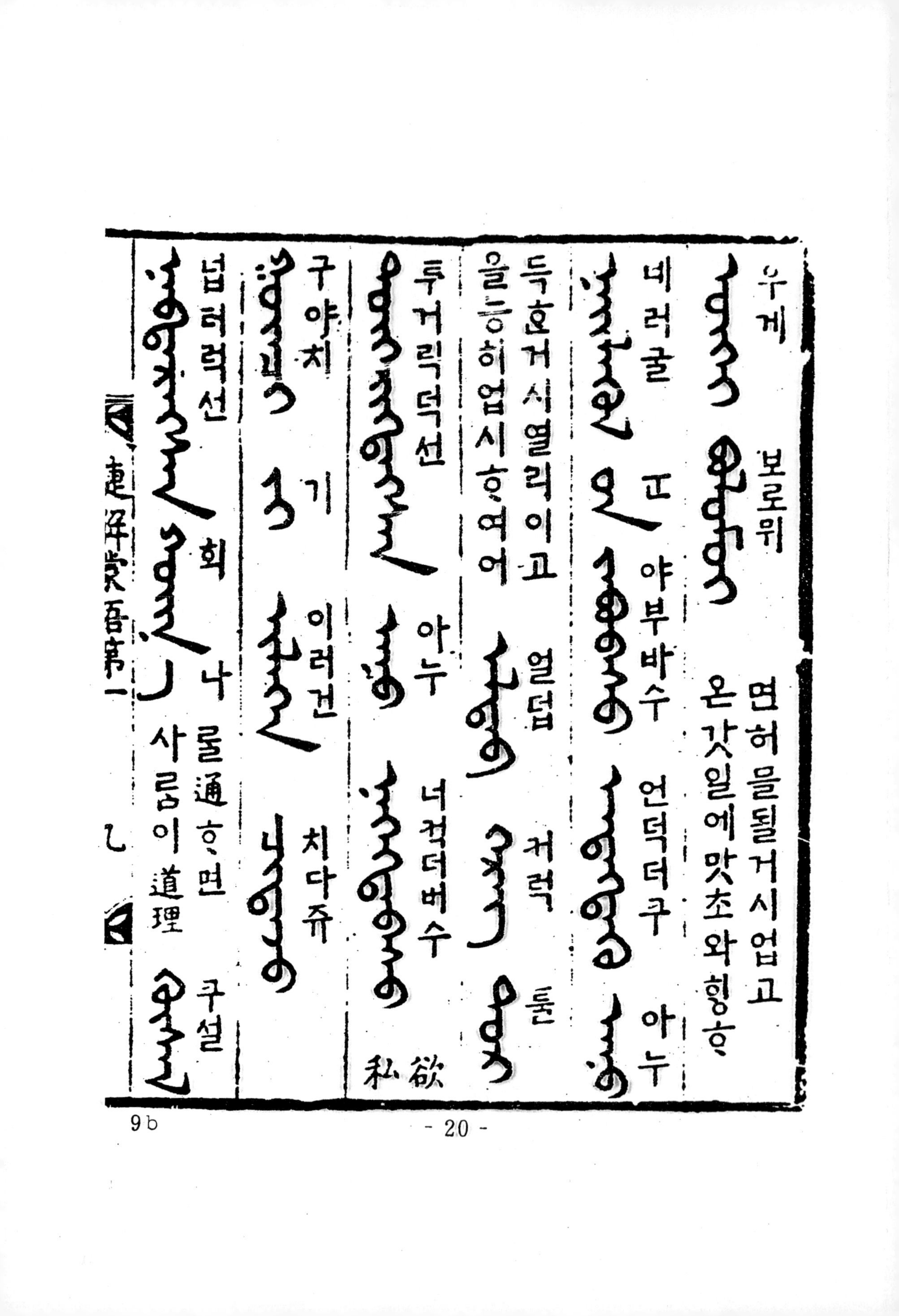

우게 보로위 면허믈될거시업고
온갓일에맛초와힝ᄒᆞ

네러굴 ᄀᆞ 야부바수 언더더쿠 아누
득효거시열리이고 얼덥 커럭 툰
을능히업시ᄒᆞ여어

투거릭덕선 아누 너커더버수 欲
私

구야치 기 이러건 치다쥬

넙러럭선 회 나 ᄅᆞᆯ通ᄒᆞ면 쿠설
사ᄅᆞᆷ이道理

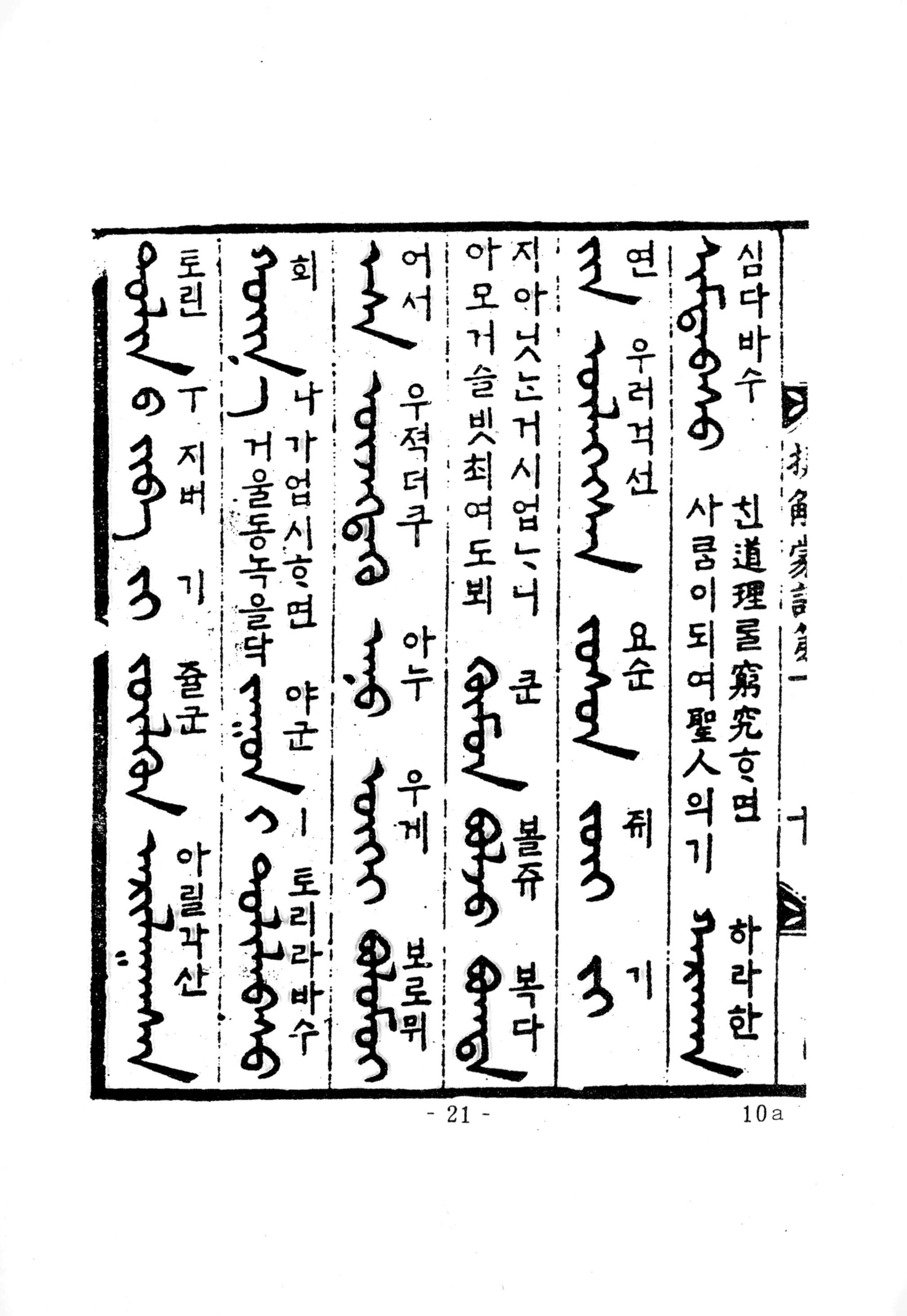

심다바수 친道理롤窮究ᄒᆞ면 하라한
사룸이되여聖人의기

연 우러꺼선 요순 쥐 기
지아닛ᄂᆞᆫ거시업ᄂᆞ니 쿤 볼쥬 복다
아모거슬빗ᄎᆈ여도뵈

어서 우젹더쿠 아누 우게 보로뭐
회 나 가업시ᄒᆞ면 야군 ㅣ 토리라바수
거울동녹을닥

토린 ㅜ 지버 기 쥴군 아릴각산

얼런 ᅮ 숭 신 중 교

술바수 죠기뤼 보래 함즉ᄒᆞ니라

맛당히 힘써 벡

ᄅᆞᆯ 성각ᄒᆞ면 줘 ᅵ 열 키쳐권

의게 이비ᄒᆞ여ᄂᆞ

아다리란 워구럭선 ᅵ 사나바수 사롬

아다리 을 닥기 ᄌᆞᄐᆞ니 쿤 둘 어녀

정히 곳거 울동녹

이누 쿠 토린 ᅮ 지버 기 쥴구쿠

커어쥬퀴 지못ᄒᆞ다ᄒᆞ여시니 야기지
禽獸草木糞土만ᄀᆞᆺ

모도 혹 시릭 둘 쿨쿠 우게

호지아니ᄒᆞ면 시바구 구루거수 어버수
이게을리ᄒᆞ여ᄡᅧ

쿤 잘하구란 우루 술바수 사롬

위구럭선 아누 獘ᄒᆞᄂᆞᆫ글에닐러시되
녯宋仁宗이사롬을勸

쿤 ㅣ 쿠키굴쿠 비칙 툴

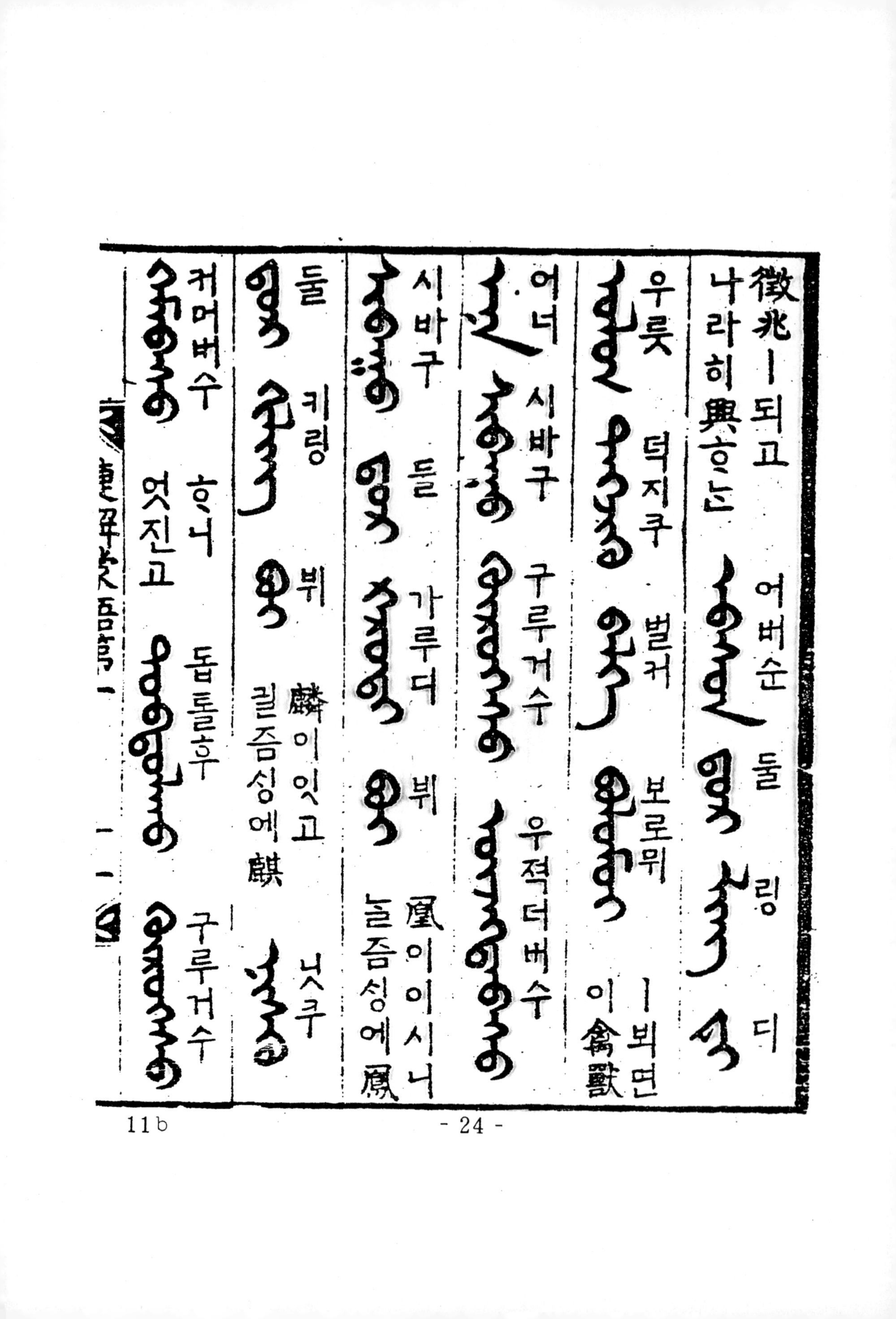

徵兆ㅣ되고 어버순 둘 링 디
나라히興ᄒᆞᄂᆞᆫ

우룻 덕지쿠 벌거 보로뮈 ㅣ뵈면
이禽獸

어너 시바구 구루거수 우젹더버수

시바구 들 가루다 뷔 凰이이시니
놀즘싱에鳳

둘 키링 뷔 麟이잇고
긜즘싱에麒 닛쿠

커머버수 ᄒᆞ니 돕톨후 구루거수
엇진고

고혹 시리기 타칠 타라랑

잇

볼가후 월제 뷔 로ᄒᆞᆫ숄삼ᄂᆞᆫ壽ㅣ

春나모ᄂᆞᆫ八百歲

쟈군 하불 ㅣ열 너거 나수

쏘보ᄇᆡ돌삼고 나츄군 호보로 내만

靈芝이셔連城

타가칙산 얼더니 볼가쥬휘 에

플

아쥬 쟐감지락산 발가순

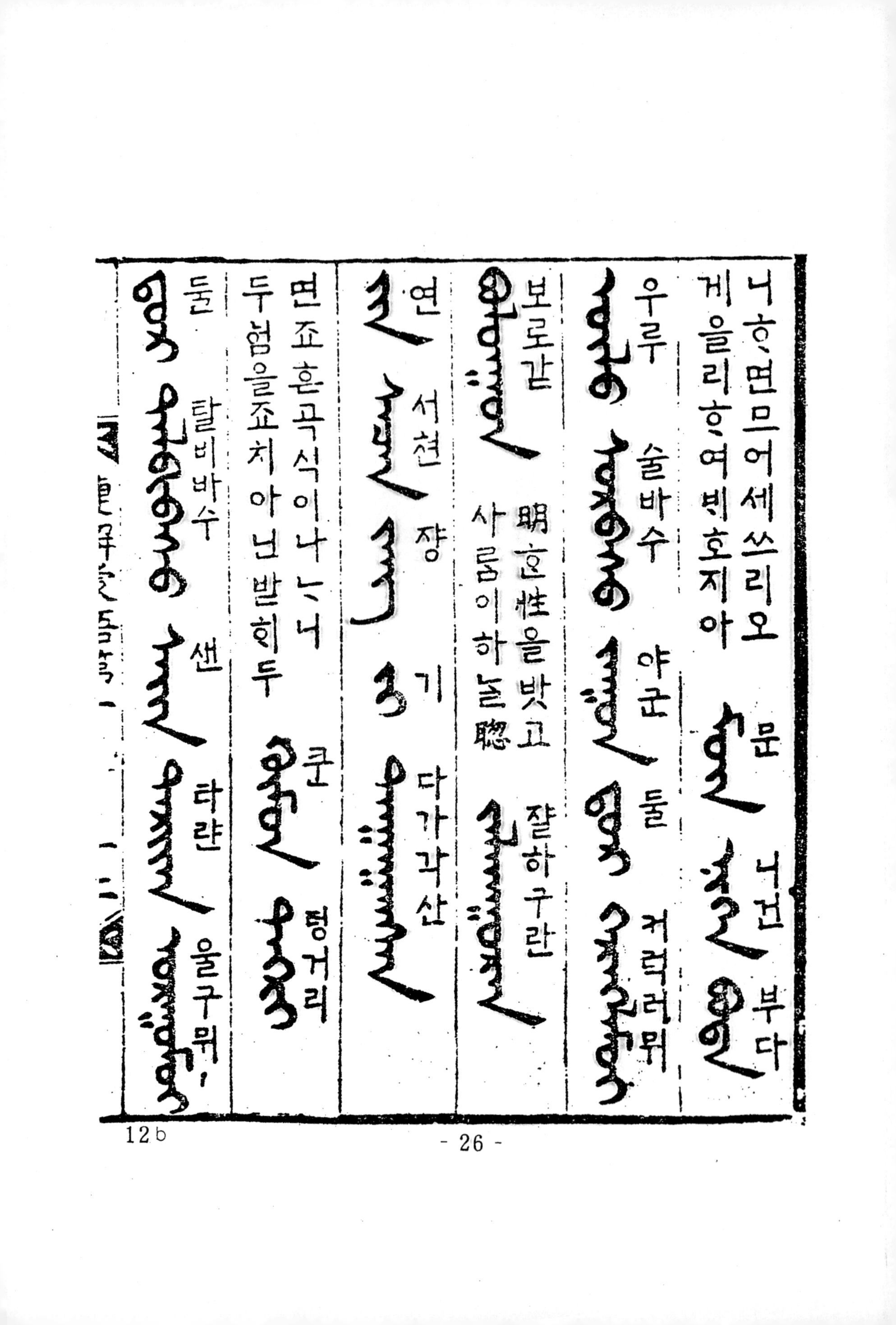

니ᄒᆞ면므어세쓰리오 문 니컨 부다

게을리ᄒᆞ여벗호지아

우루 술바수 야균 둘 커러러뮈

보로갇

明ᄒᆞᆫ性을밧고 잘하구란

사ᄅᆞᆷ이하ᄂᆞᆯ聰

연 서쳔 쟝 기 다가각산

면죠ᄒᆞᆫ곡식이나ᄂᆞ니 쿤 텽거리

두텁을죠치아니ᄒᆞᆫ발히두

둔 탈비바수 샌 다란 울구뮈,

三譯總解 一

열덤 커먹치 후달두 가 우게

슐바수 볼후 于 니 홈이 가ᄒᆞ랴

힘써 ᄇᆡ호지 아

ㅣ 사나바수 울싱각ᄒᆞ면 키쳐건 우루

이 두려온 말

이라 ᄒᆞ여시니 어너 아율태 우건

옷거ᄂᆞᆫ 햇대 ᄯᆞ롬

열구쿠 탈비굴 바하나 커머쥬퀴

아굴후 우구타 ᄂᆞᆫ 부대오 더걸

ᄯᅩ ᄒᆞᆫ ᄒᆞᆫ 밥ᄃᆞᆺ

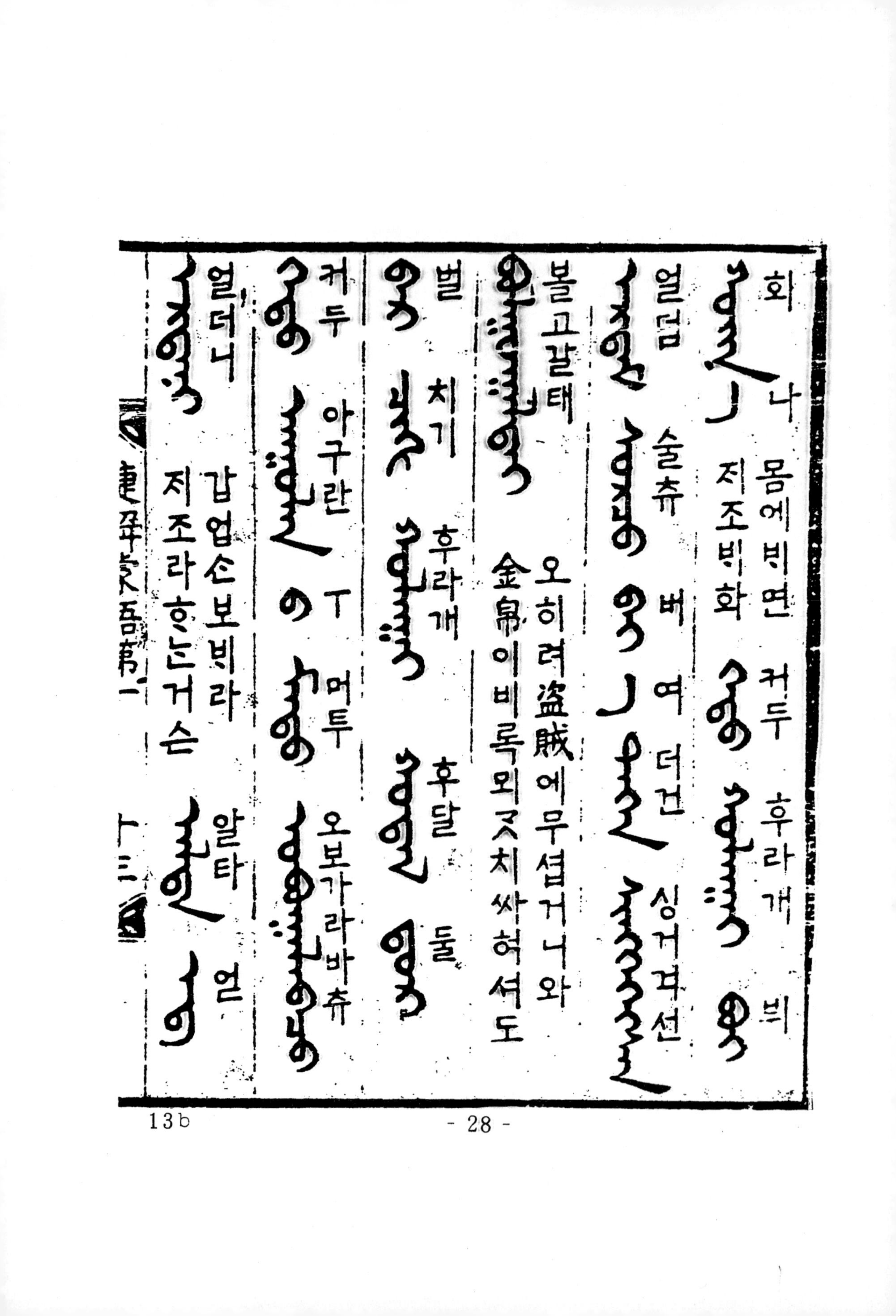

회 나 몸에비면 커두 후라개 븨

지조비화

얼딤 슐츄 버 여 더건 싱거겨선

볼고갈태 오히려盜賊에무셥거니와

金帛이비록뫼ᄀᆺ치싸혀셔도

벌 치기 후라개 후달 둘

커두 아구란 ㄒ 머투 오보가라바츄

얼더니 갑업ᄉᆞᆫ보븨라 알타 언

지조라ᄒᆞᄂᆞᆫ거ᄉᆞᆫ

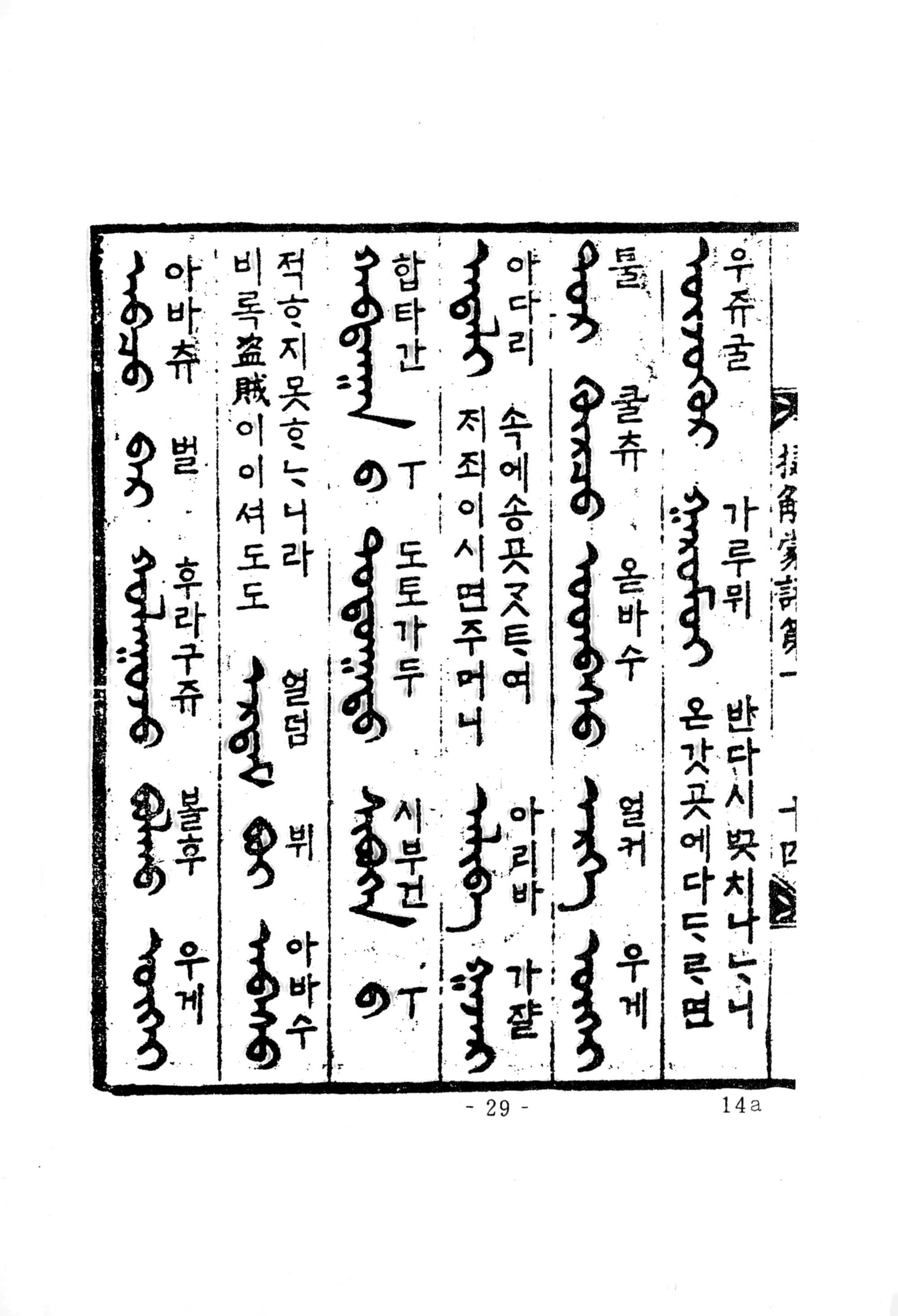

우쥬굴 가루뷔 반다시맛치ᄂᆞ니

온갓곳에다ᄃᆞ르면

물 쿨츄 온바수 얼귀 우게

아다리 속에송푯ᄀᆞᆺᄐᆞ여 아리바 가쟐

지죄이시면주머니

합타간 ᅮ 도토가두 시부컨 ᅮ

적ᄒᆞ지못ᄒᆞᄂᆞ니라 얼뎜 뷔 아바수

비록盜賊이이셔도도

아바츄 벌 후라구쥬 볼후 우게

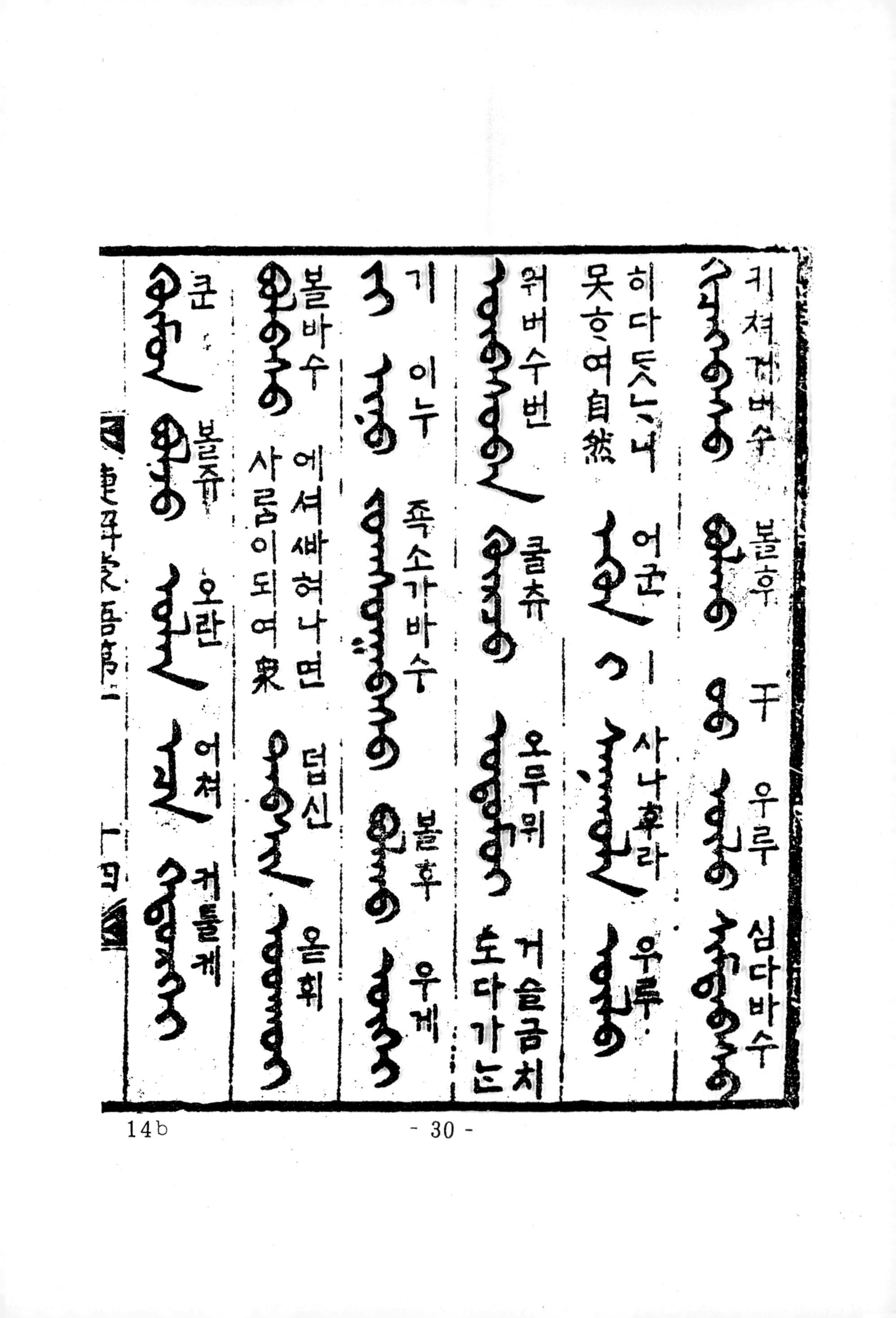

키쳐거버수 볼후 于 우루 심다바수

히다드ᄉᆞ나 못ᄒᆞ여自然 어군 이 사나후라 우루

워버수번 쿨츄 오무뭐 거슬금치 호다가는

기 이누 족소가바수 볼후 우게

볼바수 어셔새바허나면 사룸이되여衆 덥신 올휘

쿤 볼쥬 오란 어쳐 커툴게

얼뎜 술츄 커멀천 우루 치다바수

이 이럳케러쿠 잠 조롤나타내는길이라 입과혀라ᄒᆞ는거손지

는ᄒᆞ그르시오 손지조롤담 아마 커러 커먹치 얼뎜

얼뎜 이 아굴후 사바 라ᄒᆞᆫ는거 또齊中이

지치 업치구 연 도로가두 커먹치

불후 于 나ᄒᆞ며가히窮究치아니ᄒᆞ랴 이롤성각ᄒᆞ면가히힘쓰지아

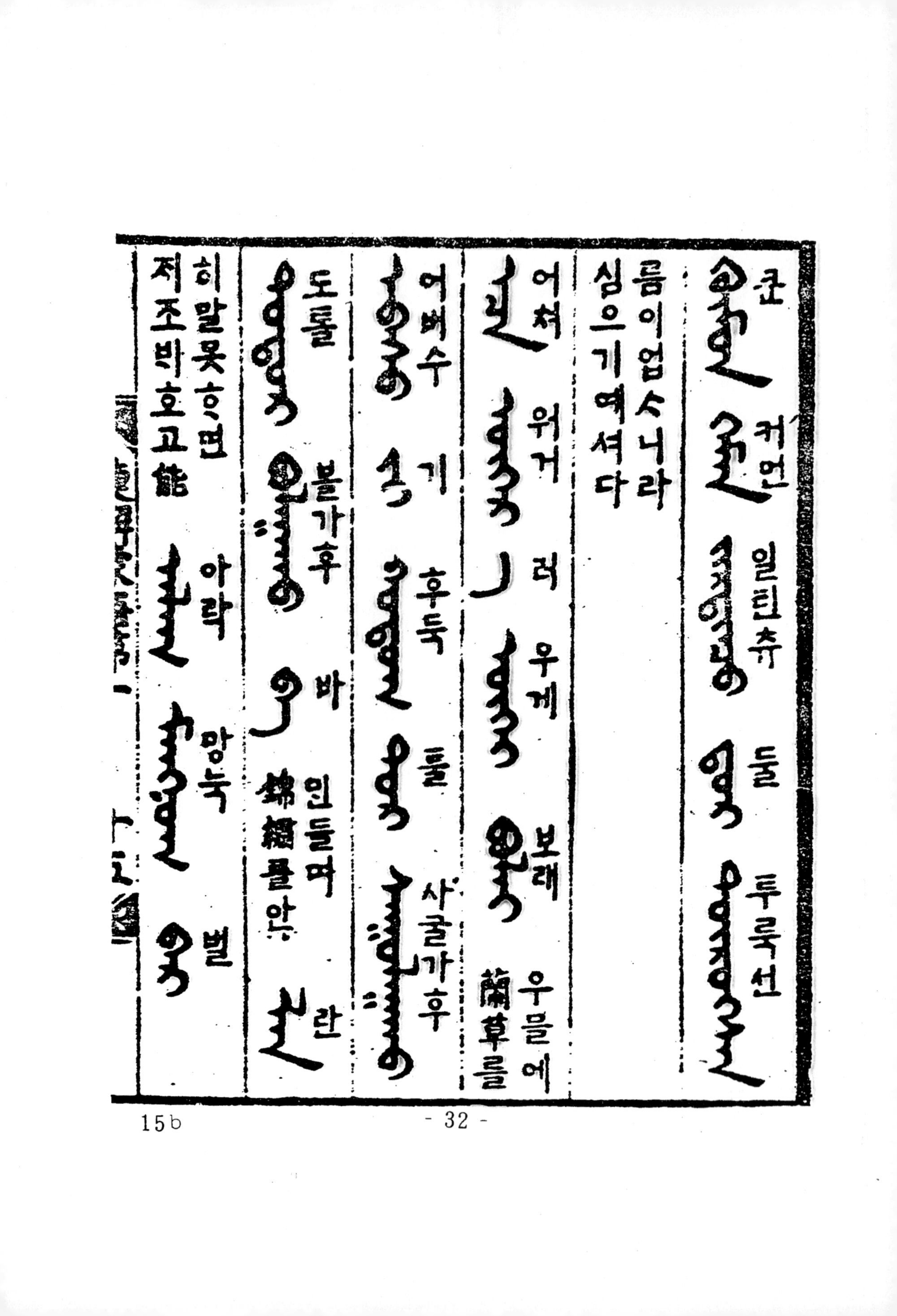

쿤 커던 일티츄 둘 투룩선

름이업ᄉ니라

심으기예셔다

어쳐 워거 러 우게 보래 우믈에

蘭草를

어써수 기 후둑 툴 사굴가후

도롤 불가후 바 인들며 란

錦繡를 안ᄉ

히말못ᄒ면 아라 망눅 벌

저조비호고能

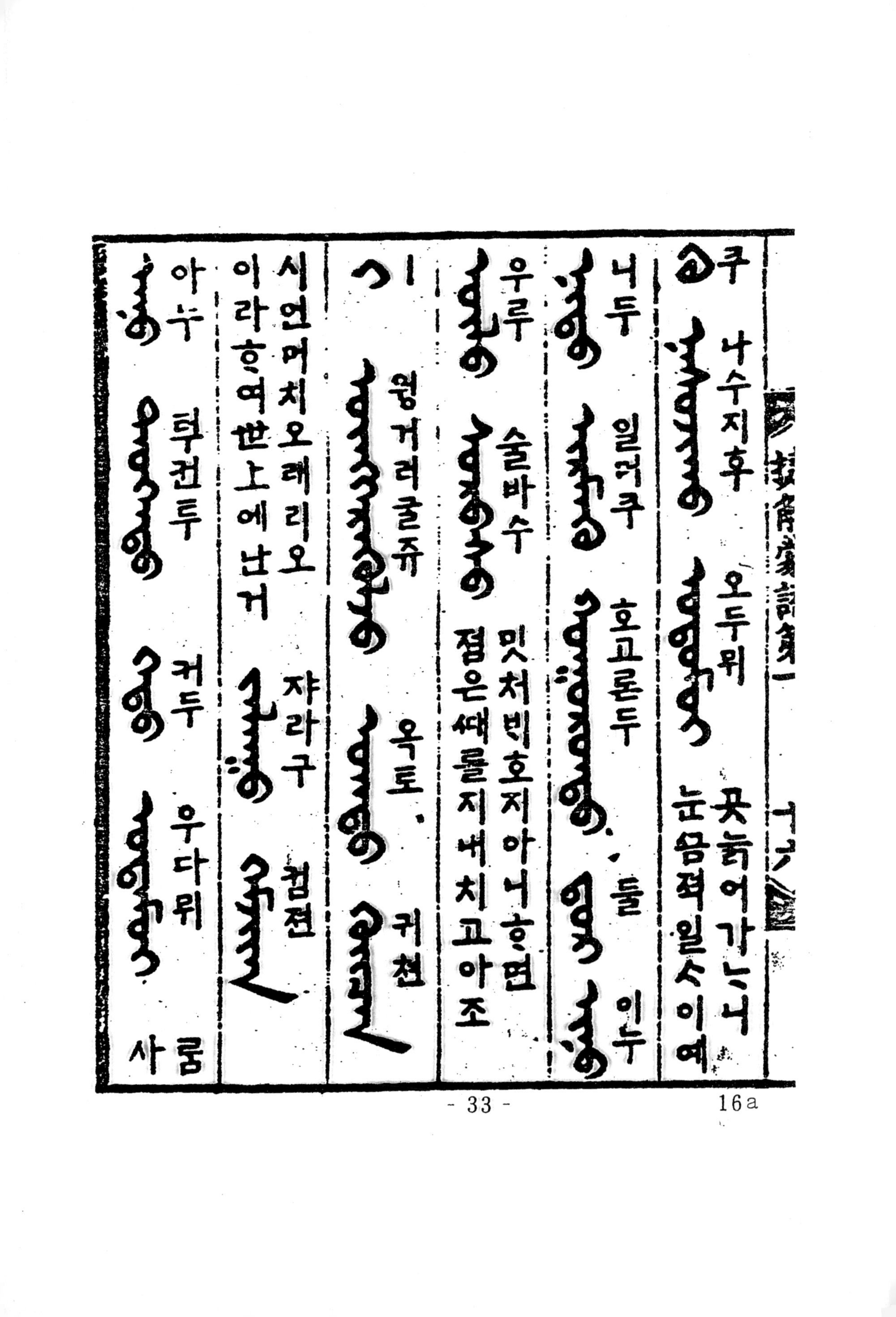

쿠 나수지후 오두뮈 곳늙어가ᄂᆞ니
눈음젹일ᄉᆞ이예

니두 일러쿠 호고론두 둘 인두

우루 술바수 밋처비호지아니ᄒᆞ면
졈은때를지내치고아조

이 웡거러굴쥬 옥로 귀쳔

시연머치오래리오
이라ᄒᆞ여世上에난거 쟈라구 컴젼

아누 투권투 커두 우다뮈 사룸

아바개 치누 비칙선 우쥬 마시

ᄯᅳ롬이라 몸을원훌

버여번 가사루후 바하 나 울원호리

그 쇄예눌

터러 챡 룰 권 가사루 나

귀쳐굴쿠 보로뮈 밋지못홀거시니

뉘우쳐싱각ᄒᆞ여도

검신 사나바츄 벌 문 우루

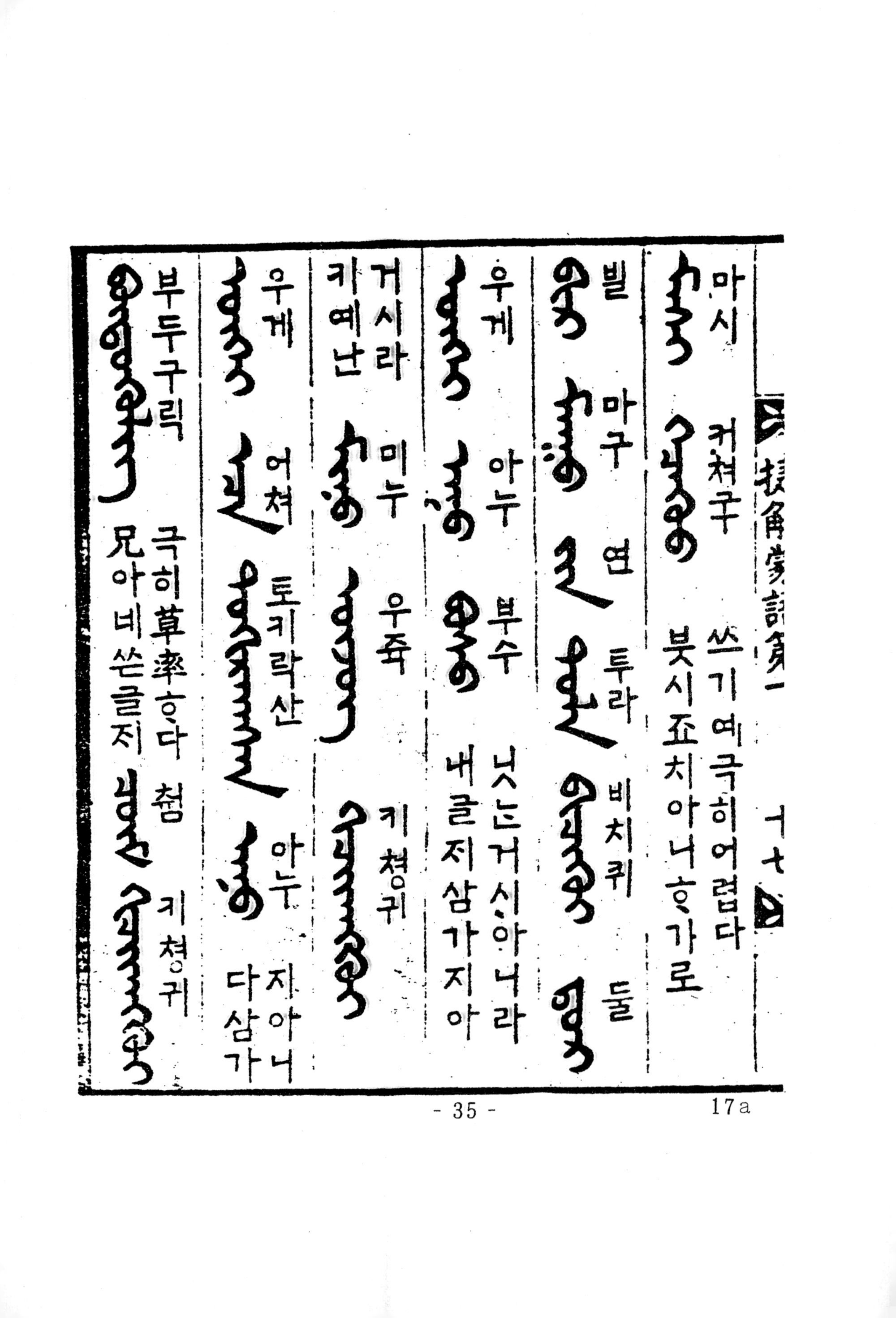

마시 커쳐구 쓰기예극히어렵다
붓시죠치아니ᄒᆞ가로
빌 마구 연 투라 비치쿼 둘
우게 아누 부수 닛ᄂᆞᆫ거시아니라
내글지삼가지아
거시라 미누 우죽 키청귀
키예난
우게 어쳐 토키락산 아누 지아니
다삼가
부두구릭 극히草率ᄒᆞ다 춥 키청귀
兄아비쓴글지

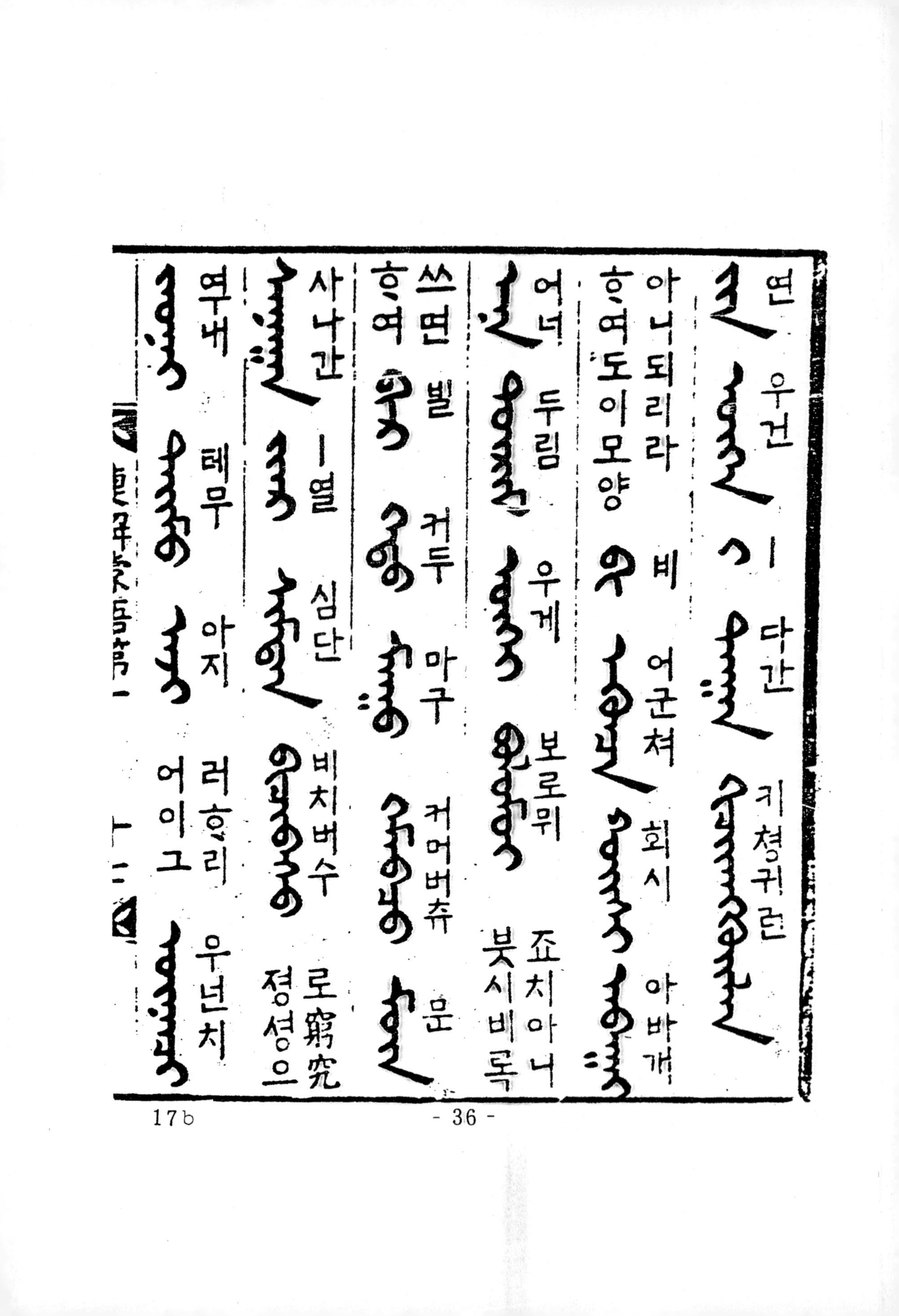

면 우건 이 다간 기쳥귀런

아니되리라 베 어군쳐 회시 아바개

ᄒᆞ여도이모양

어너 두림 우게 보로뮈 죠치아니

붓시비록

쓰면 빌 커두 마구 커머버츄 문

ᄒᆞ여

사나간 ㅣ열 심단 비치버수 로窮究

졍셩으

여무버 레무 아지 러ᄒᆞ리 우넌치

어이그

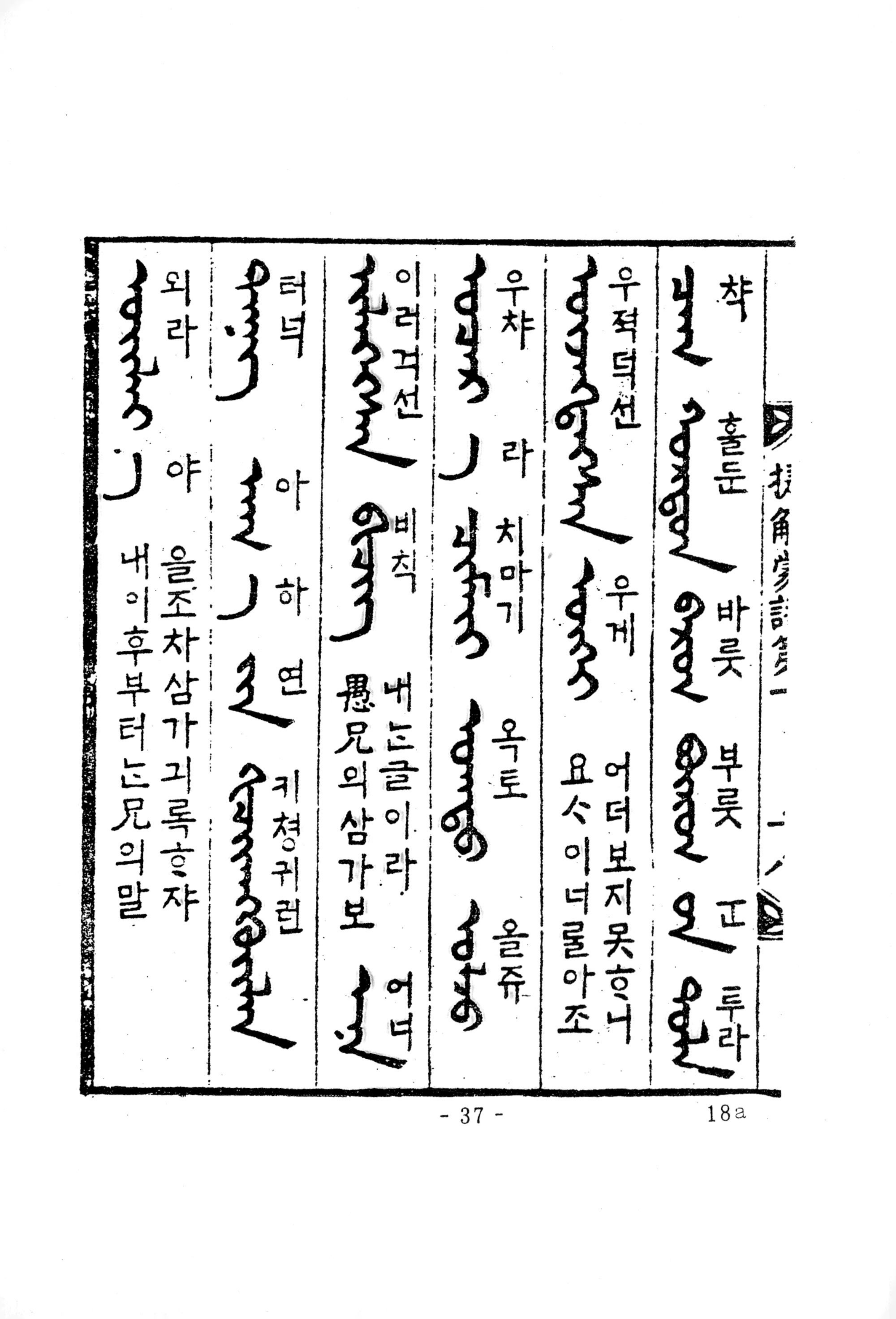

챡 훌둔 바룻 부룻 곤 투라

우젹덕선 우게 어더보지못ᄒᆞ니

요ᄉᆞ이녀롤아조

우챠 라 치마기 옥토 올쥬

이러거선 비칙 내ᄂᆞᆫ글이라 어녀

愚兄의삼가보

터닉 아 하 연 기쳥귀런

외라 야 을조차삼가긔록ᄒᆞ쟈

내이후부터ᄂᆞᆫ兄의말

ᄒᆞ여 싱각ᄒᆞ노라
또 어더 보지 못ᄒᆞᆯ가
멀건 더쿠 샌

졸가후 우게 아요 커먼 사나뮈

커머버수 보라가고져ᄒᆞ되
몸소네귀ᄒᆞᆫ집의 바사 울쥬

얼킴 걸둘 우져 러 올수개

아다리 곳여러히된듯ᄒᆞ다
섀셸라荏苒ᄒᆞ기로 버 여 치누

다뤼 커두 커둔 질 보록산

주마ᄒᆞ엿더니 오도 볼타라 여거지
긔녜그거슬내게
기 나둘 워쿠 커머선 보래 젓
그
리 울지 어둘 치 러러 야구 마
시
커렬처굴쿠. 가쟐 뷔 므슴니로곳이이
반ᄃᆞ시잘되기ᄅᆞᆯ
우게 샌 볼휘 기 야군
쿤 T 투라다 사ᄅᆞᆷ임으로 얼커
賢弟ᄂᆞᆫ어진

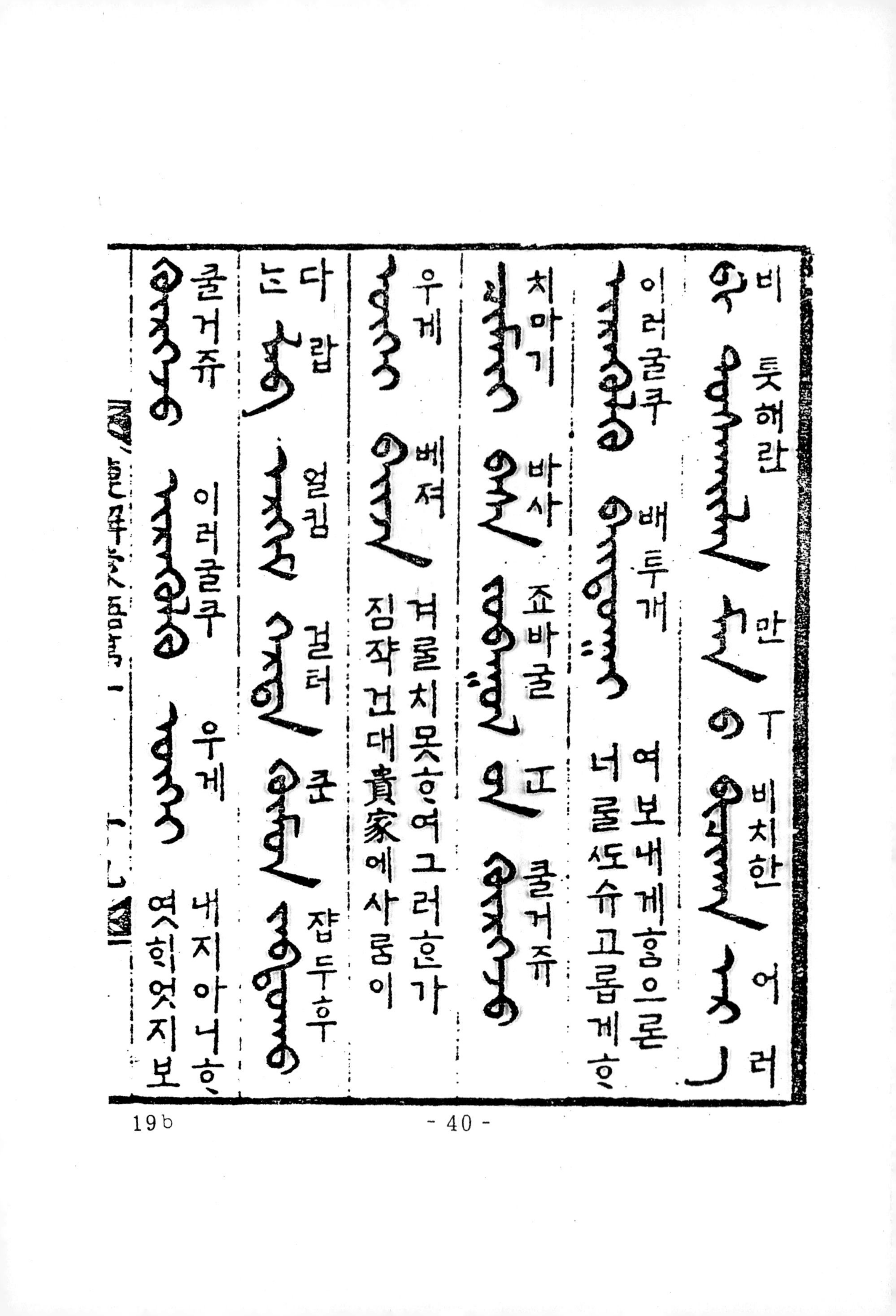

비 툿해란 만丅 비치한 어러

이러굴쿠 배투개 여보내게홈으로

너롤또슈고롭게ᄒᆞ

치마기 바사 쟈바굴 丄 쿨거쥬

우게 베져 겨롤치못ᄒᆞ여그러ᄒᆞᆫ가

짐쟈건대貴家에사롬이

다랍 얼킴 걸러 쿤 쟙두후

쿨거쥬 이러굴쿠 우게 내지아니ᄒᆞ

엿ᄌᆞ히엇지보

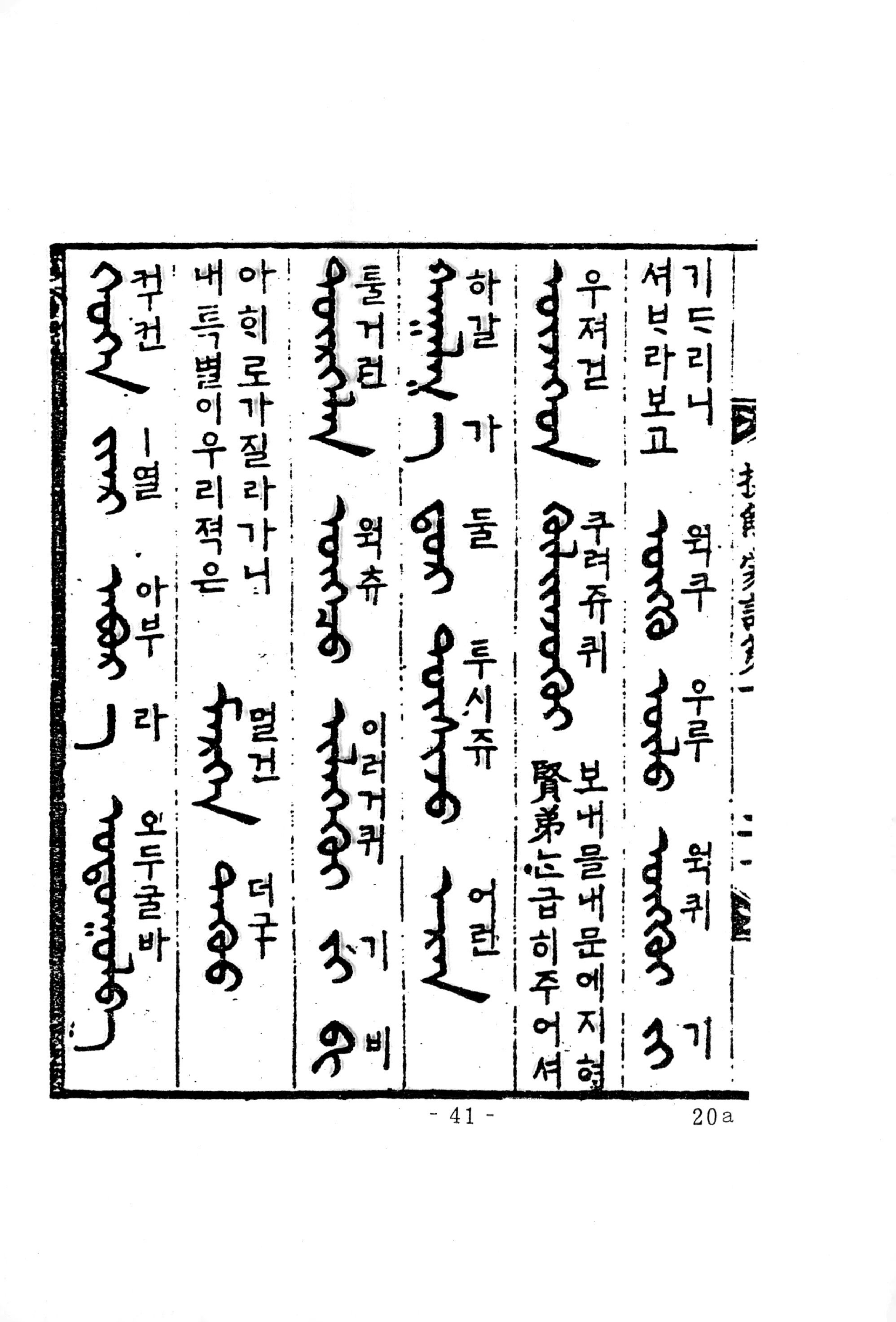

기ᄃᆞ리니
셔ᄇᆞ라보고

워쿠 우루 워쿠 기

우저건 쿠려쥬퀴

보내믈 내 문에 지혀
賢弟는 급히 주어셔

하갈 가 둘 투시쥬 어란

툴거러 워츄 이러거퀴 기 비

아ᄒᆡ로 가질라 가니
내 ᄐᆞᆨ별이 우리 젹은

멀건 더구

쿼컨 ㅣ열 아부 라 오두굴바

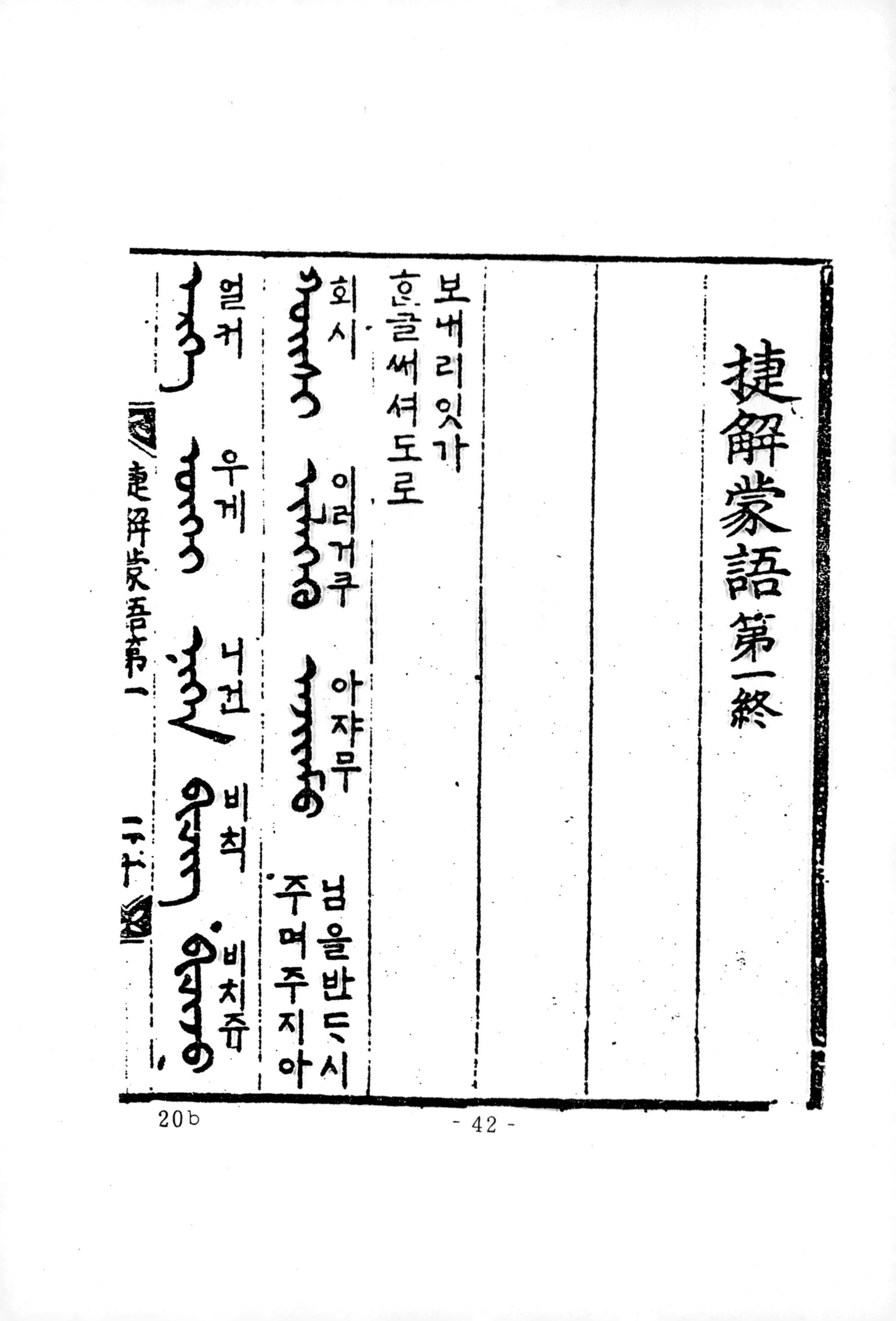

捷解蒙語第一終

보내리잇가
ᄒᆞᆫ글써셔도로

회시 이러거쿠 아쟈무

님을반드시
주며주지아

얼커 우게 니권 비칙 비치쥬

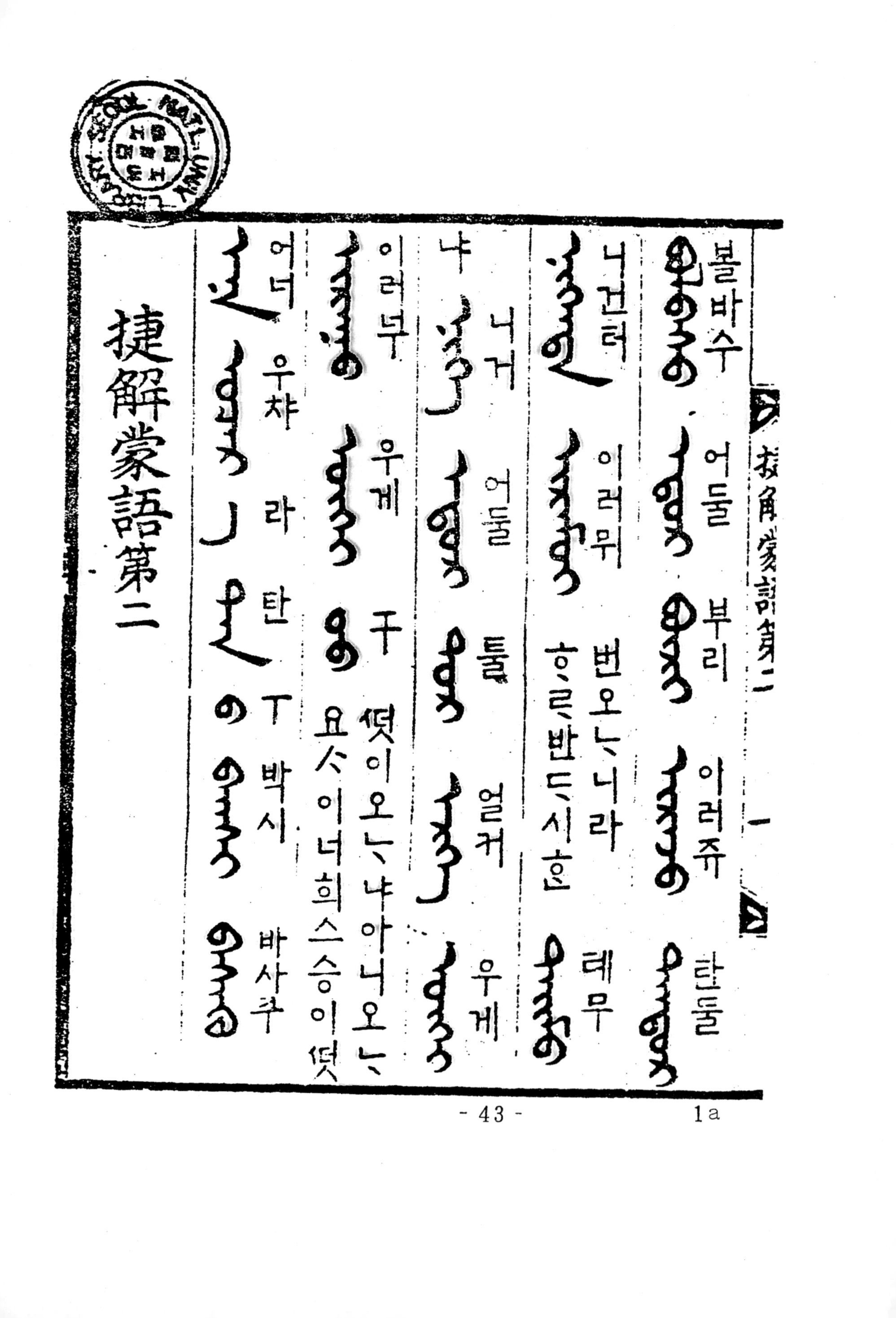

볼바수 어둘 부리 이러쥬 타둘

니건러 이러뮈 번오ᄂᆞ니라 테무

ᄒᆞᄅᆞ반ᄃᆞ시ᄒᆞᆫ

나 니거 어둘 툴 얼커 우게

이러무 우게 干 뎟이오ᄂᆞ나아니오ᄂᆞ

요ᄉᆞ이너희스승이뎟

어너 우챠 라 탄 丁 박시 바사추

捷解蒙語第二

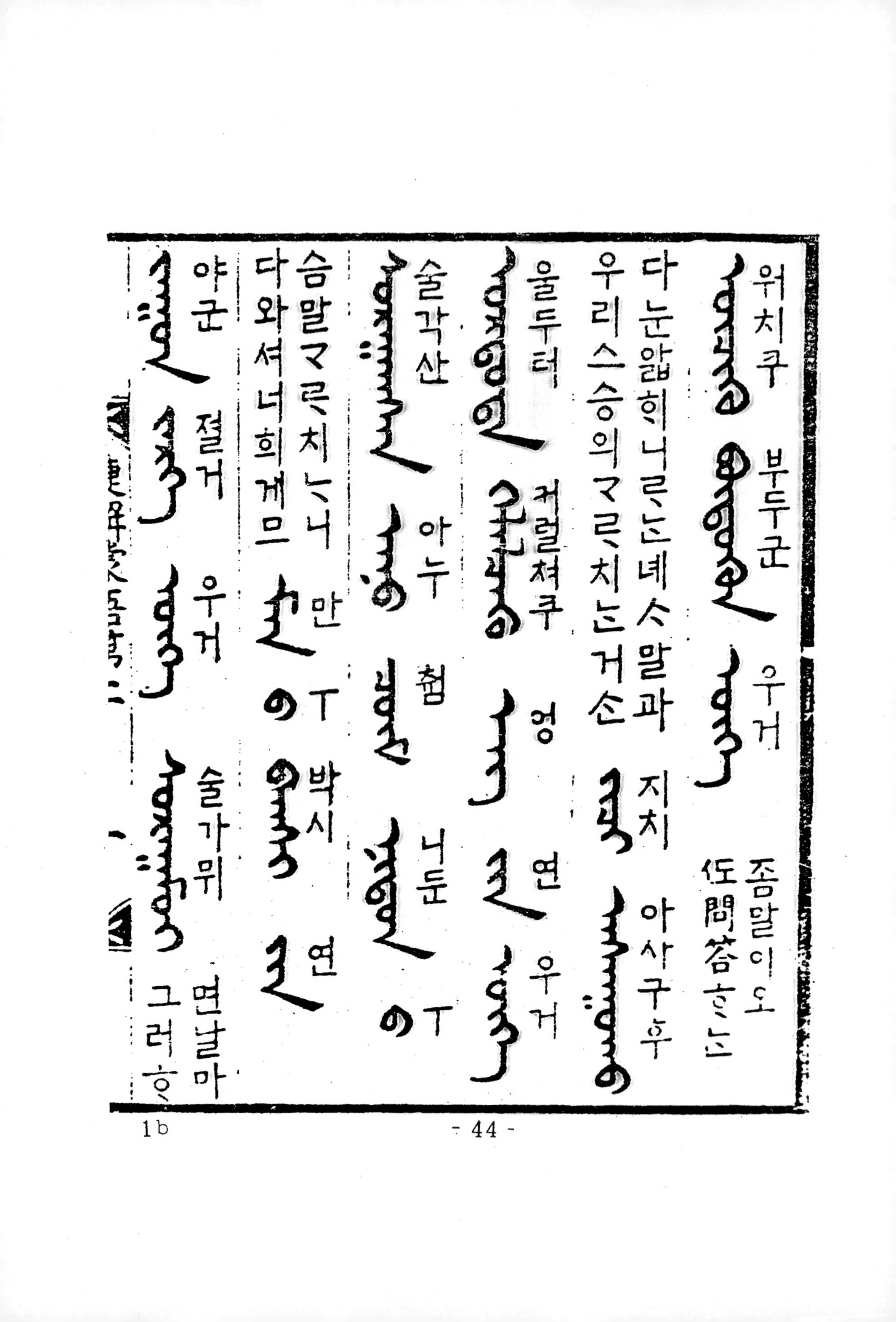

위치쿠 부두군 우거 좀말이오
伍問答ᄒᆞᄂᆞ
다 눈암히 니ᄅᆞᄂᆞᆫ네ᄉᆞ말과 지치 아사구후
우리스승의ᄆᆞᄅᆞ치ᄂᆞᆫ거슨
울두러 거럴처쿠 엉 연 우거
술각산 아누 첨 니둔 ᅮ
승말ᄆᆞᄅᆞ치ᄂᆞ니 만 ᅮ 박시 연
다와셔너희게므
야군 절거 우거 술가뮈 면날마
그러ᄒᆞ

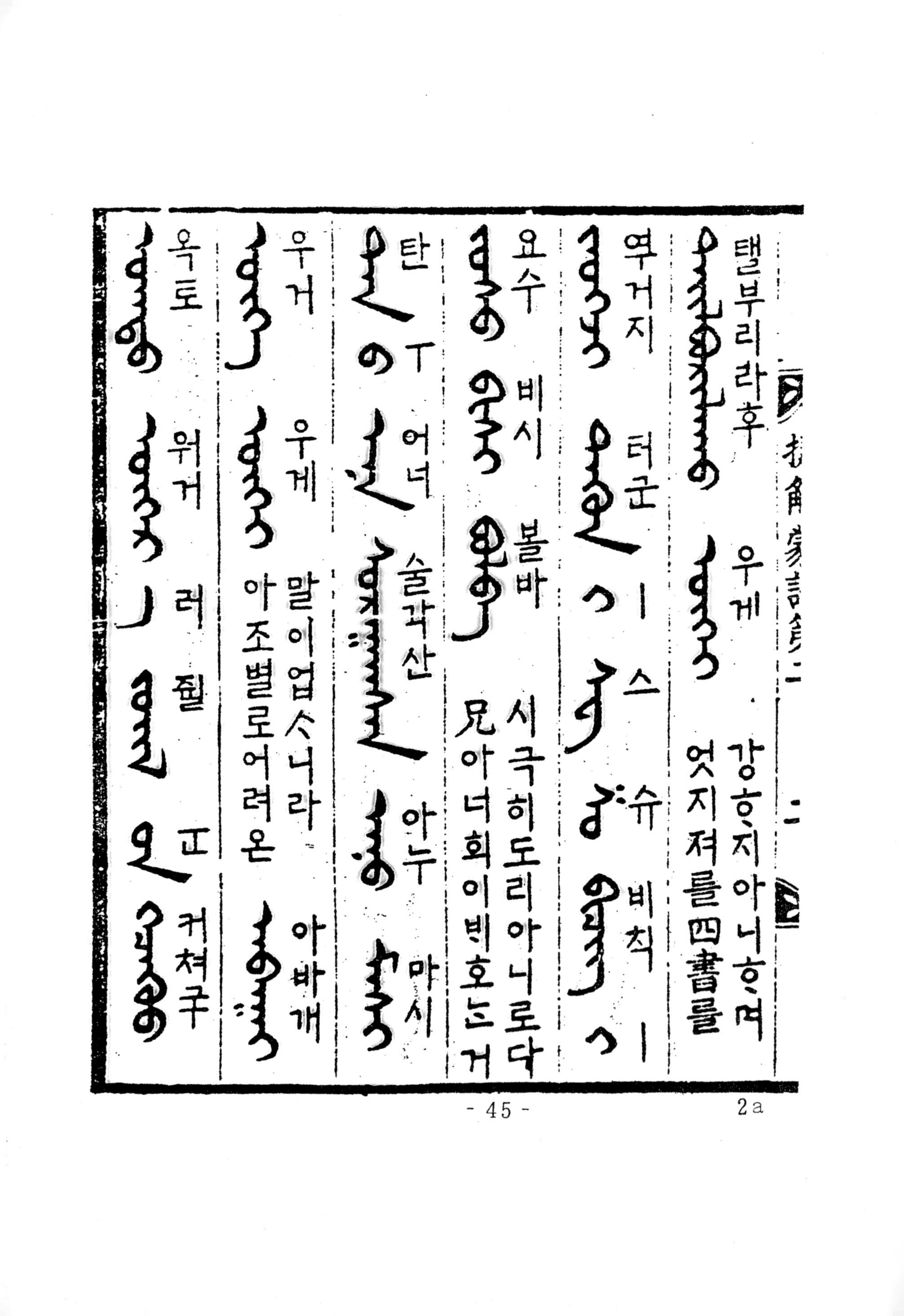

탤부리라후 우게 강ᄒᆞ지아니ᄒᆞ며

엇지져를四書를

뭐거지 터군 스 슈 비칙 이

요수 비시 볼바 시극히도리아니로다

兄아너희이벗호ᄂᆞᆫ거

탄 ㄒ 어너 술각산 안누 마시

우거 우게 말이업ᄉᆞ니라 아바개

아조별로어려온

옥토 워거 러 쥘 ㅍ 커쳐구

극히올코 니ᄅᆞᆫ거시 술각산 아누 마시

연 위구럭선 아누 마시 문 의 兄

야구지뮈 ᄆᆞᄅᆞᆺ쳐므슴ᄒᆞ리오 원희를이런좀말를 아바개

절거 부두군 우건 이 술가쥬

치지아니ᄒᆞ고 飜譯ᄒᆞ기를ᄆᆞᄅᆞᆺ 질 토고린 어너

올치굴휘 기 술가후 우게

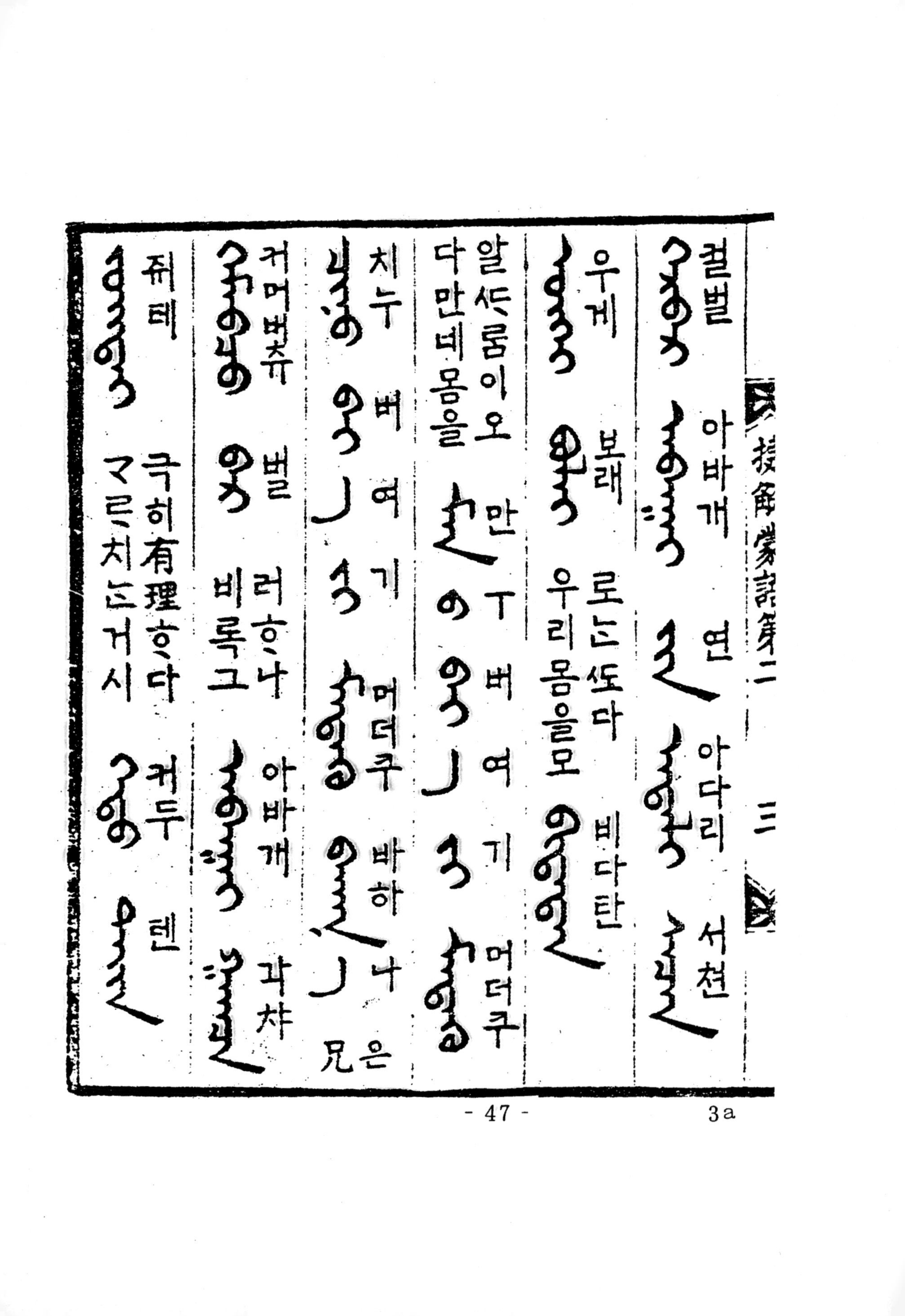

걸벌 아바개 연 아다리 서천

우게 보래 로ᄂᆞᆫ또다 비다탄

우리몸을모

알ᄯᅳ롬이오 만 ㅜ 버여기 머더쿠

다만네몸을

치누 버여기 머더쿠 바하 나

兄은

거머버츄 벌 러ᄒᆞ나 아바개 과차

비록그

쥐테 극히有理ᄒᆞ다 거두 텐

마르치ᄂᆞᆫ거시

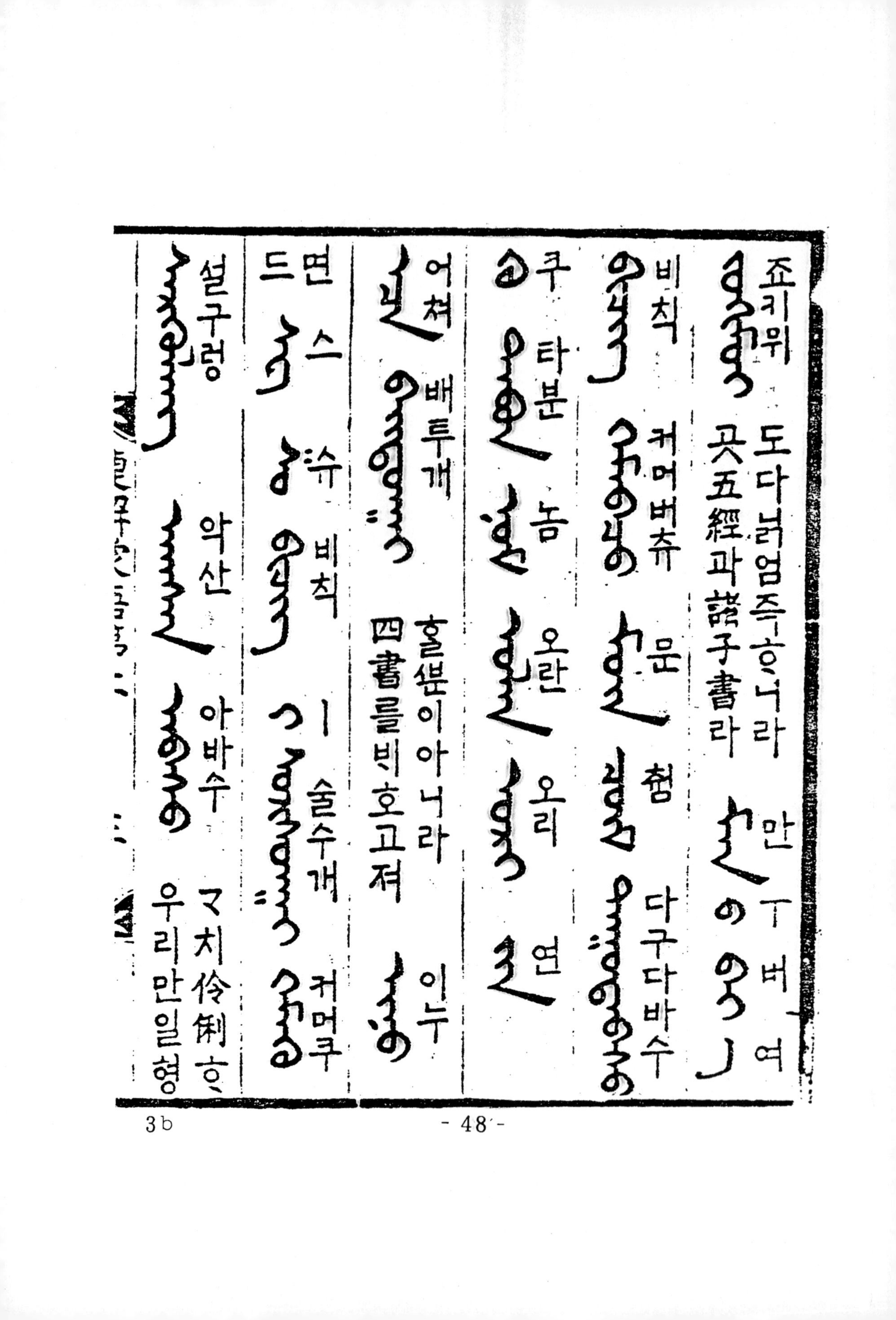

조키위 도다너엄즉ᄒᆞ니라
곳五經과諸子書라 만ᅮ버여

비칙 커머버츄 문 츔 다구다바수

쿠 타분 놈 오란 오리 연

어쳐 배투개 홀뮨이아니라
四書를비호고져 이누

면 드 스 슈 비칙 [illegible] 술수개 커머쿠

설구렁 악산 아바수 ᄆᆞ치伶俐ᄒᆞ
우리만일형

비다구 나거 다라갈 타분 질구갈
는거시ᄯᅩ적고 엔 부거더 려 아마
거시날이엿고아
투수거러선 아누 바사 도타구 볘훈 우리
수툭산 아누 어둘 뭐친 보로갈
바사 볼후 구 게비ᄒᆞ미ᄯᅩᄒᆞ라 만 ᄀ
우리몸을다가모의
기 바리쥬 아바개 둘 아다릳하바수

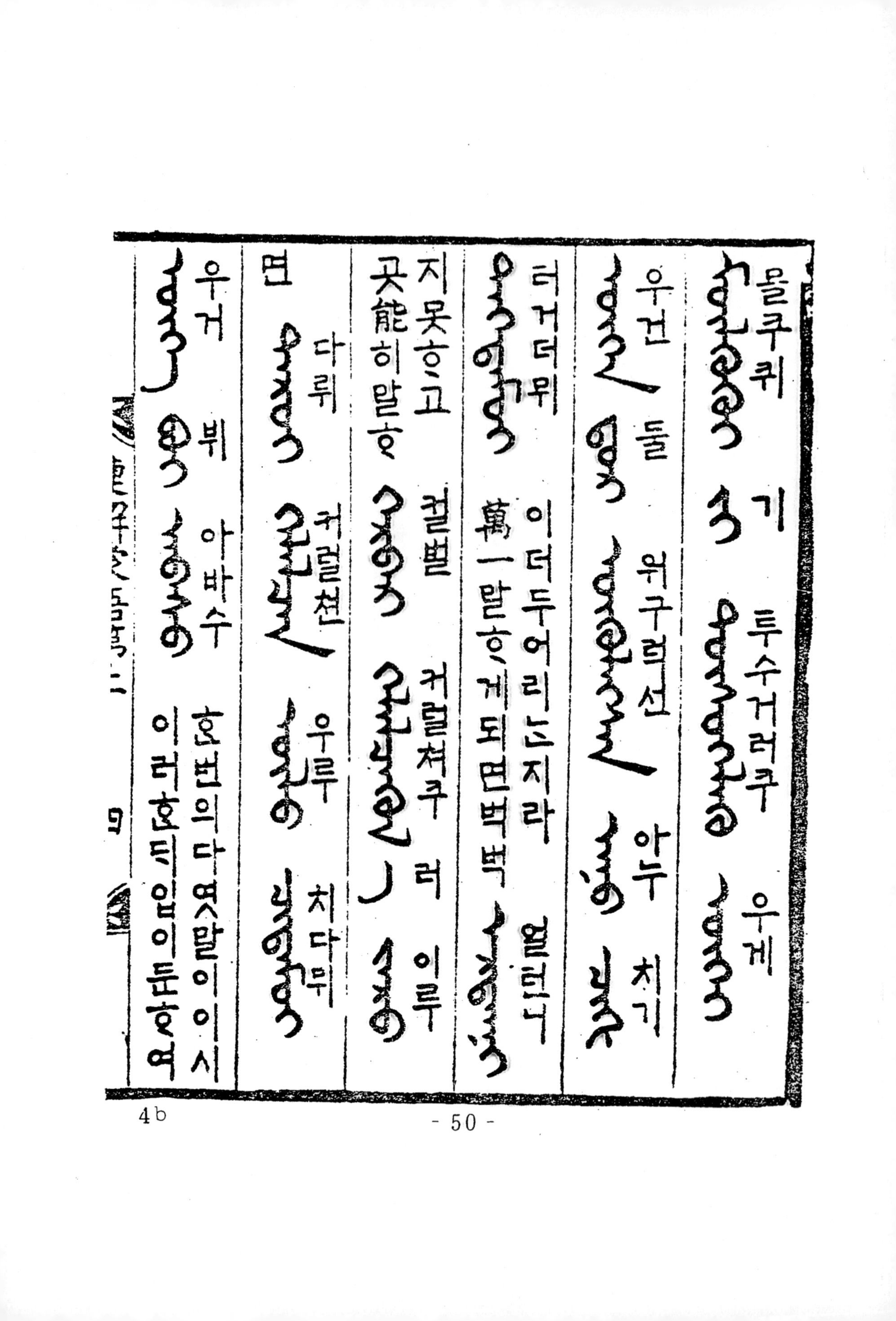

몰쿠퀴 기 투수거러쿠 우게
우건 둘 워구러선 아누 치기
러거더뮈 이더두어리ᄂᆞᆫ지라 열더니
萬一말ᄒᆞᆫ게도면벅벅
지못ᄒᆞ고 컬벌 커럴처쿠 러 이루
곳能히말ᄒᆞ
다뤼 커럴천 우루 치다무
면
우거 뷔 아바수 ᄒᆞᆫ번의다ᄉᆞᆺ말이이시
이러ᄒᆞᆫ틔업이둔ᄒᆞ여

어둘 버여 마시 커너걸커뮈

면 투라다 적이ᄎᆞ기로 어너 ᄒᆞ얄

그젓긔밤이

울지 어둘 수니 바한 지커구처쿠

커어쥬퀴 ᄒᆞ라ᄒᆞ엿ᄂᆞ니라

굿것기를비홈이可

졸치휘 기 술바수 볼후 ᄀᆞ

배타 라 괴기를아지못ᄒᆞᄂᆞᆫ디 다뤼

常談 □□리시되오히려

컴터수게 저머무 고시분지라
다만시즈려눕

우게 이업서 각차 하지구란
왼몸이힘

아니ᄒᆞ고 콤친 버연 丁 쿠츈
나平安치

족소바츄 아무구랑 우게 나셔
안즈

우게 보르간 지아니ᄒᆞ고 사구바츄
먹은거시삭

히편치못ᄒᆞ여 이덕선 야구 마 싱거쿠
이두날몸이극

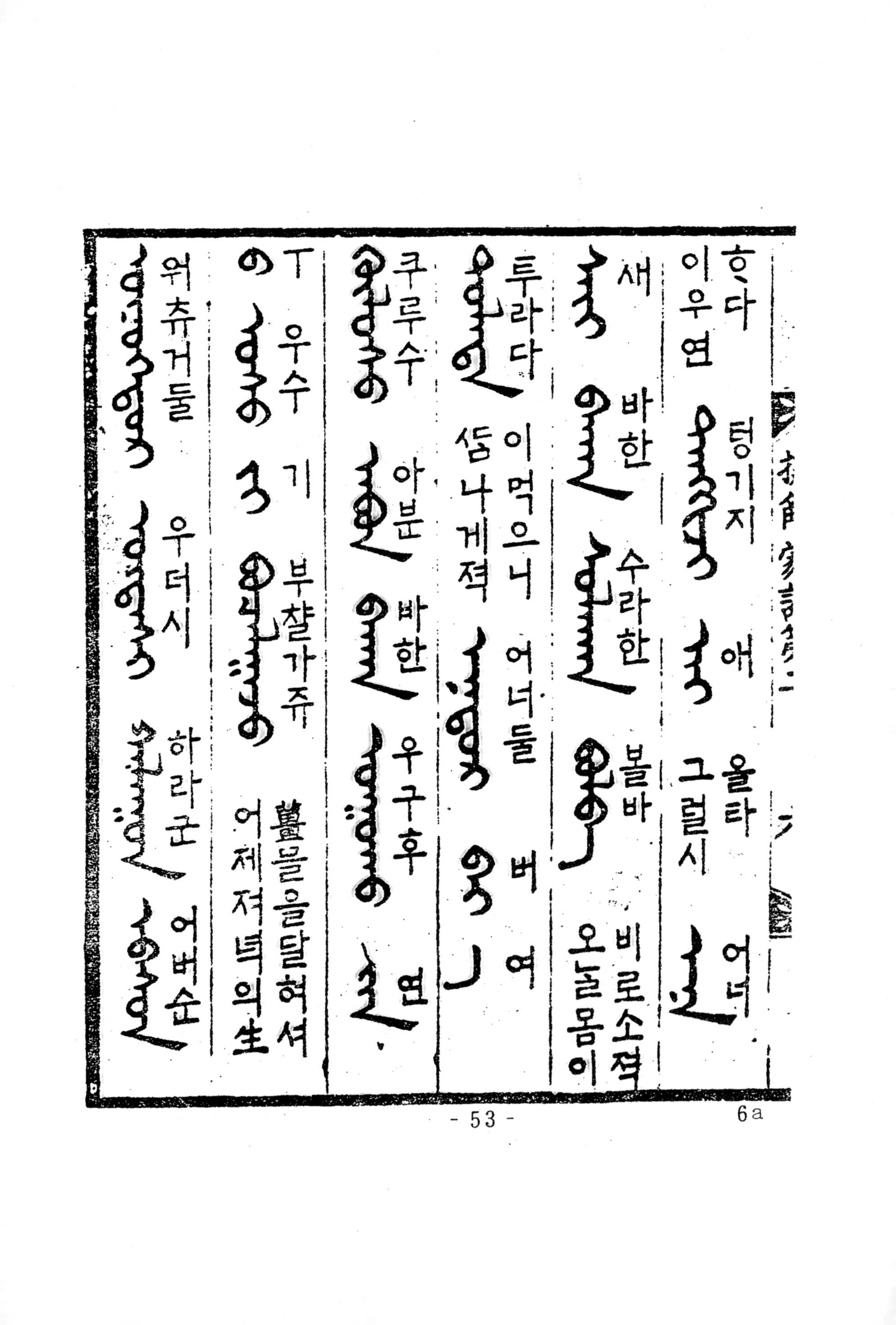

ᄒᆞ다 텅기지 애 울타 어너
이우연 그럴시
새 바한 수라한 볼바 비로소쟉
오놀몸이
투라다 이먹으니 어너들 버 여
뚬나게젹
쿠루수 아분 바한 우구후 연
ᅮ 우수 기 부찰가쥬 薑믈을달혀셔
어졔져녁의生
워츄거들 우더시 하라군 어버순

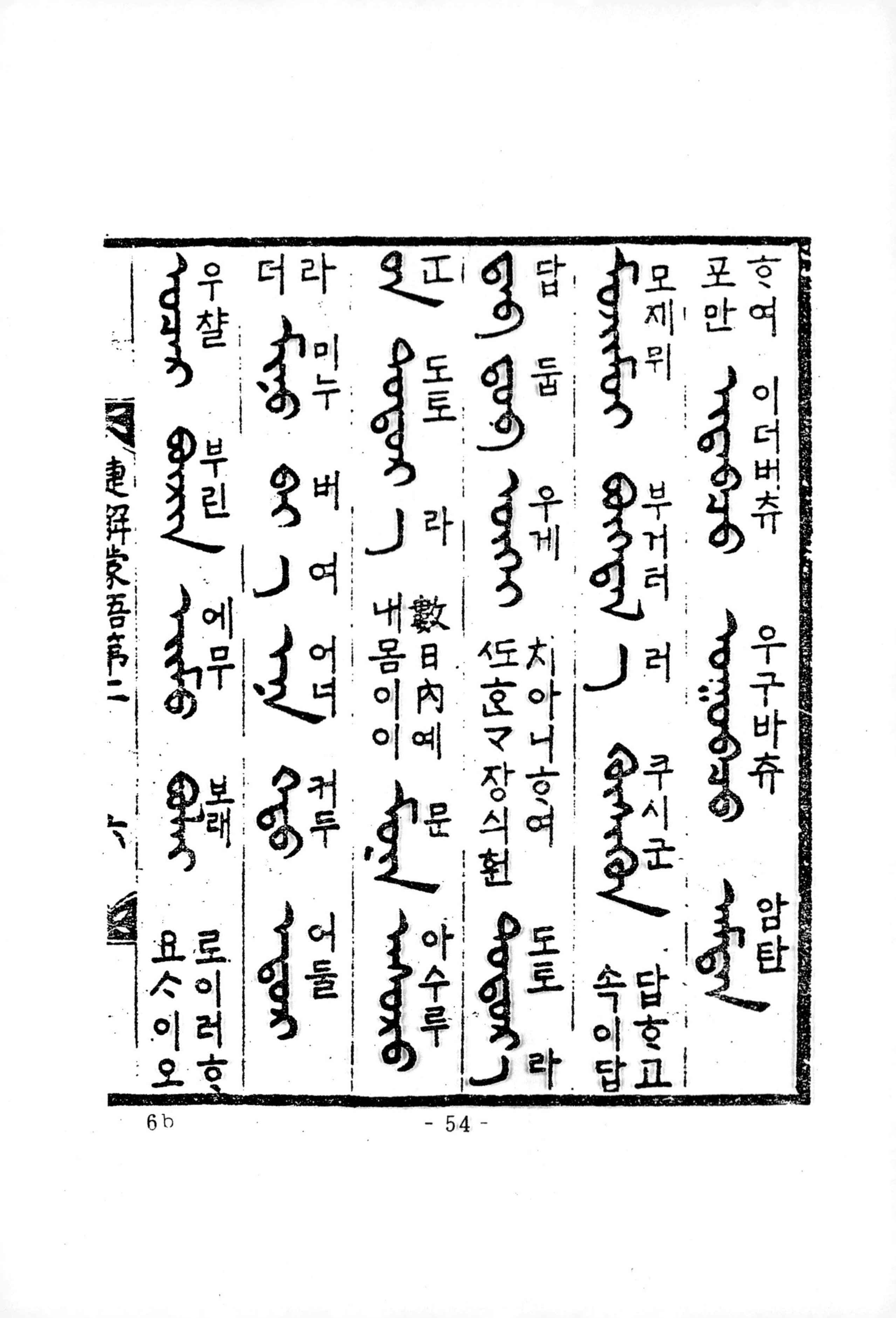

ᄒᆞ여 포만 이더버츄 우구바츄 암탐

모지뮈 부거러 러 쿠시군 답ᄒᆞ고 속이답

답 둡 우게 치아나ᄒᆞ여 도토 라

ᄯᅩ호ᄆᆞ장싀훤

工 도토 라 數日內예 문 아수루

내몸이이

라 미누 버 여 어너 커두 어둘

더라

우챨 부린 에무 보래 로이러ᄒᆞ

요ᄉᆞ이오

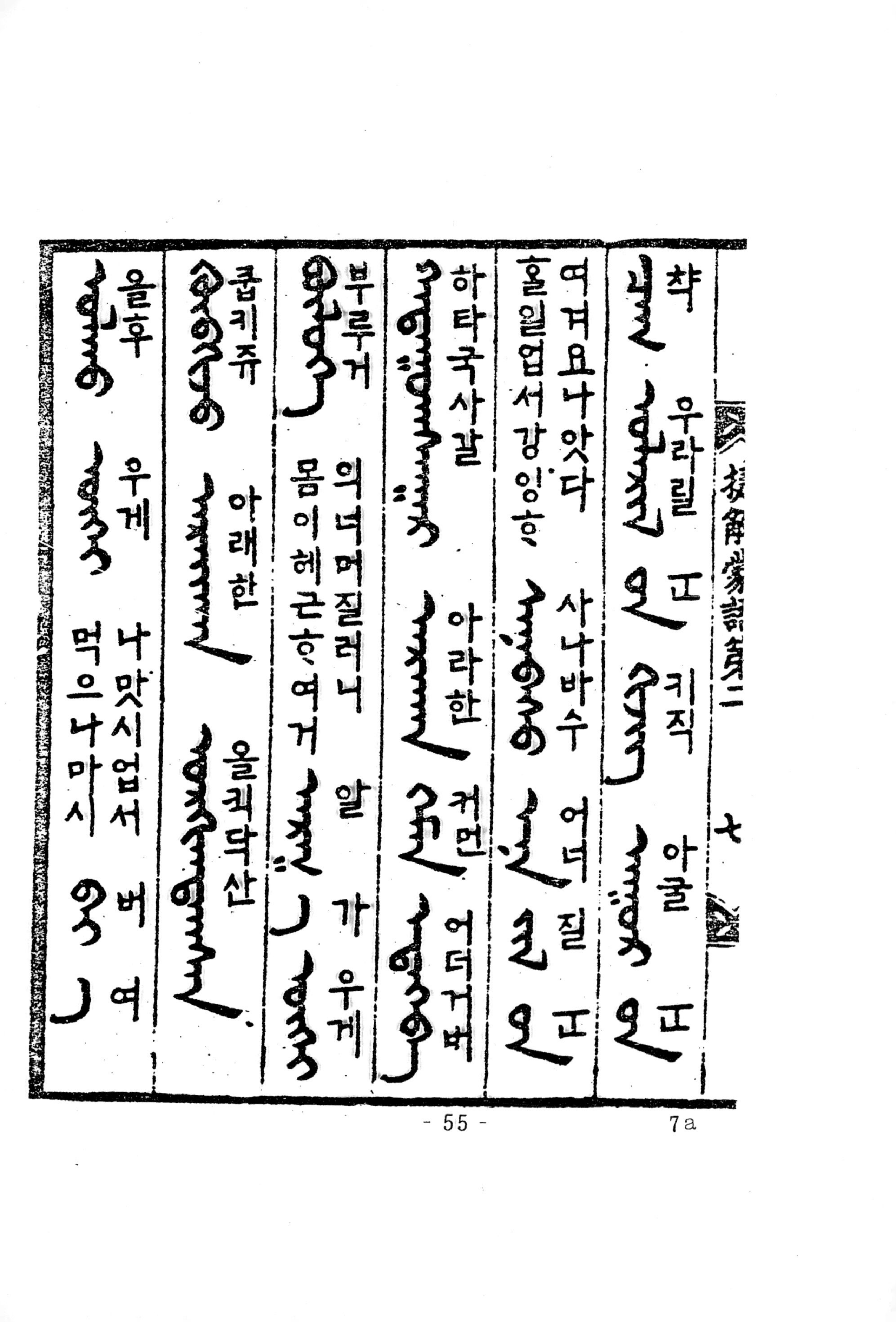

착 우라릴 고 키직 아굴 고

여겨요나앗다 사나바수 어녀 질 고

홀일업서강잉ᄒᆞ

하타국사갈 아라한 커먼 어더거바

부루거 의너머질러니 알 가 우게

몸이헤근ᄒᆞ여거

쿱키쥬 아래한 올쾨다산

올후 우게 나맛시업서 버 여

먹으나마시

언 커식 툴 바사 니컨 나수

쿨츄 이러버 런ᄂᆞᆫ지라 렁거리
正月에 니르

볼쥬 호히되여 챠간 사라 둘
얼런덧ᄉᆞ도

라 아직 우게 바사 니컨 질
장샐

챡 우라릴 야구대 홀둔 이ᄆᆞ
光陰

하라 가뷔 져 의륜감타시로다
싱각ᄒᆞ니올時運

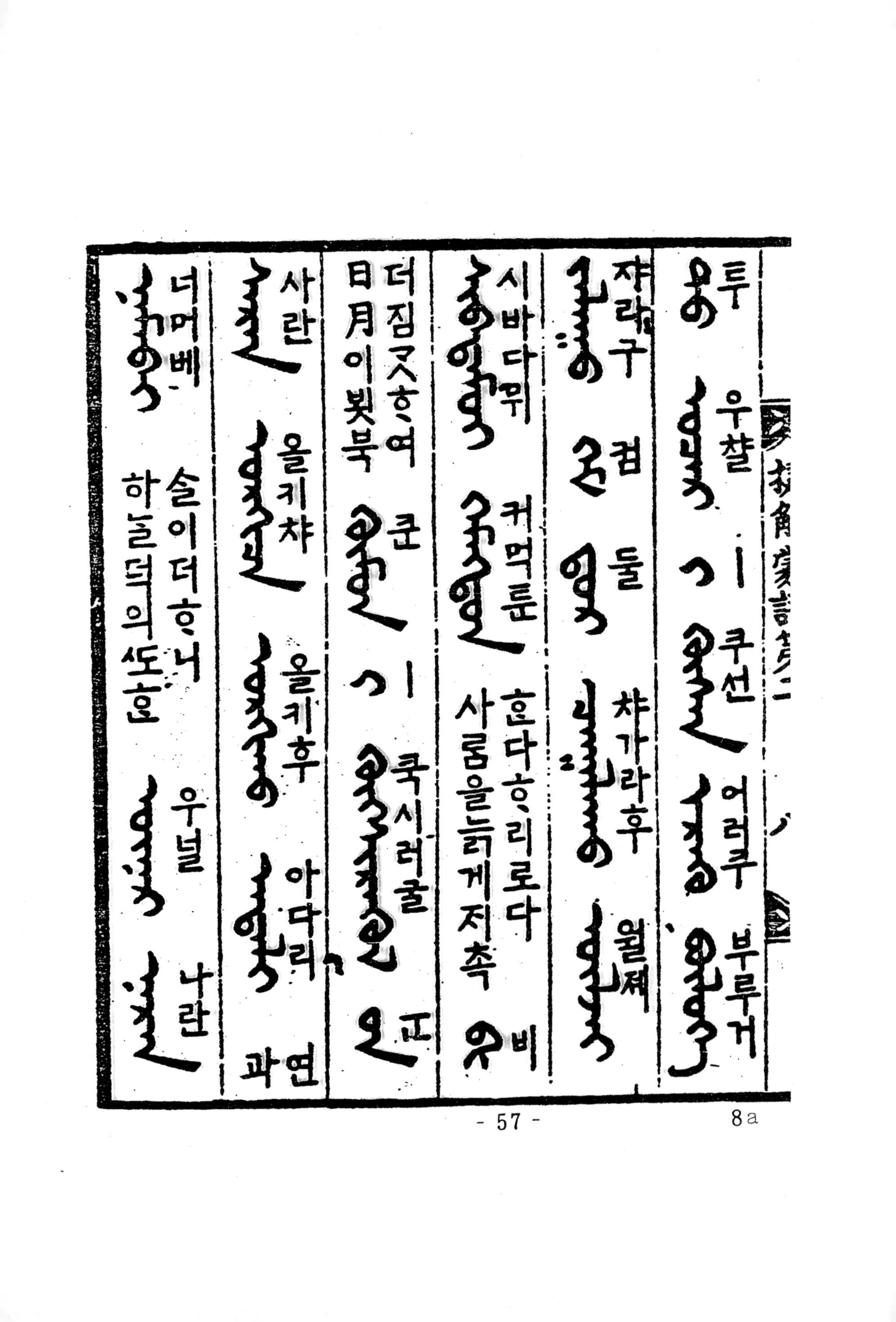

투 우찰 ㅣ 쿠선 어러쿠 부루거

쟈랍구 컴 둘 챠가라후 월졔

시바다뀌 커머룬 ᄒᆞᆫ다ᄒᆞ리로다 비
사ᄅᆞᆷ을늙게지축

더짐ᄆᆞᄉᆞᄒᆞ여 쿤 ㅣ 쿡시러굴 고
日月이뵈북

사란 올키챠 올키후 아다리 연 과

너머베 숟이더ᄒᆞ니 우닐 나란
하ᄂᆞᆯ더의쏘ᄒᆞᆫ

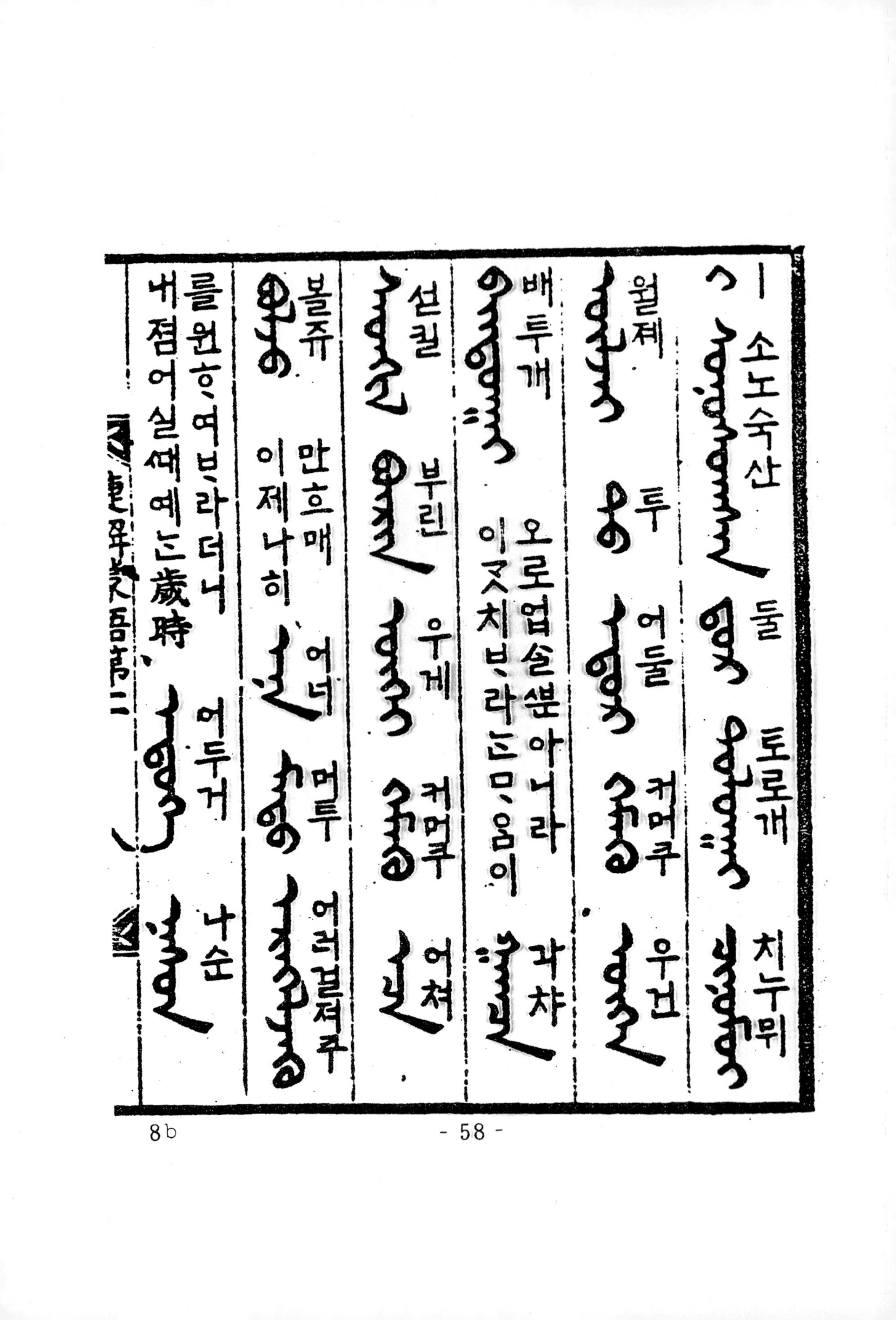

기 소노숙산 둘 토로개 치누뷔

월제 투 어둘 커머쿠 우건

배투개 오로엽솔뿐아니라 이ᄀᆞᆺ치ᄇᆞ라ᄂᆞᆫᄆᆞᄋᆞᆷ이 과샤

선쿨 부린 우게 커머쿠 어쳐

볼쥬 만흐매 이제나히 어너 머투 어러걸저쿠

를원ᄒᆞ여ᄇᆞ라더니 내졈어실때예ᄂᆞᆫ歲時 어두거 나순

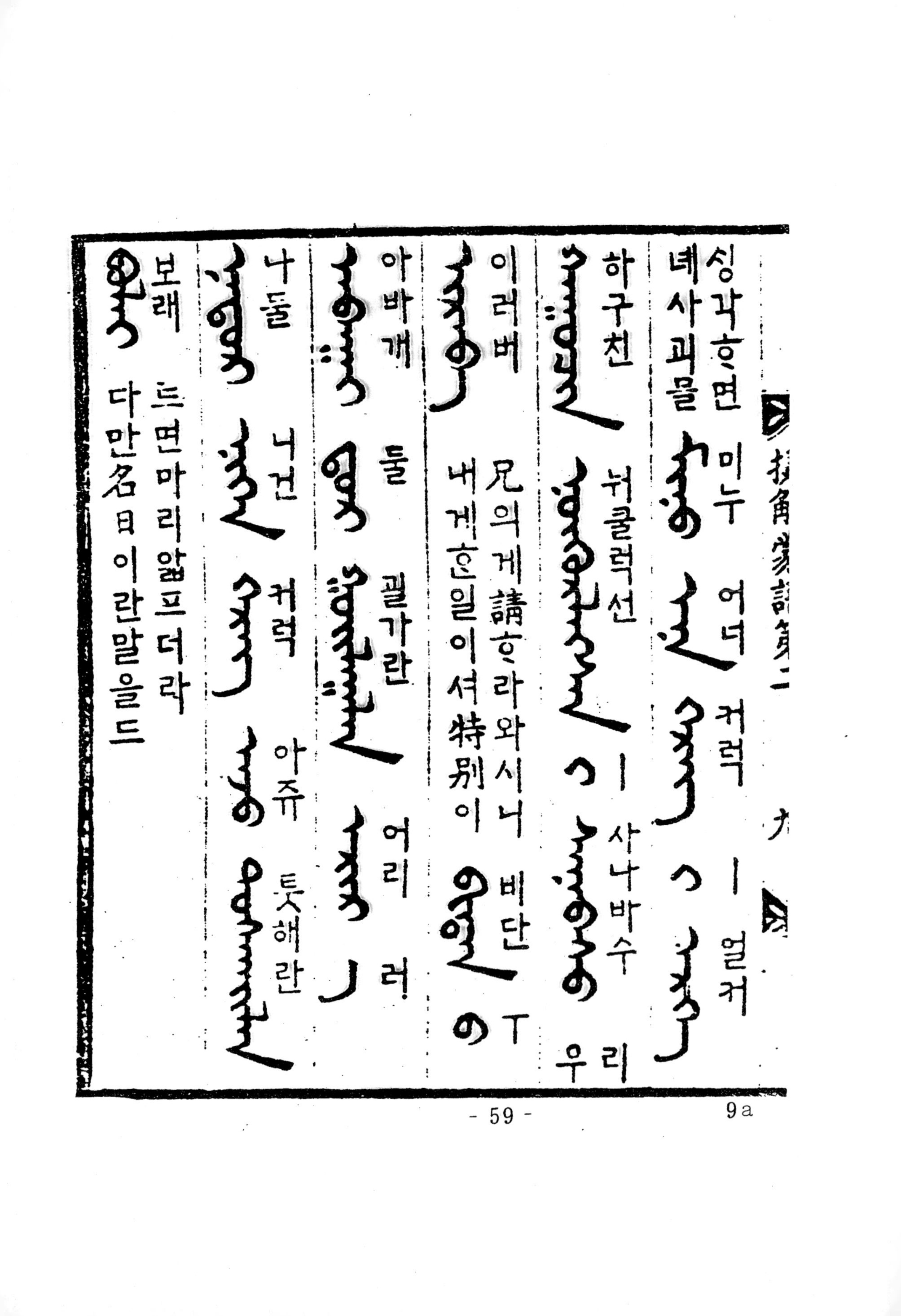

싱각ᄒᆞ면 미누 어너 커럭 ㅣ 얼커

녜사괴믈

하구친 뉘쿨럭선 ㅣ 사나바수 리

우

이러버 兄의게請ᄒᆞ라와시니 비단 T

내게ᄒᆞᆫ일이셔特別이

아바개 둘 괼가란 어리 러

나둘 니건 커럭 아쥬 톳해란

보래 ᄃᆞ면마리앏프더라

다만名日이란말을ᄃᆞ

ᄒᆞᆫ깃거말고
제조차도네 또

위버런 다가후 우게

다가바수 치 문 비터졔 바얄라후

커멀쳔 우져 여 록말ᄒᆞ여보쟈 위버런

내가셔일오도

비 온츄 치다후 치너거벌

커럴쳐쿠 아쟈무 의게젼ᄒᆞ여 니르리잇가

내이일을반ᄃᆞ시져老爺

우게 터러 라 여 둘 우락간

蒙語老乞大 二

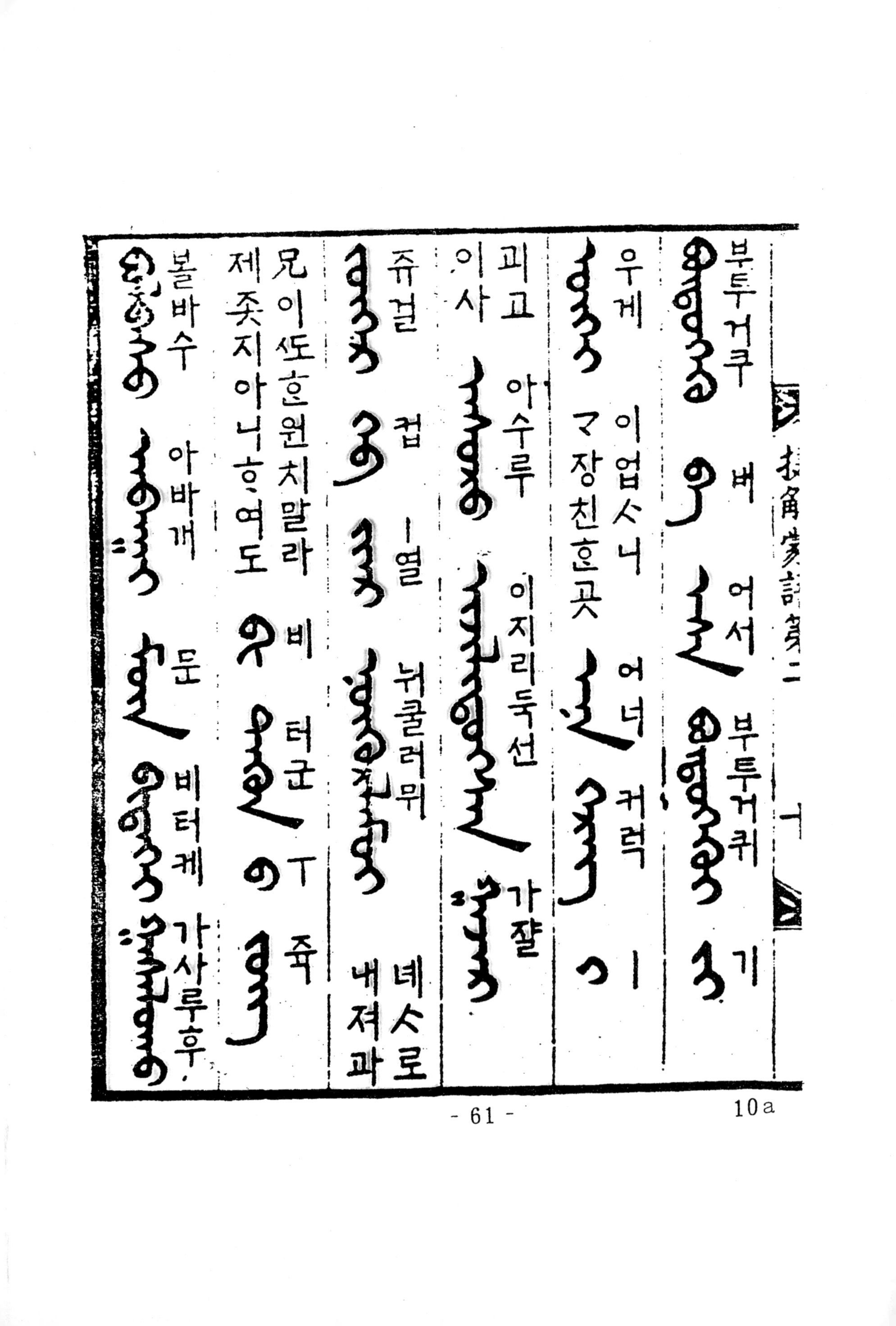

부투거쿠 베 어서 부투거퀴 기

우게 이업ᄉᆞ니 어너 커럭 이

ᄀᆞ장친ᄒᆞᆫ곳

괴고 아수루 이지리두선 가쟐

이사

쥬걸 겁 ㅣ열 뉘쿨러뮈 녜ᄉᆞ로

내져과

兄이또ᄒᆞᆫ원치말라 비 터군 丅 쥭

제좃지아니ᄒᆞ여도

볼바수 아바개 둔 비터케 가사루후

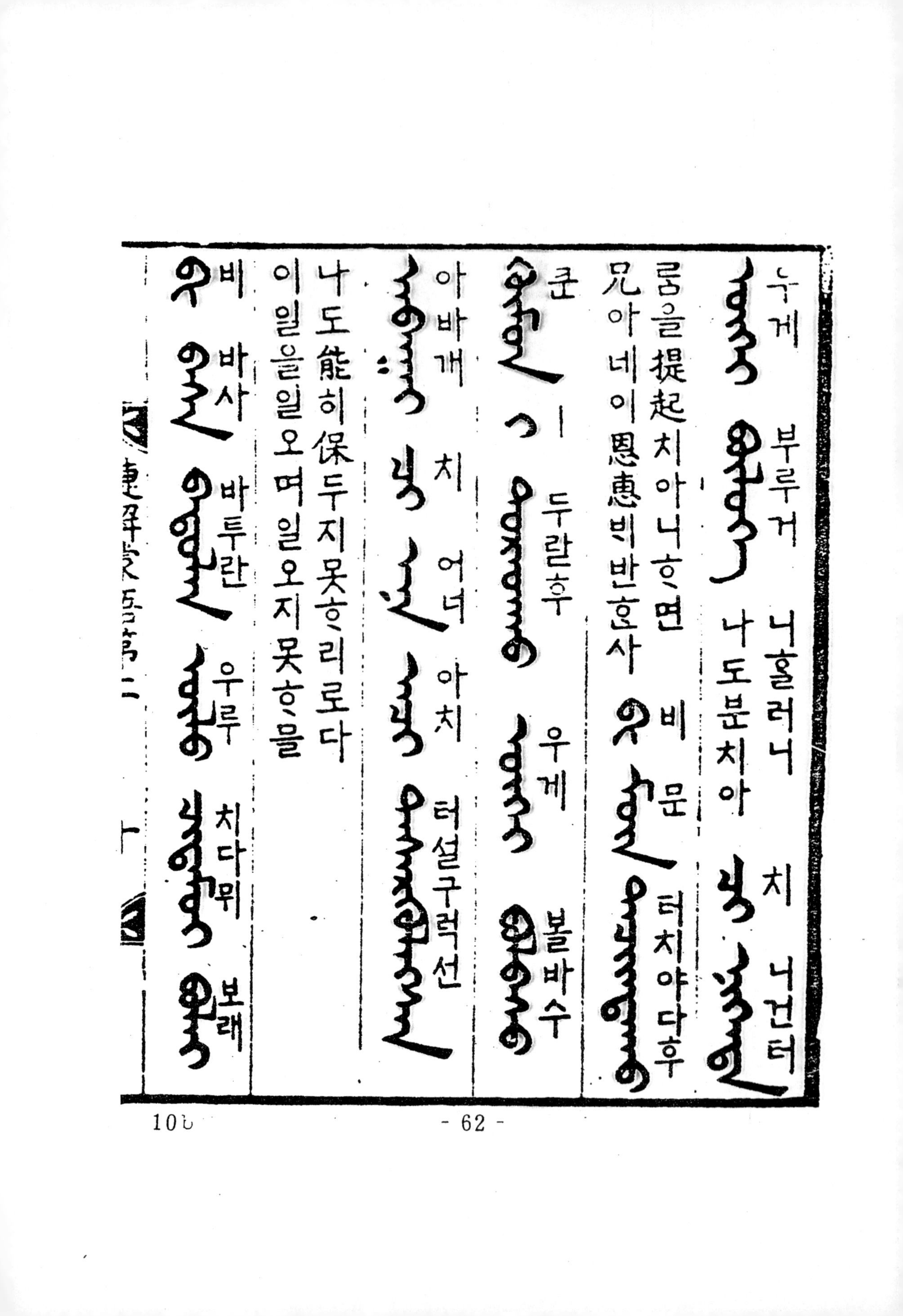

누게 부루거 니훌러니 치 니건더

나도분치아

룸을提起치아니ᄒᆞ면 비 문 터치야다후

兄아네이恩惠비반ᄒᆞ사

쿤 두랄후 우게 볼바수

아바개 치 어너 아치 터설구럭선

나도能히保두지못ᄒᆞ리로다

이일을일오며일오지못ᄒᆞᆷ을

비 바사 바투란 우루 치다뮈 보래

기 험 잇쿨건 어러구룩선

ㅜ볃 ㅍ 하갈 가 연 보쇼 가

처둔 질 둘 희에 져여러 워버런 만

북러굴쥬귀 로소사목이면다 터러

내긔운이곳우ㅎ

다뤼 더거시 올기쥬 호고라

두라둑산 둘 起ᄒᆞ매 미누 케

네ᄒᆞᆫ번提

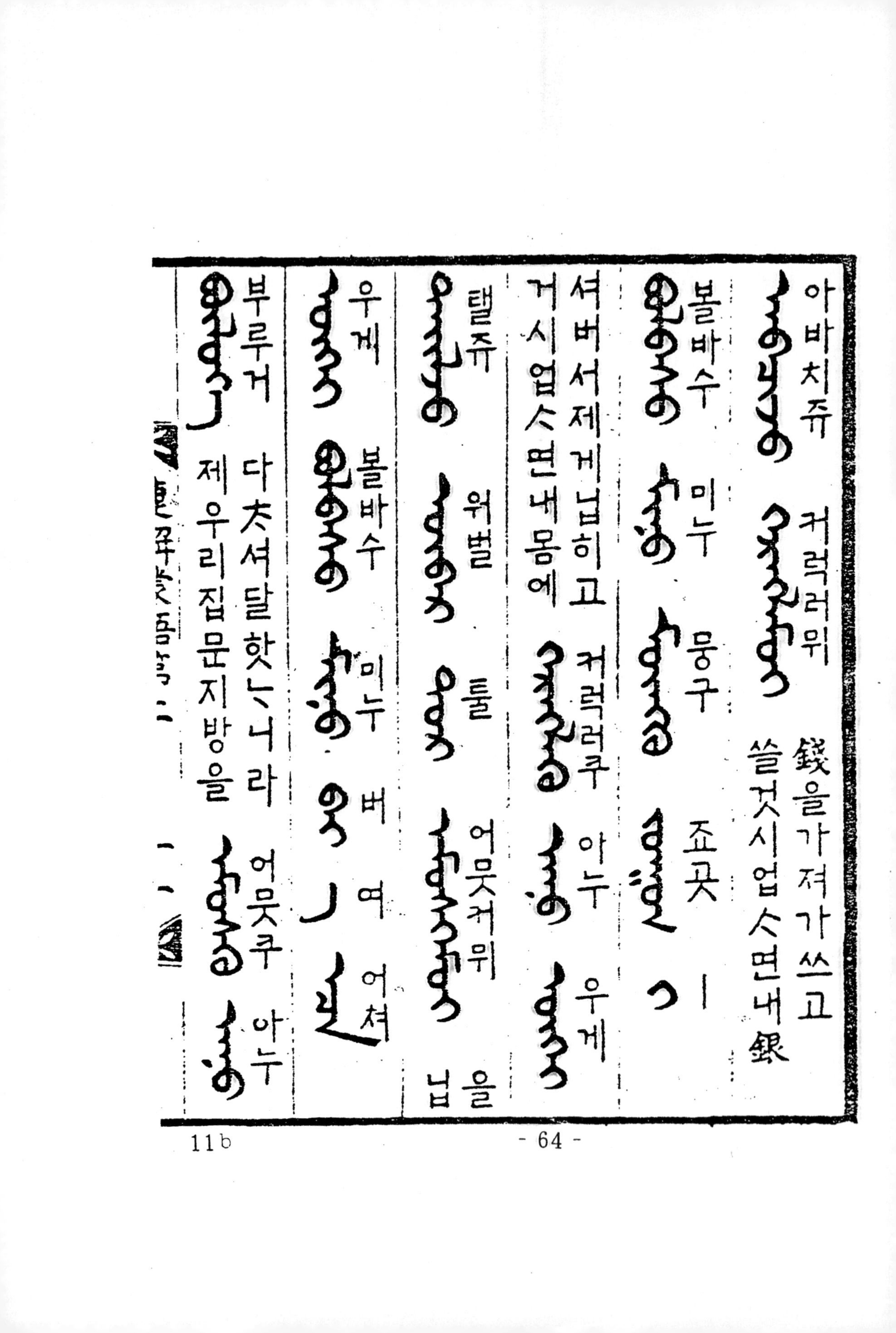

아바치쥬 커럭러뮈 錢을가져가쓰고

쓸것시업ㅅ면내銀

볼바수 미누 뭉구 죠곳 ㅣ

셔버서제거닙히고 커럭러쿠 아누 우게

거시업ㅅ면내몸에

탤쥬 위벌 툴 어뭇커뮈 을

닙

우게 볼바수 미누 버 며 어셔

부루거 다ㅊ서달핫ㄴ니라 어뭇쿠 아누

제우리집문지방을

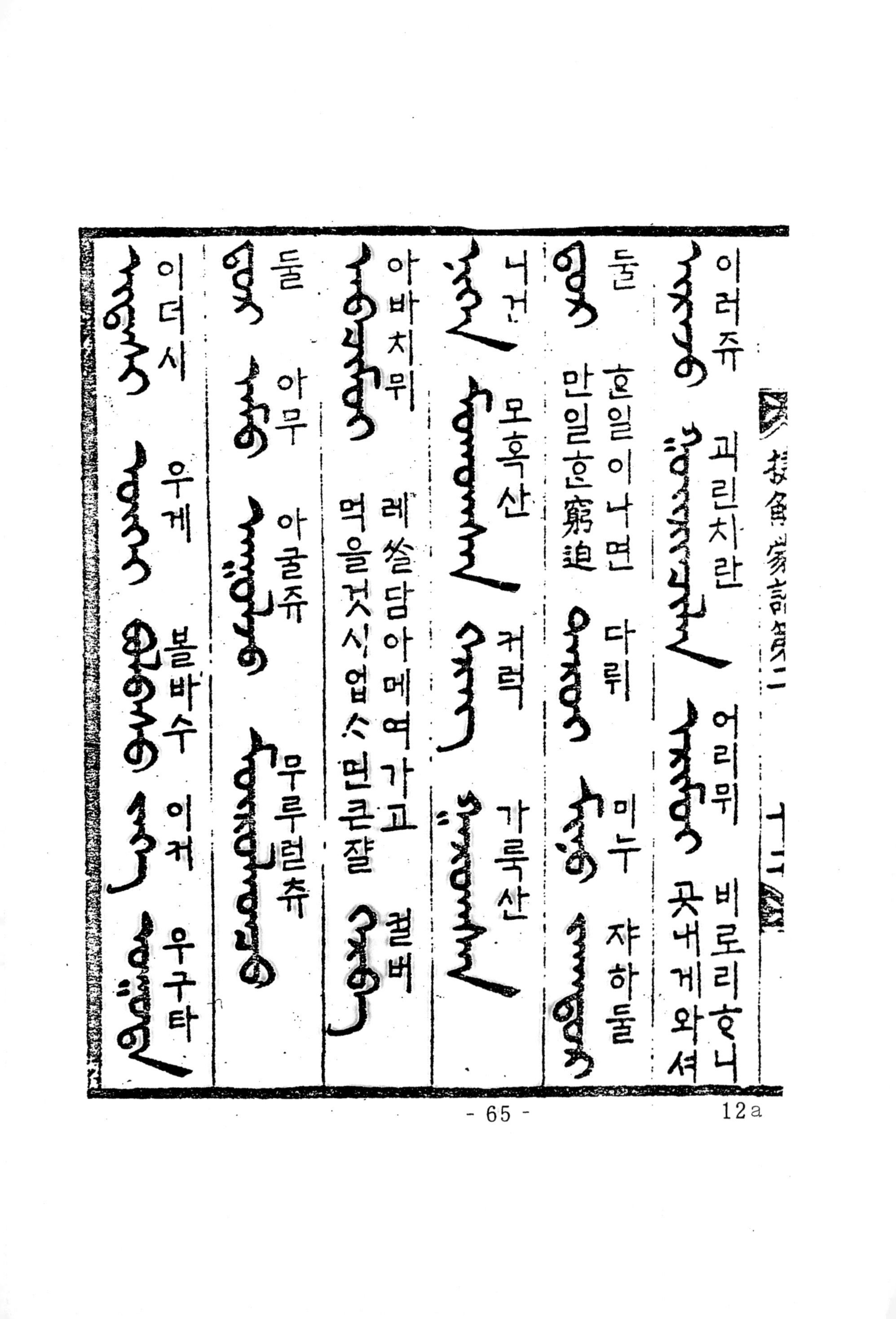

이러쥬 괴린치란 어러무 비로리ᄒᆞ니

곳너게와셔

둘 ᄒᆞᆫ일이나면 다뤼 미누 쟈하둘

만일ᄒᆞᆫ窮迫

나컨 모혹산 커럭 가룩산

아바치무

레쏠담아메여가고 컬버

먹을것시업ᄉᆞ면큰잘

둘 아무 아굴쥬 무루런츄

이더시 우게 볼바수 이커 우구타

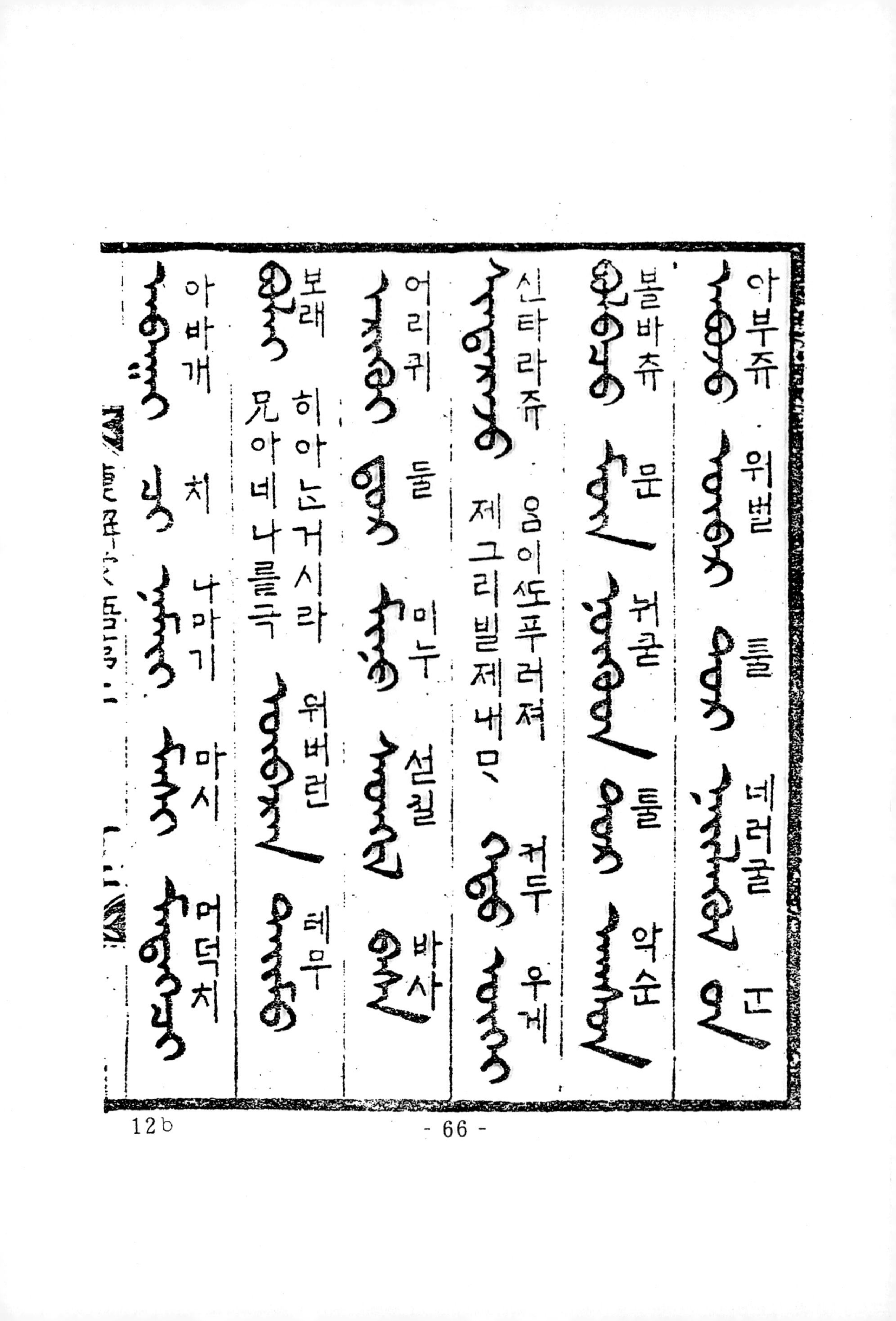

아부쥬 위벌 틀 녜러굴 군

볼바츄 문 뉘쿨 틀 악순

신타라쥬 음이 또 푸러져 제그리빌제내므 커두 우게

어리퀴 둘 미누 선걸 바사

보래 히아는거시라 兄아네나를극 위버런 데무

아바개 치 나마기 마시 머덕치

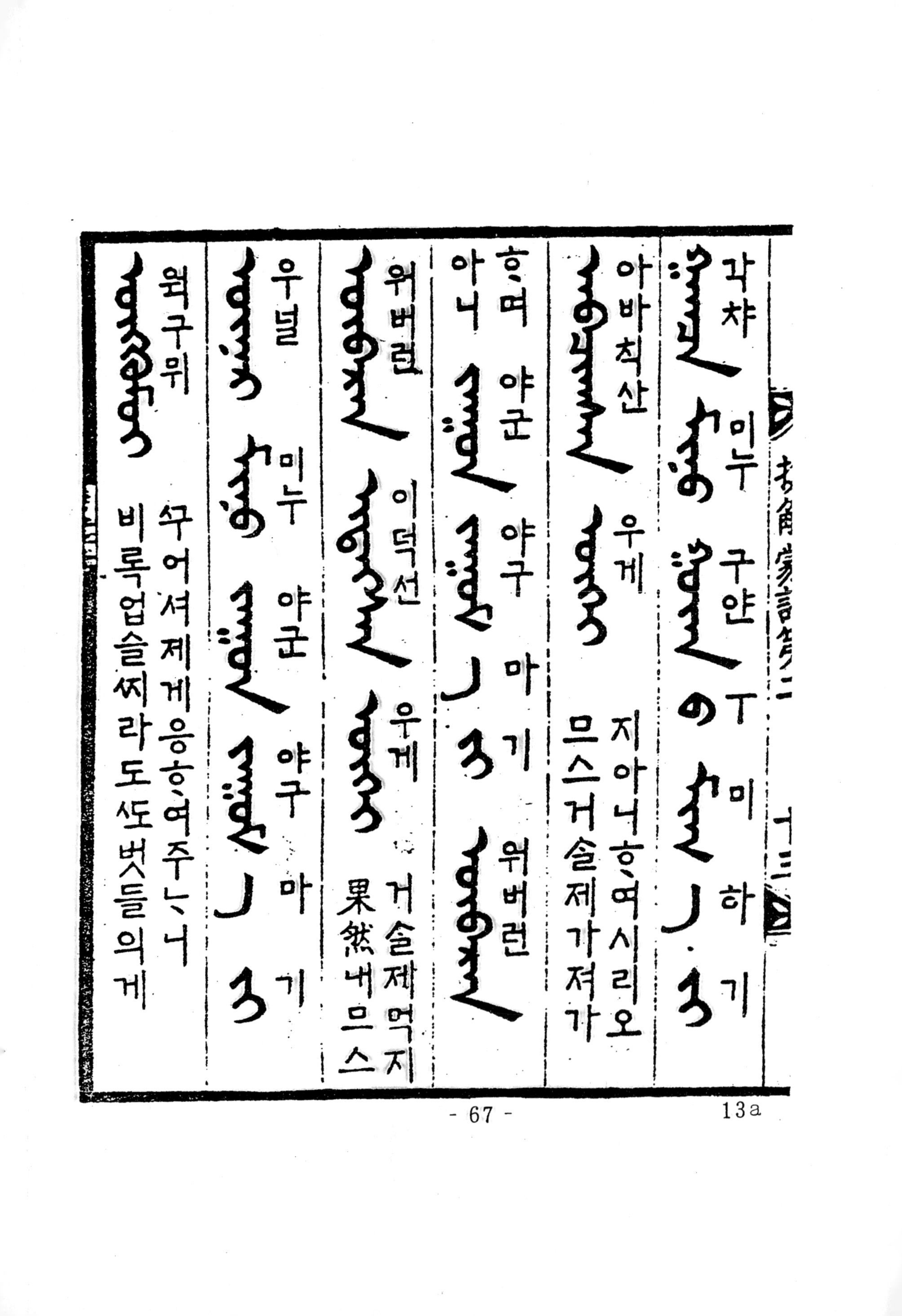

각챠 미누 구얀 ㅜ 미하기

아바치산 우게 지아니ᄒᆞ여시리오 므스거슬제가져가

ᄒᆞ며 아나 야군 야구 마기 워버런

워버런 이덕선 우게 거슬제먹지 果然내므스

우뎔 미누 야군 야구 마기

워구위 ᄭᅮ어셔제게응ᄒᆞ여주ᄂᆞ니 비록업슬씨라도ᄯᅩ벗ᄉ들의게

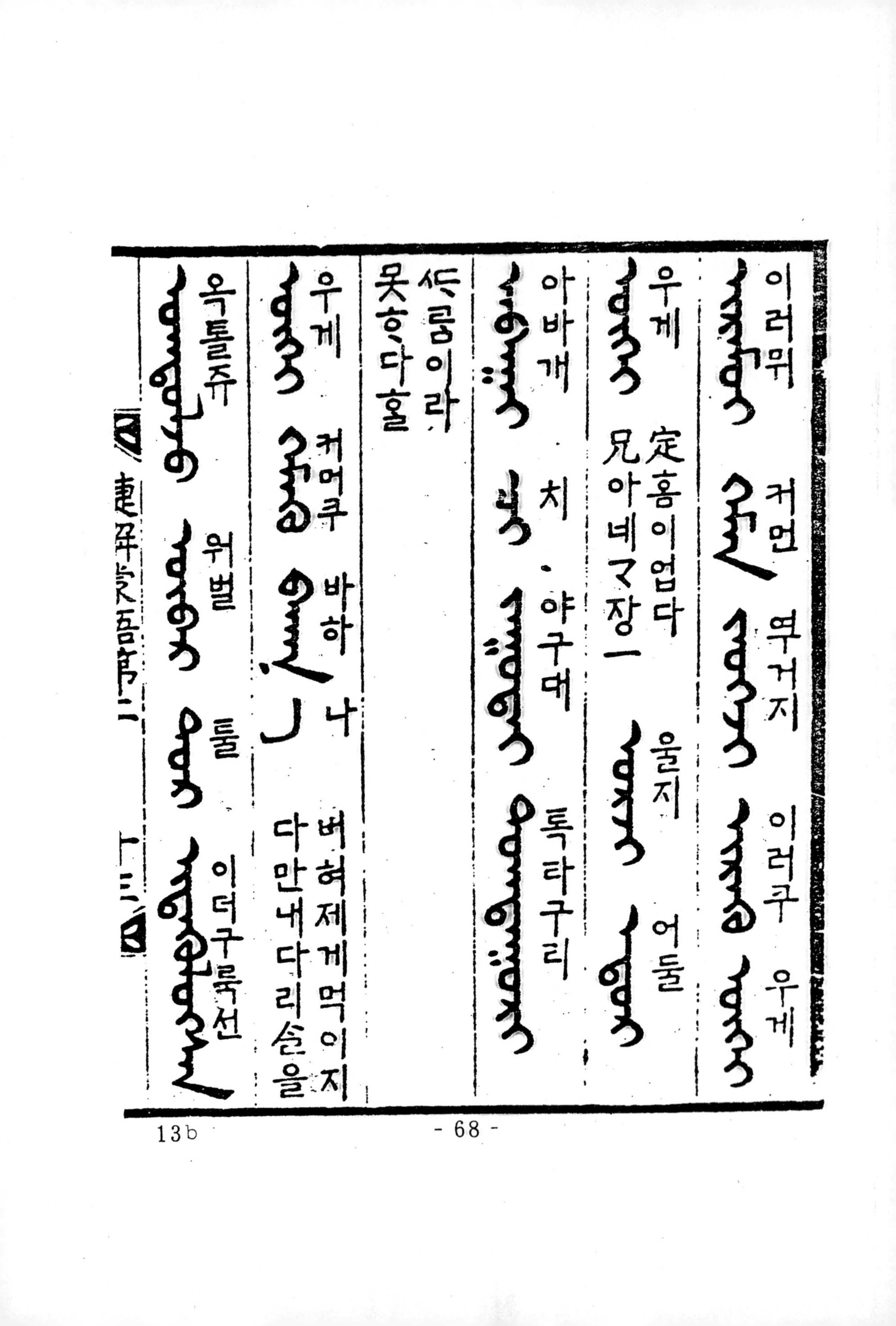

이러뮈 커먼 뮤거지 이러쿠 우게

우게 定홈이업다 兄아네ᄀ장一 울지 어둘

아바개 치 야구대 톡타구리

ᄯᅳ룸이라 못ᄒᆞ다홀

우게 커머쿠 바하 나 버혀제게먹이지 다만내다리손을

옥톨쥬 위벌 툴 이더구룩선

清語老乞大 卷二 十三

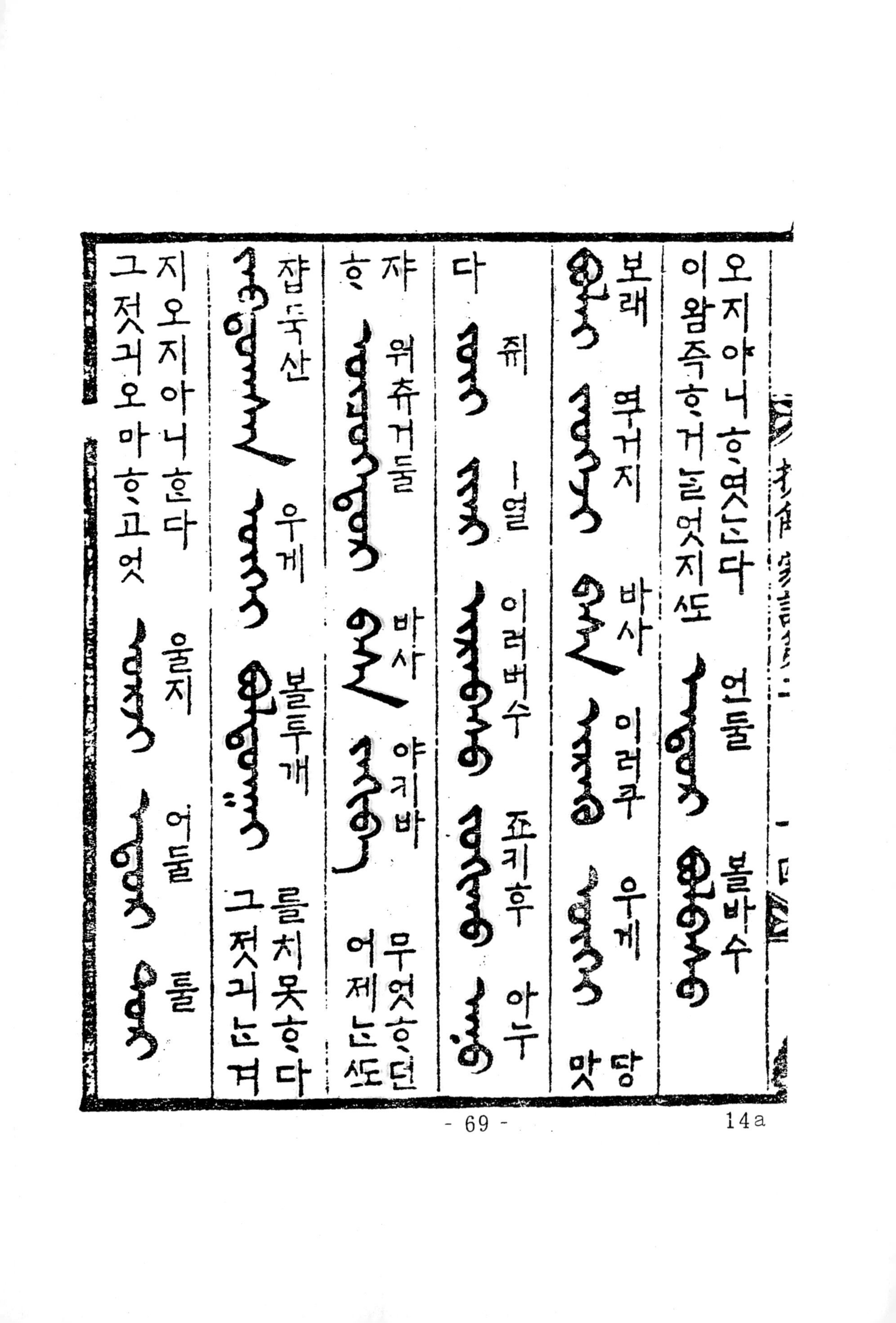

오지아니ᄒᆞ엿ᄂᆞᆫ다 언둘 볼바수
이왐즉ᄒᆞ거늘엇지ᄯᅩ

보래 뮈거지 바사 이러쿠 우게 당
맛

쥐 ᅵ얼 이러버수 죠키후 아누
다

쟈 워츄거둘 바사 야키바 무엇ᄒᆞ던
ᄒᆞ 어제ᄂᆞᆫᄯᅩ

쟙둑산 우게 볼투개 를치못ᄒᆞ다
그졋괴ᄂᆞᆫ겨

지오지아니ᄒᆞᆫ다 울지 어둘 툴
그졋괴오마ᄒᆞ고엇

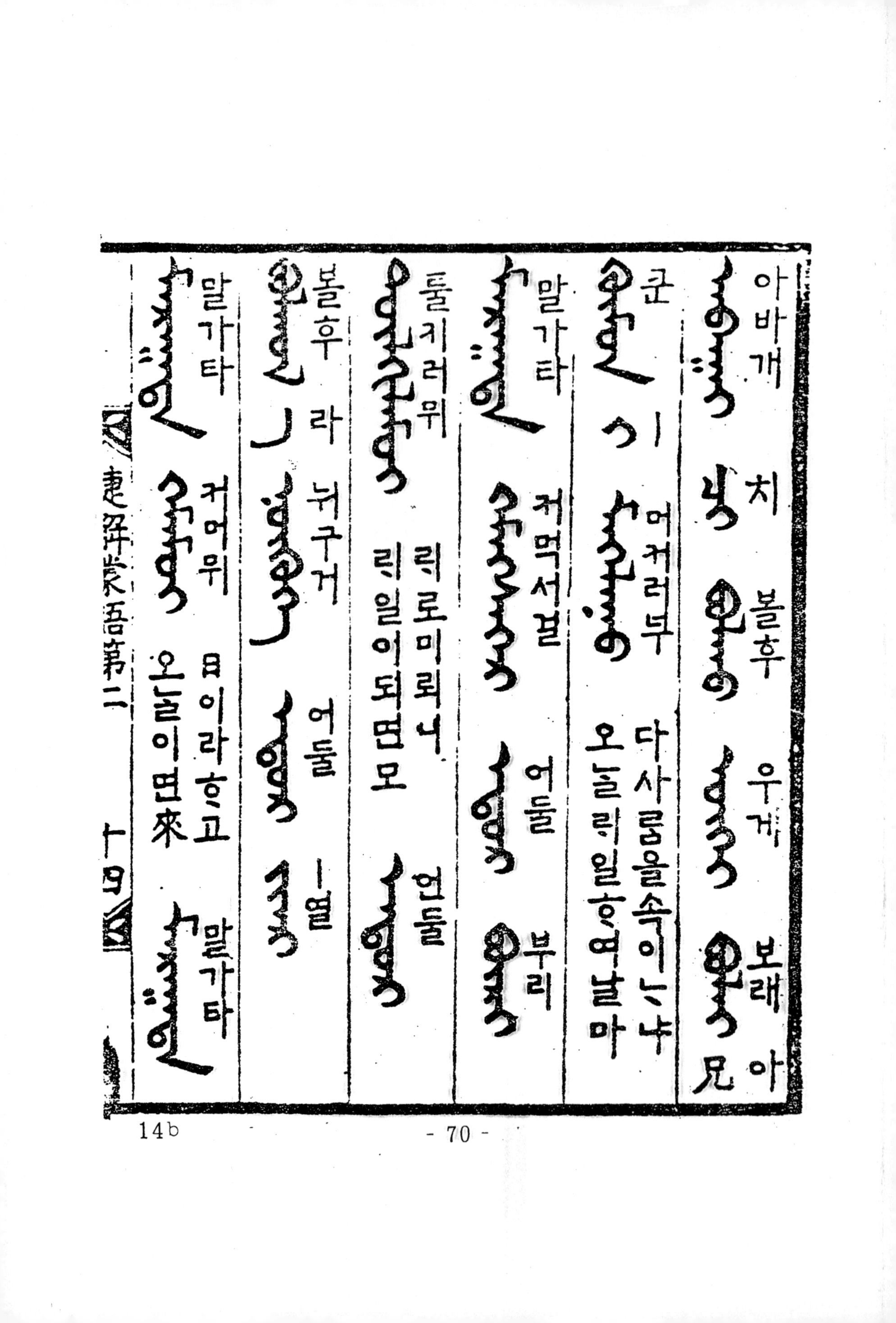

아바개 치 볼후 우게 보래아 兄

군 이 머거러부 다사룸을속이ᄂᆞ냐

오ᄂᆞᆯ릐일ᄒᆞ여날마

말가타 저먹서벌 어둘 부리

둘지러뮈 릐로미뢰니 언둘

릐일이되면모

볼후 라 뉘구거 어둘 ᅵ열

말가타 거어뮈 日이라ᄒᆞ고 말가타

오ᄂᆞᆯ이면來

우건 이터거쿠 쿤 배나 네
건
다라갈 하굴바수 지치 바사 치누
볼후 바하 나 이면가홀뜻름이라
속여도다만훈두번
각챠 쿠 니건터 호얄타 볼바수
비터케 시이리말라 하굴바수 문
이후부터눈다
너흔다 어군쳐 회시 지치 잉기지
네가치아

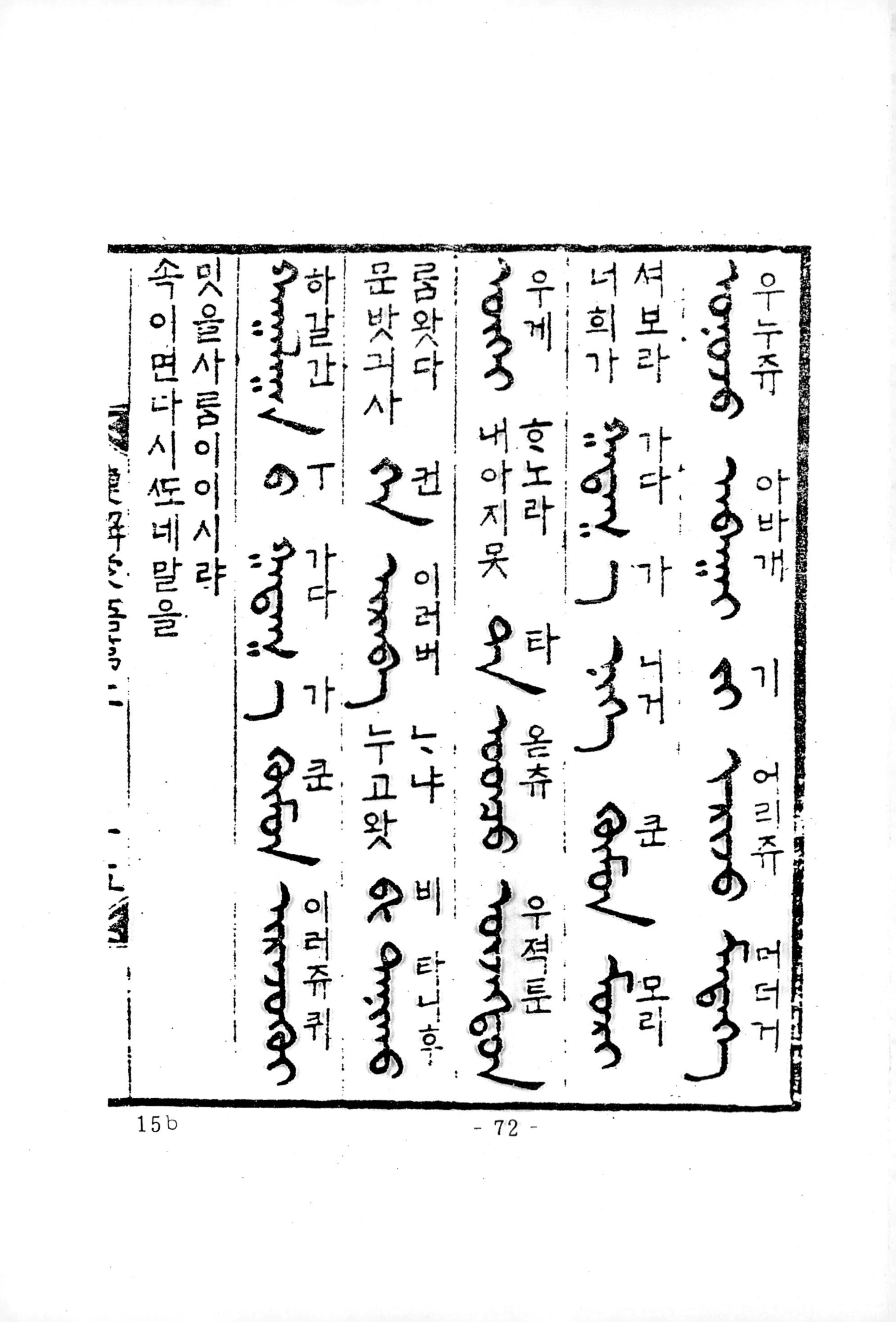

우누쥬 아바개 기 어리쥬 머더거

서보라 가다 가 너거 쿤 모리

너희가

우게 ᄒᆞ노라 타 옴츄 우젹툰

내아지못

룸왓다 권 이러버 ᄂᆞ냐 비 타니ᄒᆞ

문밧긔사 누고왓

하갈간 ᅚ 가다 가 쿤 이러쥬쿼

밋을사ᄅᆞᆷ이이시라

속이면다시ᄯᅩ네말을

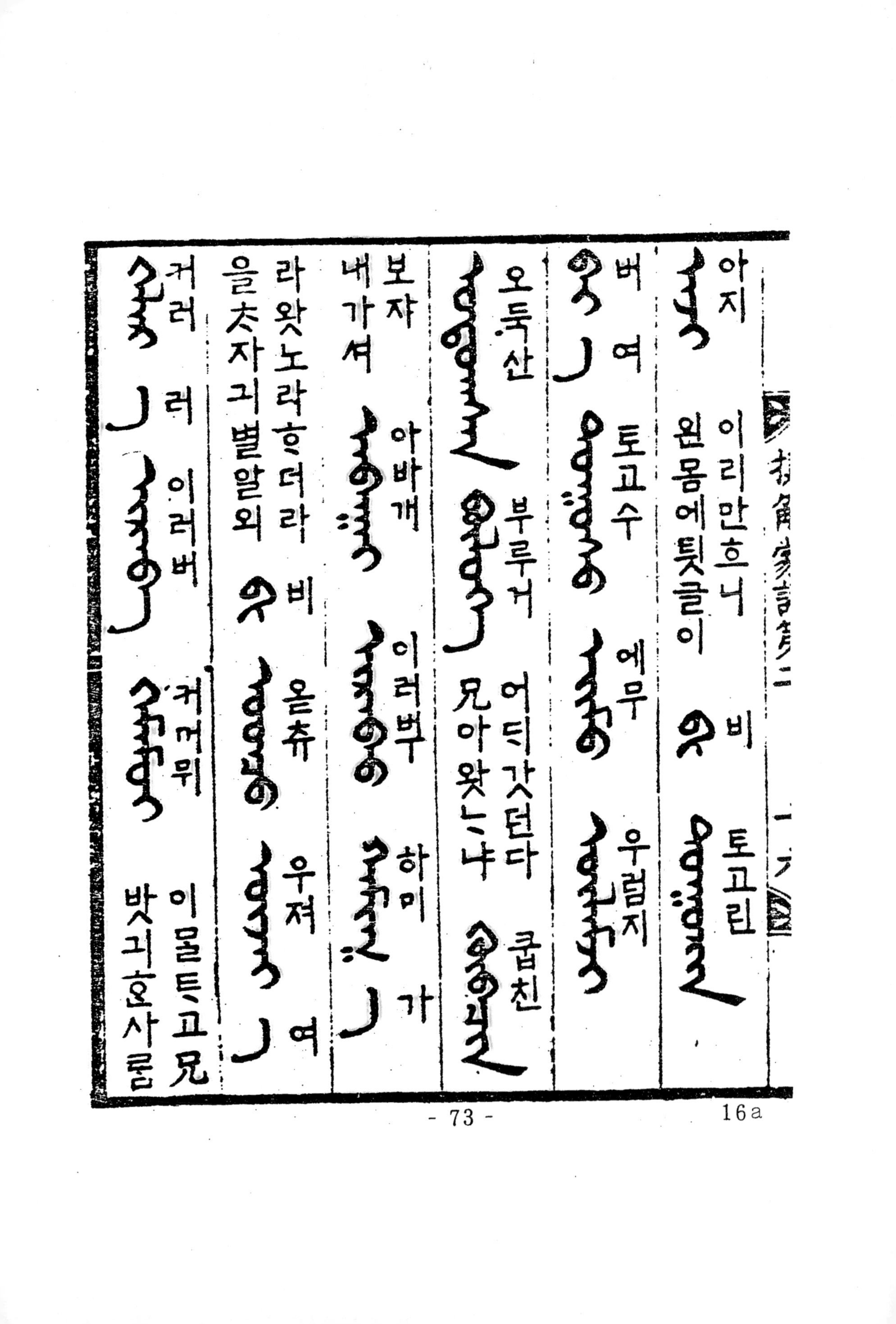

아지 이리만흐니 비 토고린
원몸에틧글이
버여 토고수 에무 우럼지
오둑산 부루거 어듸갓던다 큽친
兄아왓ᄂᆞ냐
보자 아바개 이러부 하미 가
내가서
라왓노라ᄒᆞ더라 비 올츄 우져 여
을ᄎᆞ자그 별알외
커러 러 이러버 커러뮈 이몰트고兄
밧긔호사ᄅᆞᆷ

두구루지 쿠턴 우게 ᄀᆞ득ᄒᆞ니 집
원몸에ᄯᆞᆷ이

방에오ᄅᆞ라 쿱친 버여 쿠루수
져긔ᄂᆞᆫ치우니

죠타 텀더 쿠턴 한쥬 둘 아바리
여긔

더ᄭᅴ시 사구 안즈라 언더 샌
見아놉히

이러쥬퀴 야여긔밋처왓노라 아바개
내두루ᄃᆞᆫ니다가이제

야북사갈 새 언더 ᄏᆞᆯ츄

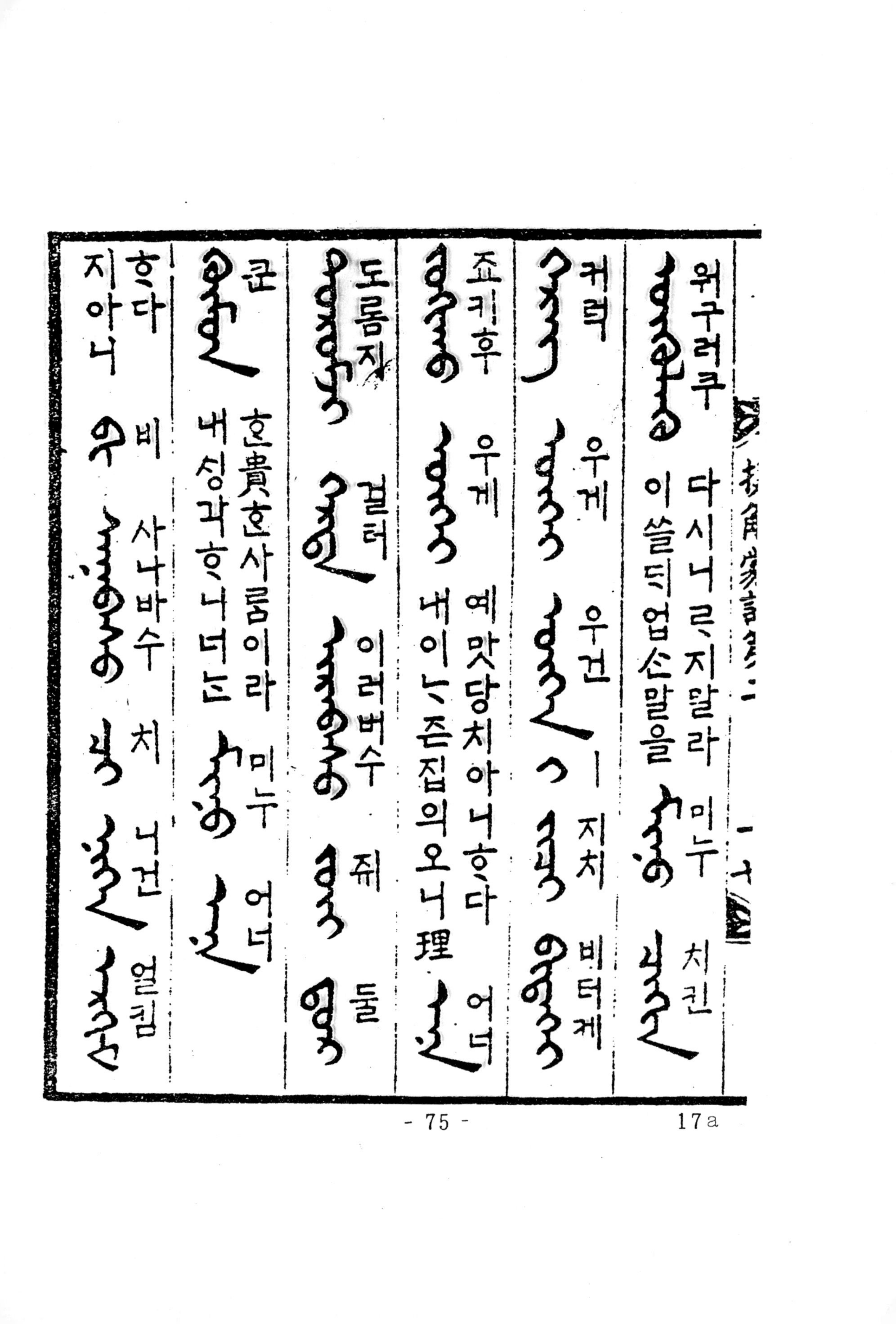

워구러쿠 다시니ᄅᆞ지말라 미누 치킨

이쓸ᄃᆡ업ᄉᆞᆫ말을

커럭 우게 우건 ᅵ 지치 비터게

죠키후 우게 예맛당치아니ᄒᆞ다 어너

내이ᄂᆞ즘집의오니理

도롬지 걸러 이러버수 쥐 둘

균 ᄒᆞᆫ貴ᄒᆞᆫ사ᄅᆞᆷ이라 미누 어너

내싱각ᄒᆞ니너ᄂᆞᆫ

ᄒᆞ다 비 사나바수 치 니건 얼킴

지아니

우다 가 더듸게말라 버다탄 언더
섈리쟝만ᄒᆞ고
이라ᄒᆞ여라 훌둔 바쟈가쥬 비러게
거유ᄒᆞᆫ나죽
아라 가라구 나거 아라 커 죽이고
양ᄒᆞᆫ나
워구 러 너희가셔닐러라 호넌 나거
사ᄅᆞᆷ이어듸잇ᄂᆞ니
쿤 하미 가 뷔 타 올츄
둘 소뇻후 우게 아니ᄒᆞ노라
내귀예듯지

아바개 치 너건 훈타 가 우구

쿨거쥬 이 러 커 리보내라ᄒᆞ여라

고기술마니거든샐

치나쥬 볼바수락산 회 ᄂᆞ 훌둔

쿨거쥬 이 러 든몬져보내고 미 하

술과안쥬잇거

다라수 죠시 뷔 아바수 우리다

사귀쥬 쿠러뮈 보래 셔기드리리라

우리여긔안자

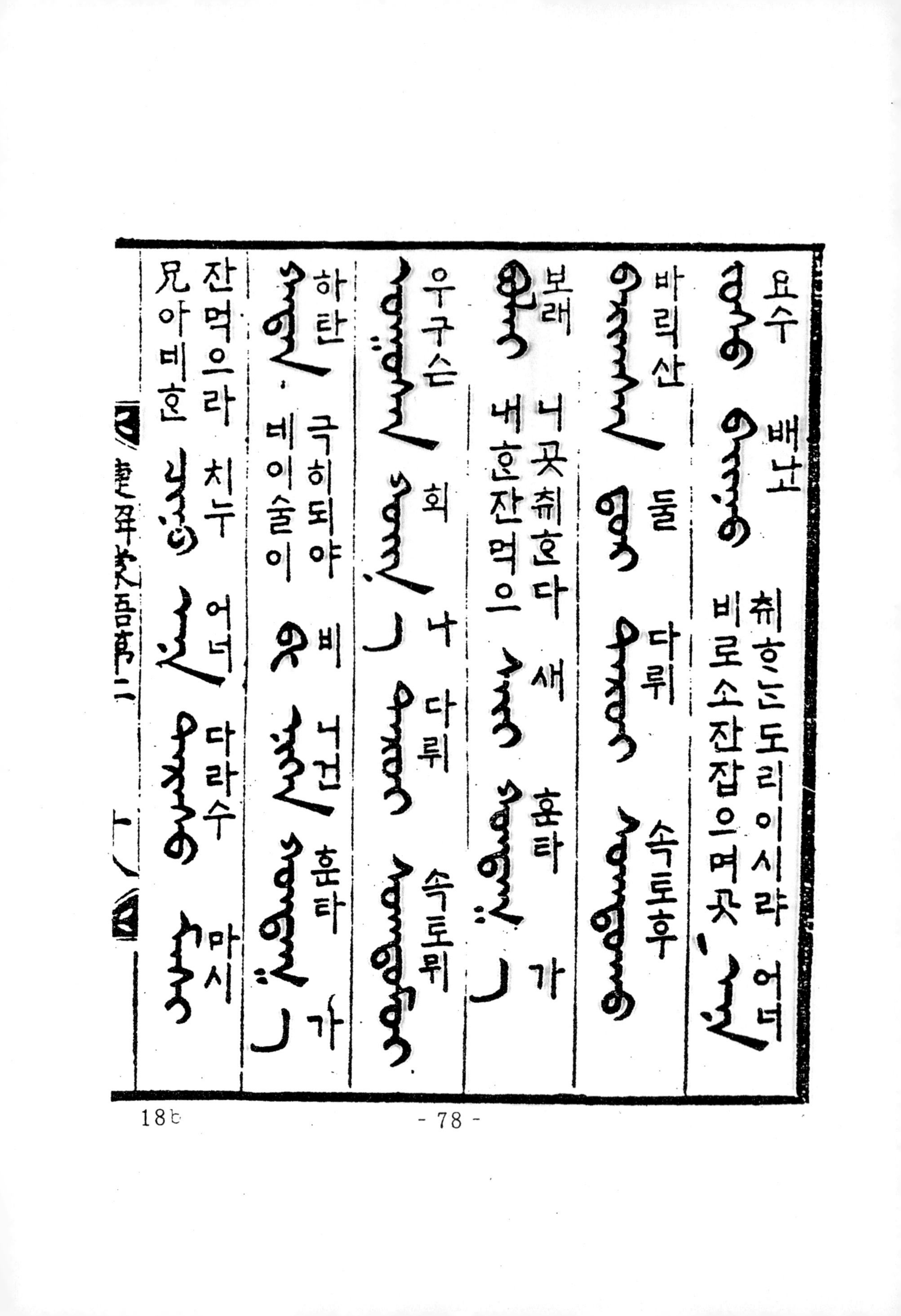

요수 배나고 취ᄒᆞᄂᆞᆫ도리이시라 비로소잔잡으며곳 어녀

바릭산 둘 다뤼 속토후

보래 니곳취ᄒᆞ다 내ᄒᆞᆫ잔먹으 새 훈타 가

우구슨 회 나 다뤼 속토뤼

하탄 극히되야 데이술이 비 너건 훈타 가

잔먹으라 치누 어너 다라수 마시

兄아미ᄒᆞᆫ

훈타 가 우구후 바하 나 을ᄯᅳᄅᆞᆯ이 이흔잔먹

면 투라다 량흠으로 兄이나를ᄉ 어너 너건

ᄒᆞ더니 지아니 아바개 나마기 워루서쿠

우구후 우게 부루거 과술을다먹 너본듸쇼쥬

이쟈굴 아리키 다라수 기 쳠

너건 훈타 가 다굿 다ᄒᆞ라 이흔잔 비

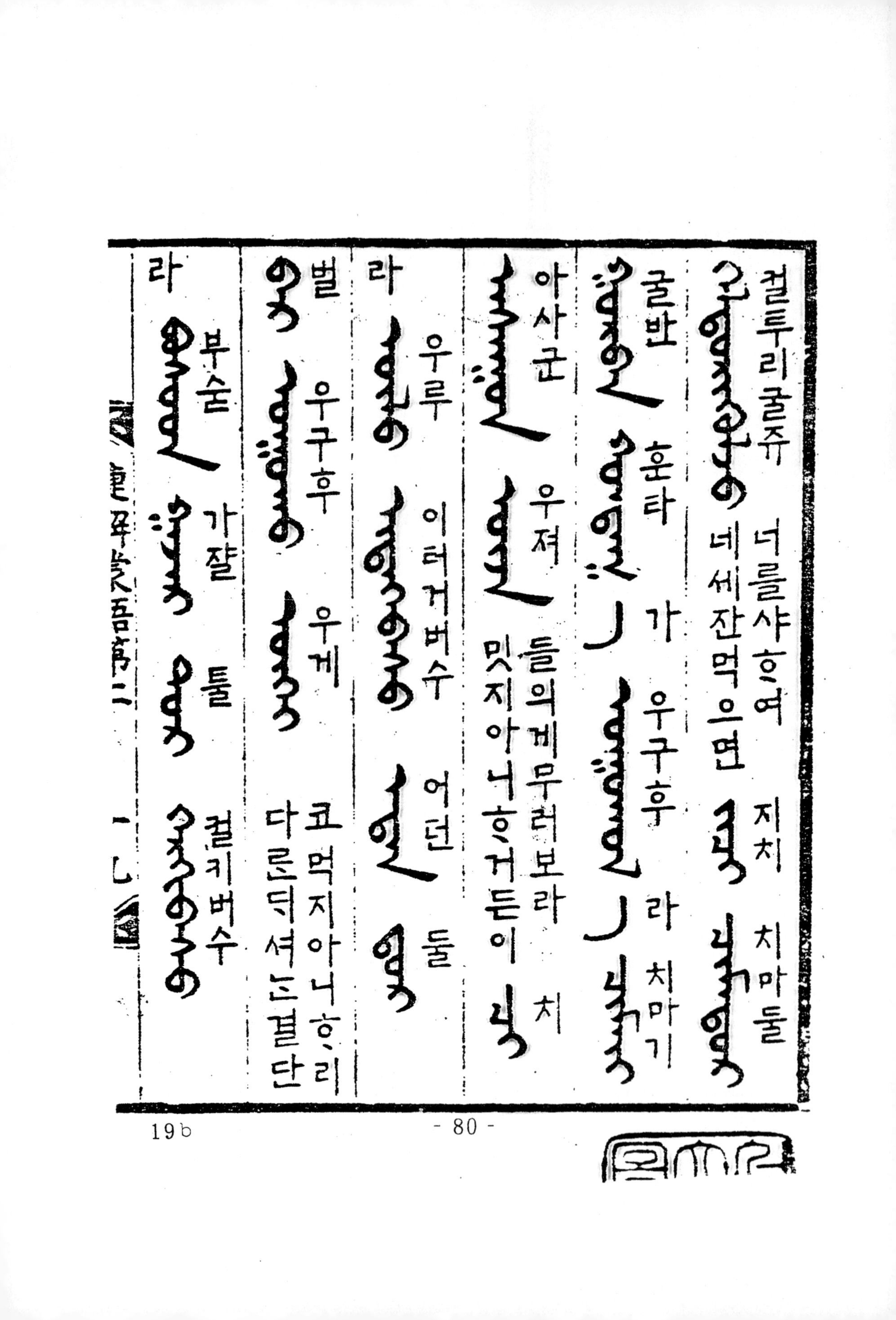

컬투리굴쥬 지치 치마둘
너를샤ᄒᆞ여
네세잔먹으면
굴반 훈타 가 우구후 라 치마기
아사쿤 우저 들의게무러보라 치
밋지아니ᄒᆞ거든이
라 우루 이러거버수 어던 둘
벌 우구후 우게 쿄먹지아니ᄒᆞ리
다른듸셔ᄂᆞᆫ결단
라 부숨 가쟐 툴 컬키버수

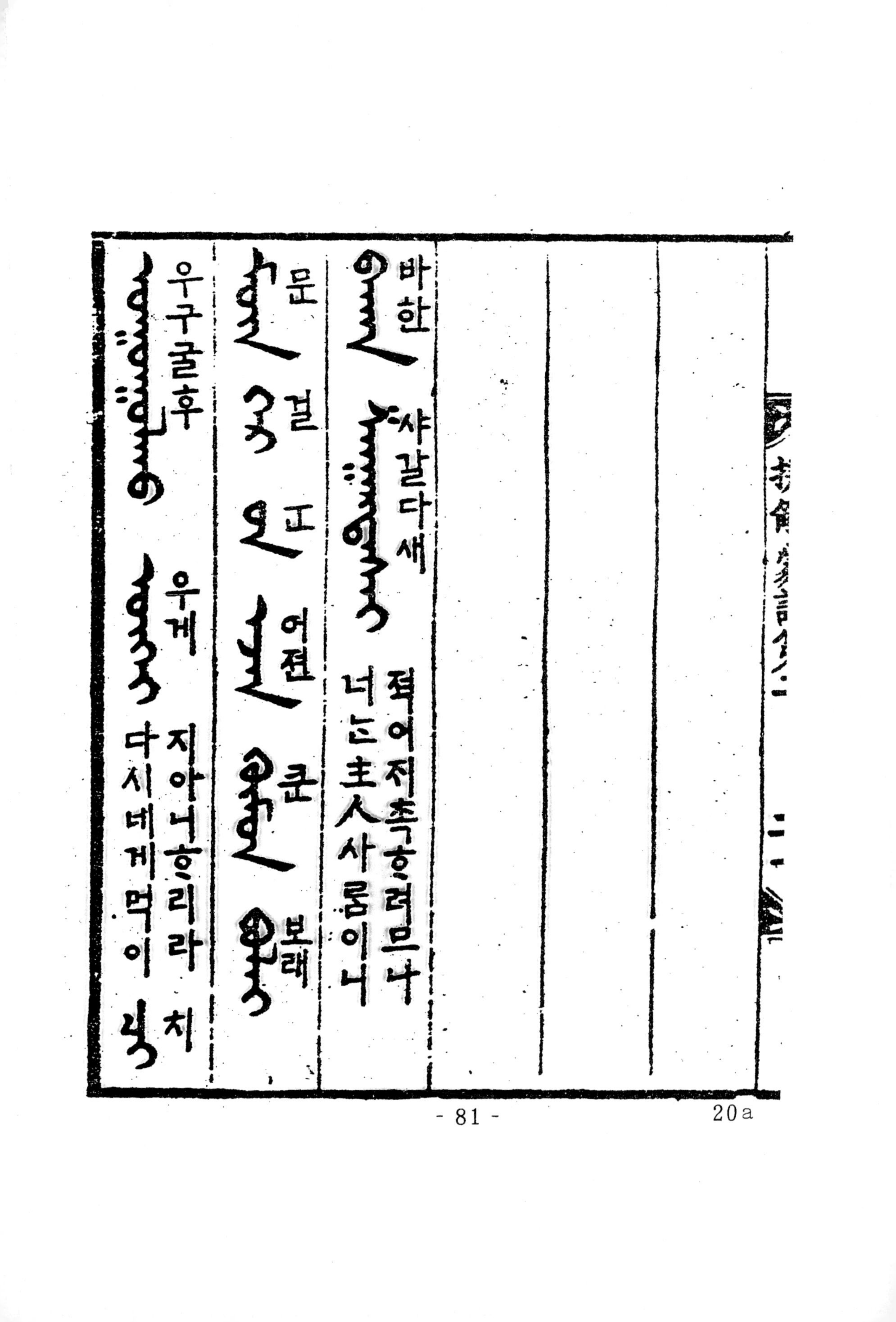

바한 샤갈다새
적어지측ᄒᆞ려므나
너ᄂᆞᆫ主人사ᄅᆞᆷ이니

문 걸 ㅍ 어젼 쿤 보래

우구굴후 우게 지아니ᄒᆞ리라 치
다시네게먹이

捷解蒙語第二終

捷解蒙語第三

너러 권 네姓은무어시 며일홈은뉘다 미누 오복

내키 아모의牛 衆이라 치누 오복 야균

치 권 ㅜ 수무 네뉘牛 衆인다 터러 수무

다 긔행 시루군 시 라 내키 로라 正黃旗

아바개 치 아리 호시구태 네뉘 兄아

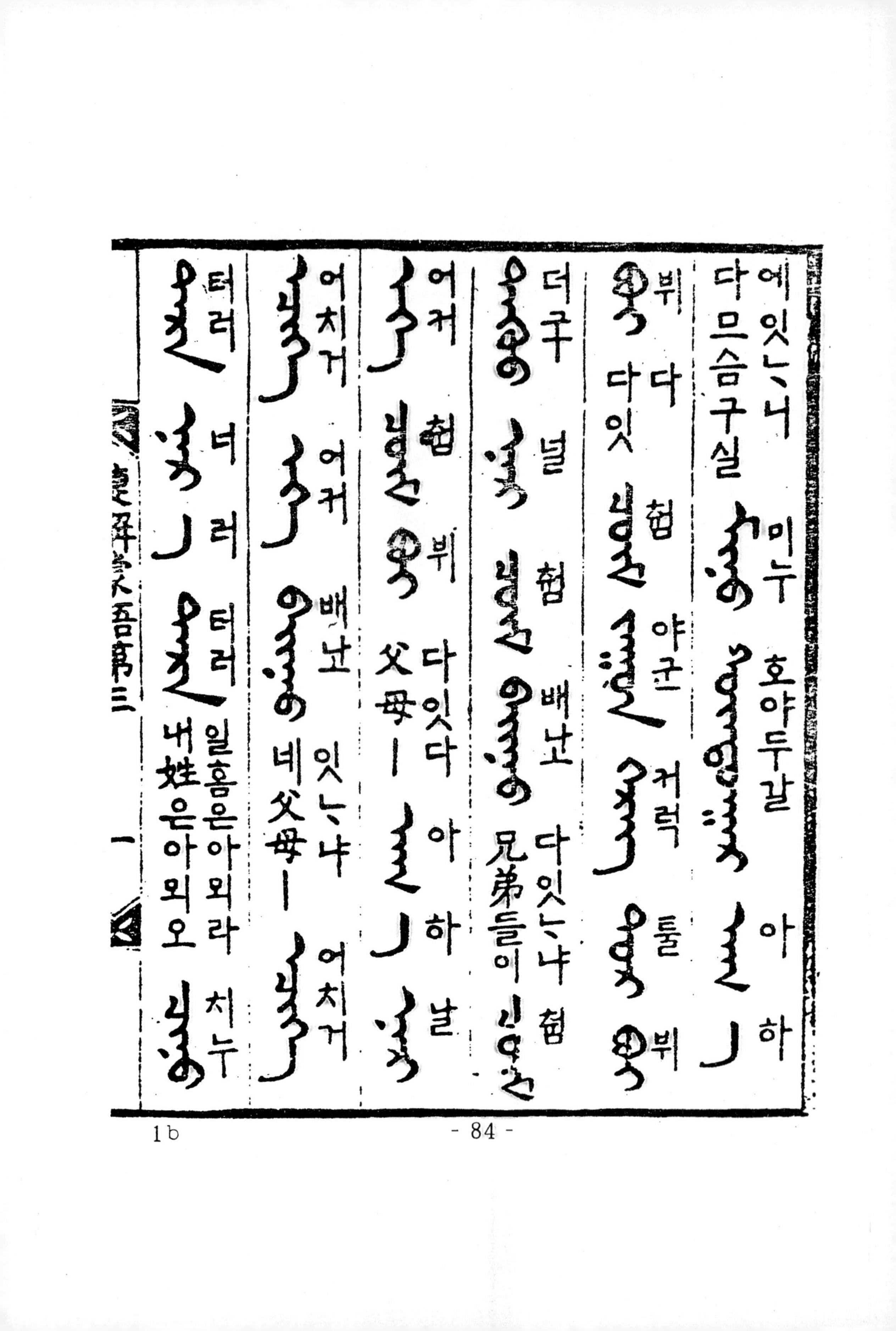

어잇ᄂᆞ니 미누 호야두갈 아 하

다므슴구실

뷔 다 훰 야쿤 커럭 퉅 뷔

다잇

더구 녈 훰 배냔 다잇ᄂᆞ냐 훰

兄弟들이

어커 훰 뷔 다잇다 아 하 날

父母ㅣ

어치거 어커 배냔 잇ᄂᆞ냐 어치거

네父母ㅣ

터러 너 러 터러 일홈은아뫼라 치누

내姓은아뫼오

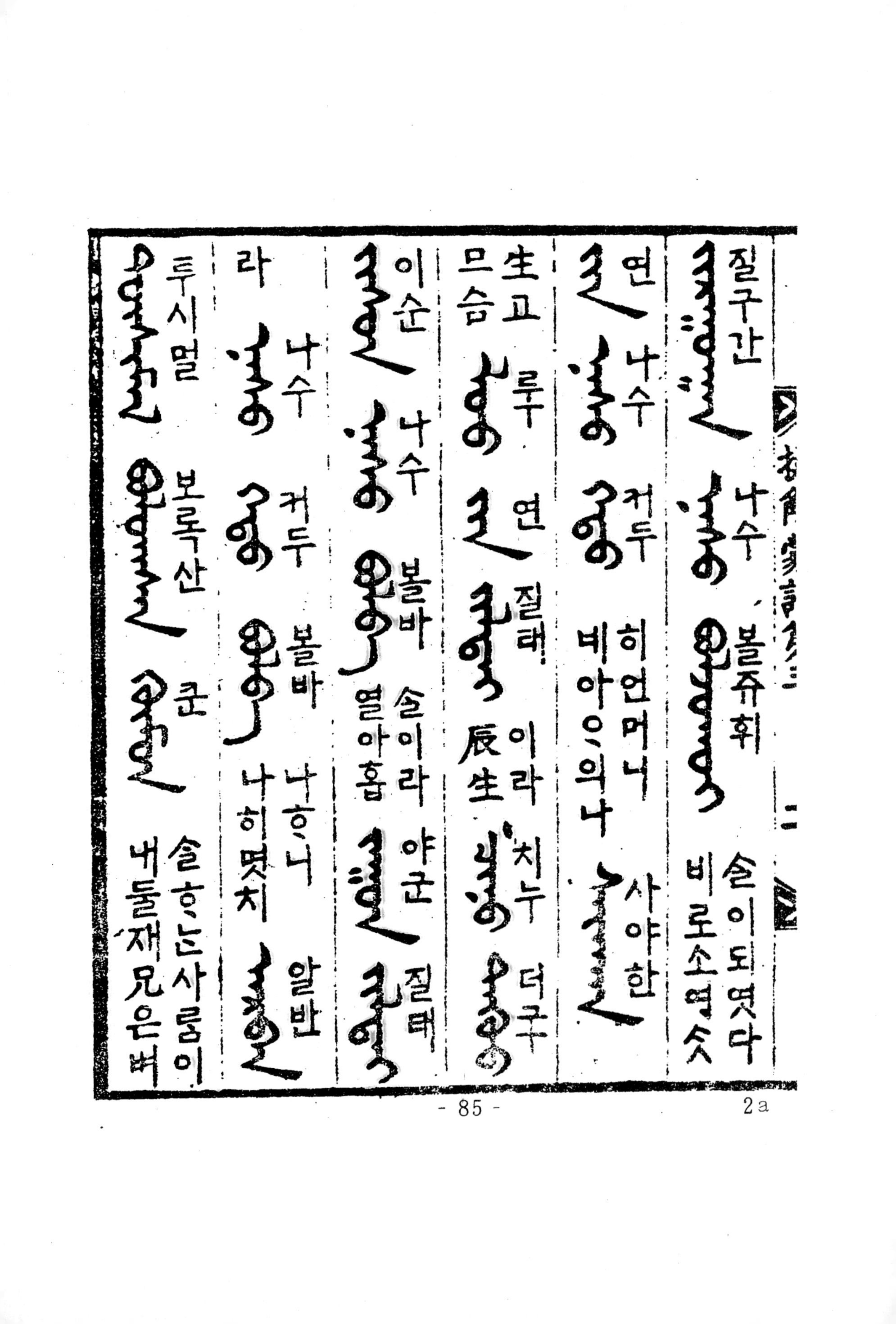

질구간 나수 볼쥬휘 숨이도엿다
비로소엿ᄉ
면 나수 거두 히언머니 사야한
베아ᄋᆞ의나
生고 루 연 질래 이라 치누 더구
므습 辰生
이순 나수 볼바 숨이라 야군 질태
열아홉
라 나수 커두 볼바 나ᄒᆞ니 알반
나히몃치
투시멀 보록산 쿤 숨ᄒᆞᄂᆞᆫ사ᄅᆞᆷ이
내둘재兄은벼

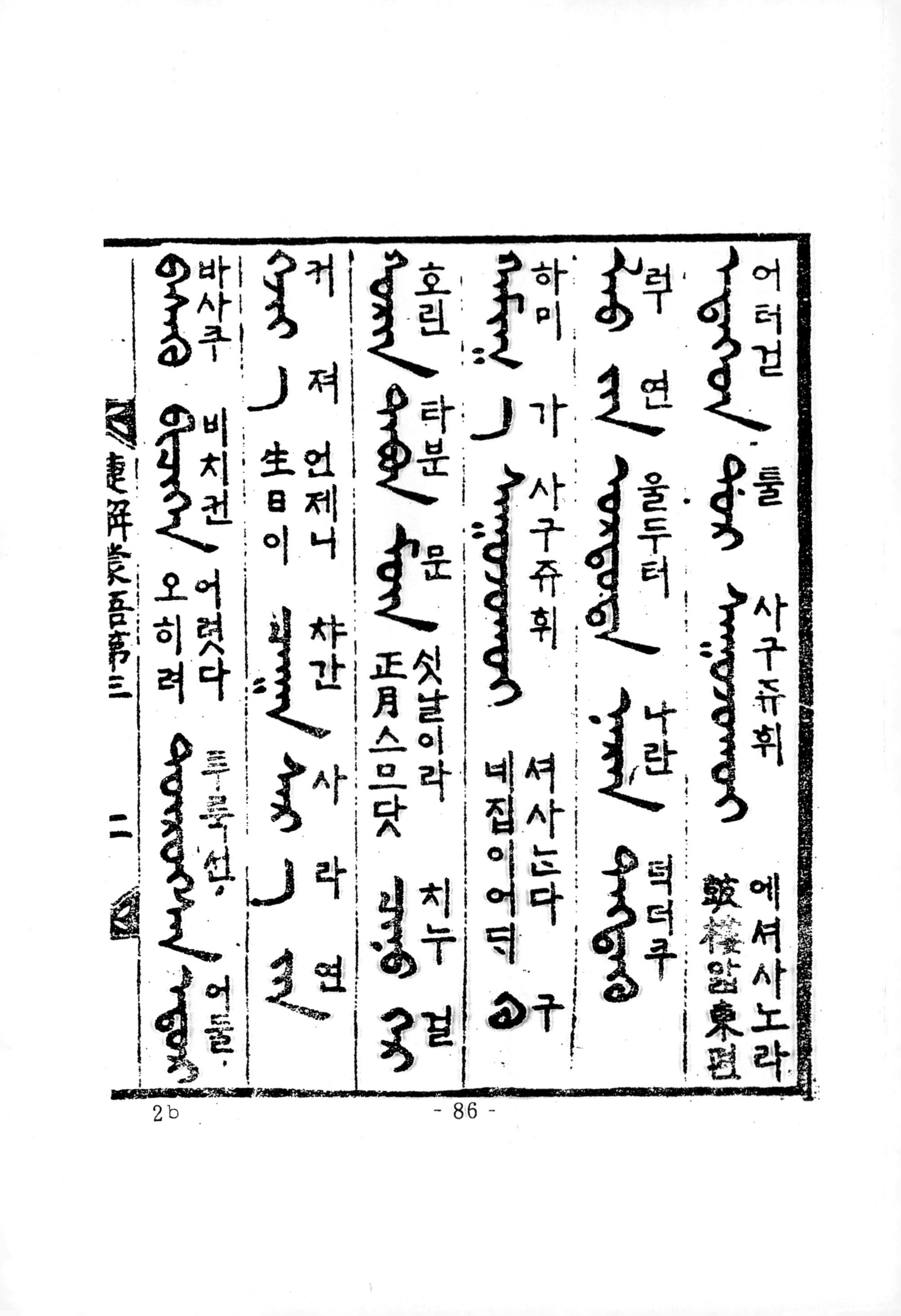

어더걸 둘 사구쥬휘 에셔사노라

鼓樓앏東편

무 연 울두터 나란 더더쿠

하미 가 사구쥬휘 서사는다 구

네집이어ᄃᆡ

호린 타분 문 쇗날이라 치누 걸

正月스므닷

커 져 언제니 챠간 사 라 연

生日이

바사쿠 비치권 어려ᄉ다 투루선 어둘

오히려

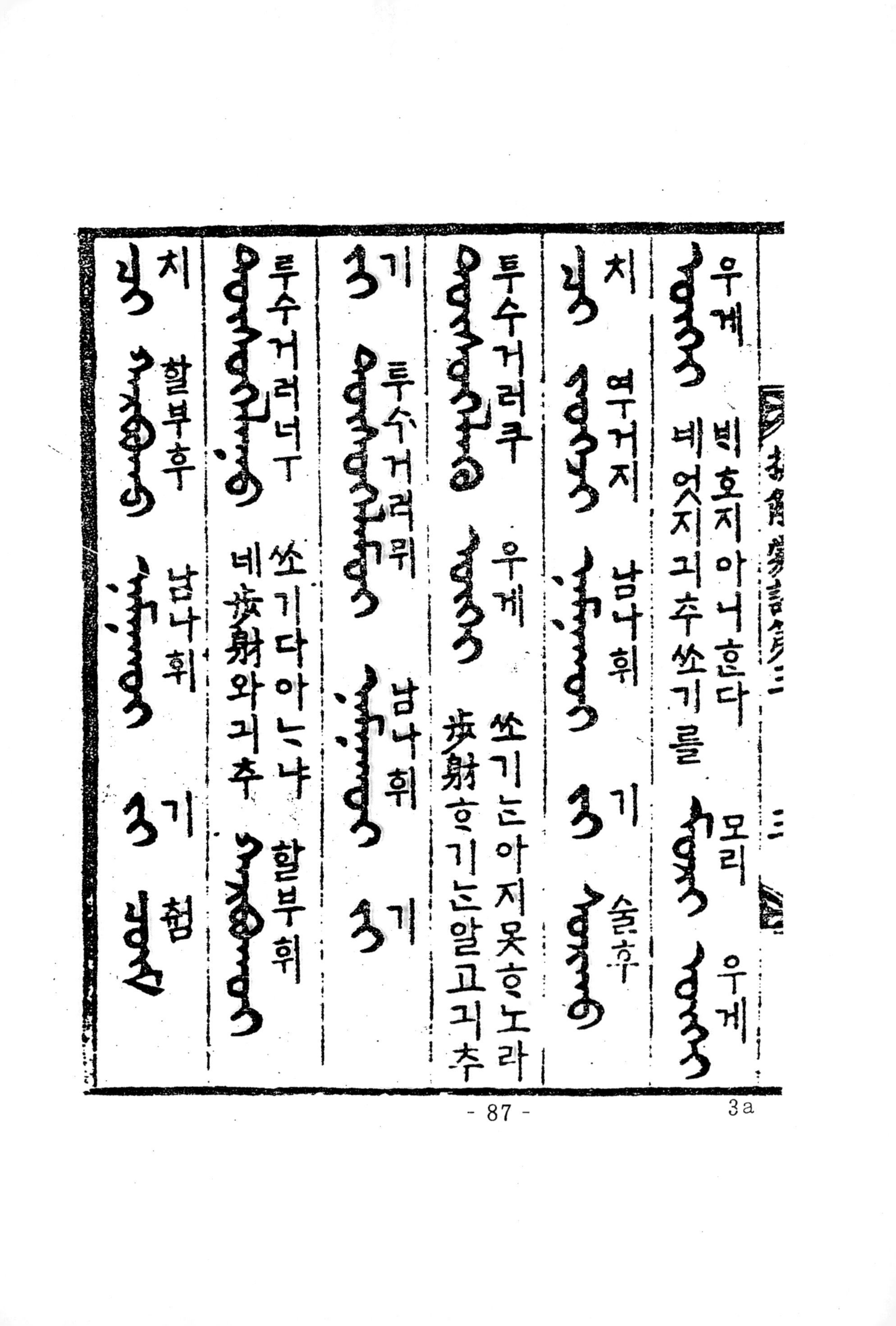

우게 모리 우게
빅호지아니ᄒᆞᆫ다
네엇지괴추쏘기를

치 여거지 남나휘 기 숩후

투수거러쿠 우게
쏘기ᄂᆞᆫ아지못ᄒᆞ노라
步射ᄒᆞ기ᄂᆞᆫ알고괴추

기 투수거러뮈 남나휘 기

투수거러너ᅮ 할부휘
쏘기다아니ᄂᆞ냐
네步射와괴추

치 할부후 남나휘 기 훰

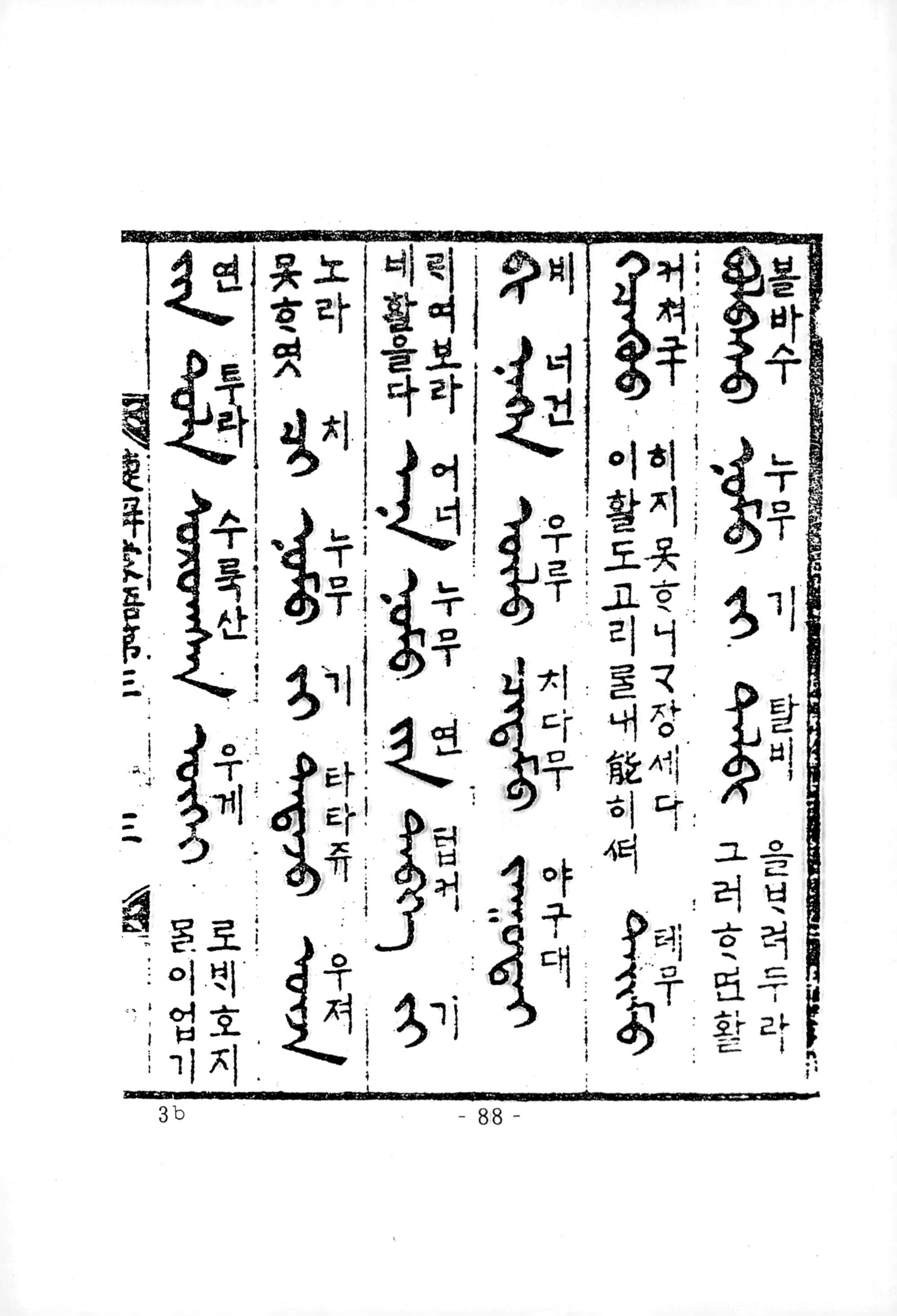

볼바수 누무 기 탈비 을ᄇᆞ려두라
그러ᄒᆞ면활
커쳐쿠 히지못ᄒᆞ니ᄀᆞ장세다 테무
이활도고리롤내能히셔
베 너컨 우루 치다무 야구대
리여보라 어너 누무 연 덥커 기
비활을다
노라 치 누무 기 타타쥬 우져
못ᄒᆞ엿
연 투라 수룩산 우게 로벼호지
몯이업기

淸語老乞大 三 三

가잘 문 뷔 우루 치다후 가잘

텔부리란 치다나고 能히講ᄒᆞᄂᆞᆫ다 치다후
온갓글을베다

엿ᄂᆞ나 아리바 비착 ㅣ 치 첩
ᄂᆞ나못ᄒᆞ

비착 텔부리라바 우게 干 ᄒᆞ엿
글講

엇ᄂᆞᆫ다 굴반 질 다구다바 엇노라
히ᄅᆞᆯ글닑 三年닑

치 커둔 질 비착 다구다바 면
베

박시 어두거 야균 둘 뷔 이시방
네스승
비칙 다구다뮈 의셔글닑으며 치누
네어ᄂᆡ스승의집
치 아리 박시 연 술가구리 둘
비 다뤼 우루 치다뮈 못ᄒᆞ노라
내곳能히
나린 니구챠 가잘 볼바수 ᄒᆞᆫ곳이면
만일細密
문 뷔 히못ᄒᆞᄂᆞᆫ곳도이시니 궐벌
能히ᄒᆞᄂᆞᆫ곳도잇고能

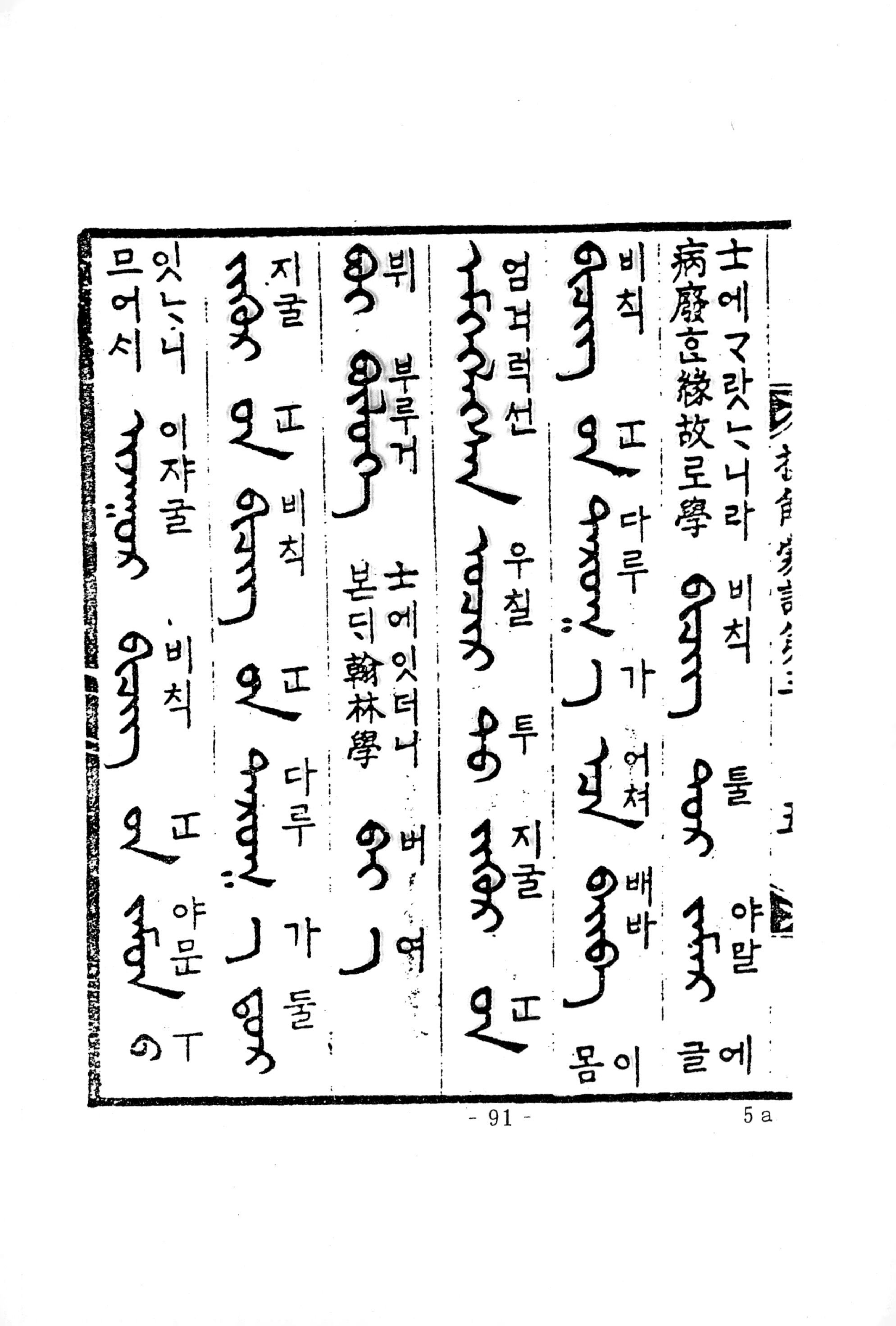

士에ᄆᆞ랏ᄂᆞ니라 비칙 틀 야말 에
病廢ᄒᆞᆫ緣故로學 글
비칙 ㅍ 다루 가 어쳐 배바 몸이
엄커릭선 우칠 투 지굴 ㅍ
뷔 부루거 士에잇더니 버 여
본ᄃᆡ翰林學
지굴 ㅍ 비칙 ㅍ 다루 가 둘
잇ᄂᆞ니 이쟈굴 비칙 ㅍ 야문 ㅜ
므어시

이 쟈괼후 아누 문 칭 가 구 子弟

쓰기를아지못ᄒᆞᄂᆞᆫ거시업ᄂᆞ니라 샤비 날

譯ᄒᆞ며講ᄒᆞ며글쓰며步射ᄒᆞ며괴추

기 어서 투수거러쿠 아누 우게 翻 글

우쥭 비치쿠 버 할부후 남나휘

지라 비칙 올치굴후 텔부리라후

잘ᄒᆞᄂᆞᆫ

ᄒᆞ뇨 어설구철 우게 커쳐구 리업시

엇더 뒤적ᄒᆞ

ᄂᆞ니라 치 문 터군 둘 아유후
다써러지
면 수너수 쳠 우나뮈 커머툰 시
르 뎌
다군 소놋후 라 만져의소릐를드
젹은아희들이다
비치권 커쿠권 각챠 터군 ㅜ
이
비러케 두랄후 提起치말라
兄아네이곳을
것도嚴ᄒᆞ나 아바개 치 어녀 가쟐
들을檢擧ᄒᆞᄂᆞᆫ

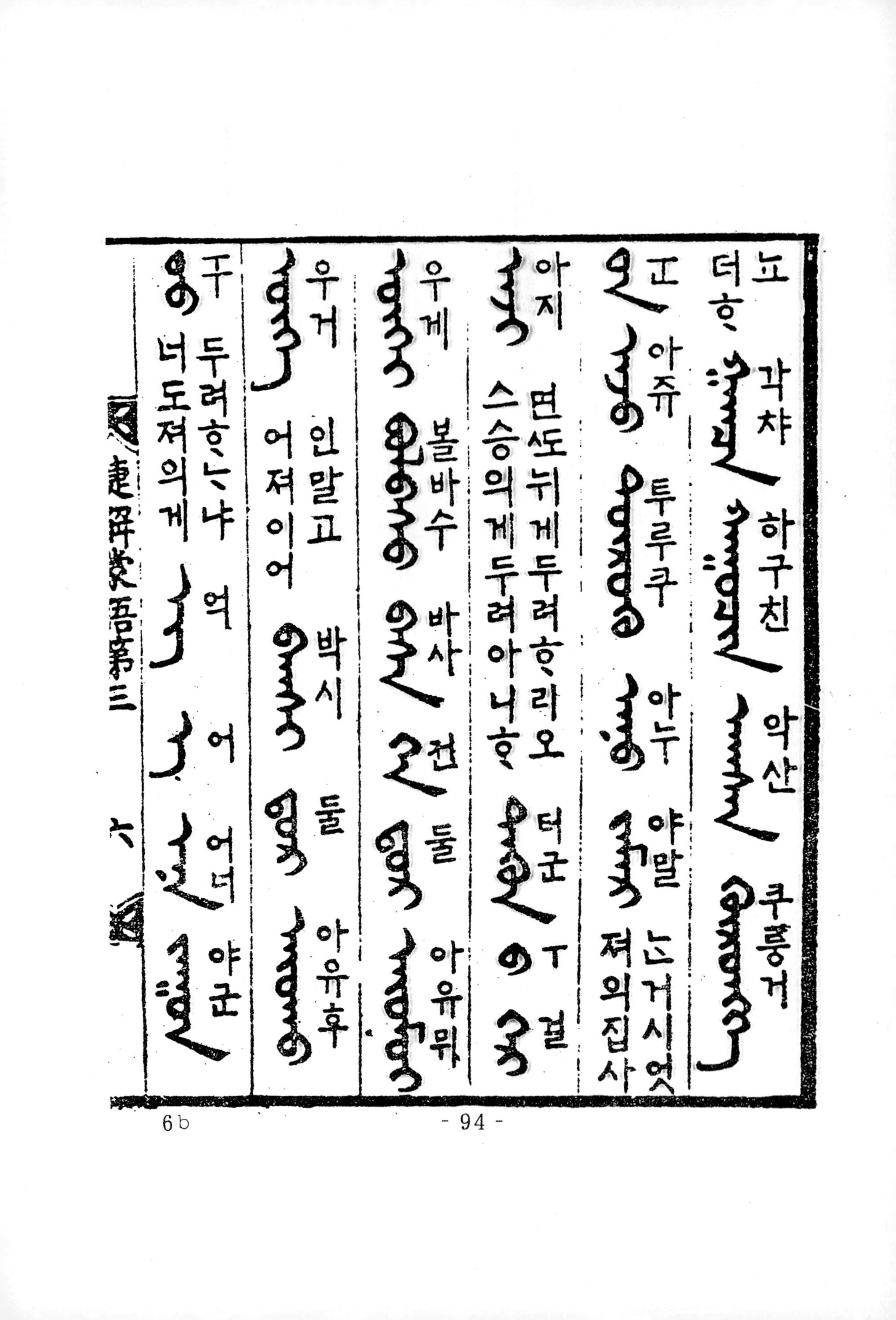

뇨 더ᄒᆞ 각챠 하구친 악산 쿠룽거

ㅍ 아쥬 투루쿠 아누 야말 ᄂᆞᆫ거시엇 져의집사

아지 면소도뉘게두려ᄒᆞ리오 스승의게두려아니ᄒᆞ 터군 ㅜ 걸

우게 볼바수 바사 젼 둘 아유뮈

우거 인말고 어져이어 박시 둘 아유후

구 두려ᄒᆞᄂᆞ냐 너도져의게 억 어 어ᄃᆞ 야군

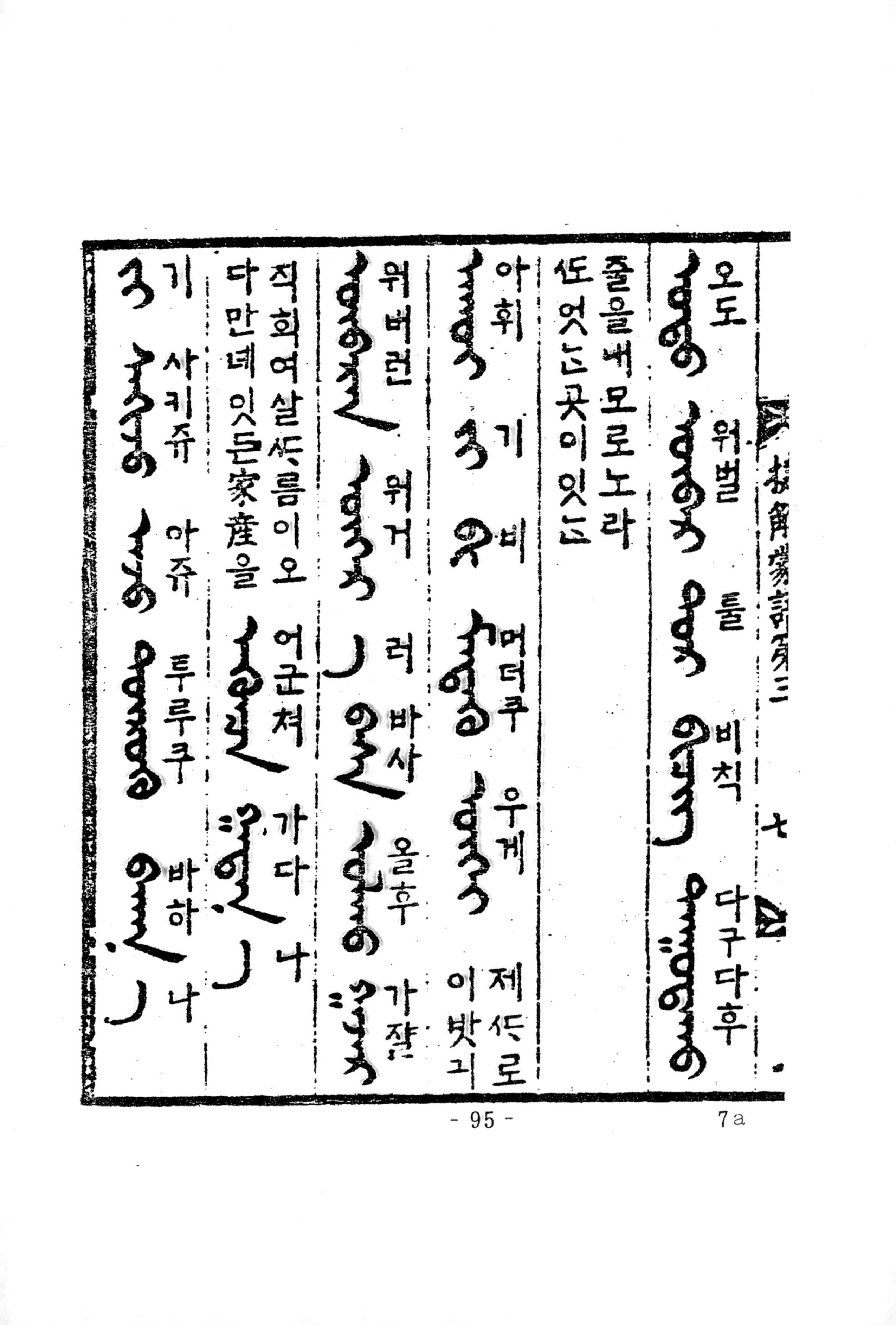

오도 위벌 틀 비칙 다구다후

줄을써모로노라
ᄯᅩ엇ᄂᆞᆫ곳이잇ᄂᆞ

아휘 기 비 머더쿠 우게 제ᄯᆞ로 이밧긔

위버런 위거 러 바사 올후 가쟌

직희여살ᄯᆞ름이오 다만네잇ᄃᆞᆫ家産을

어군쳐 가다 나

기 사키쥬 아쥬 투루쿠 바하 나

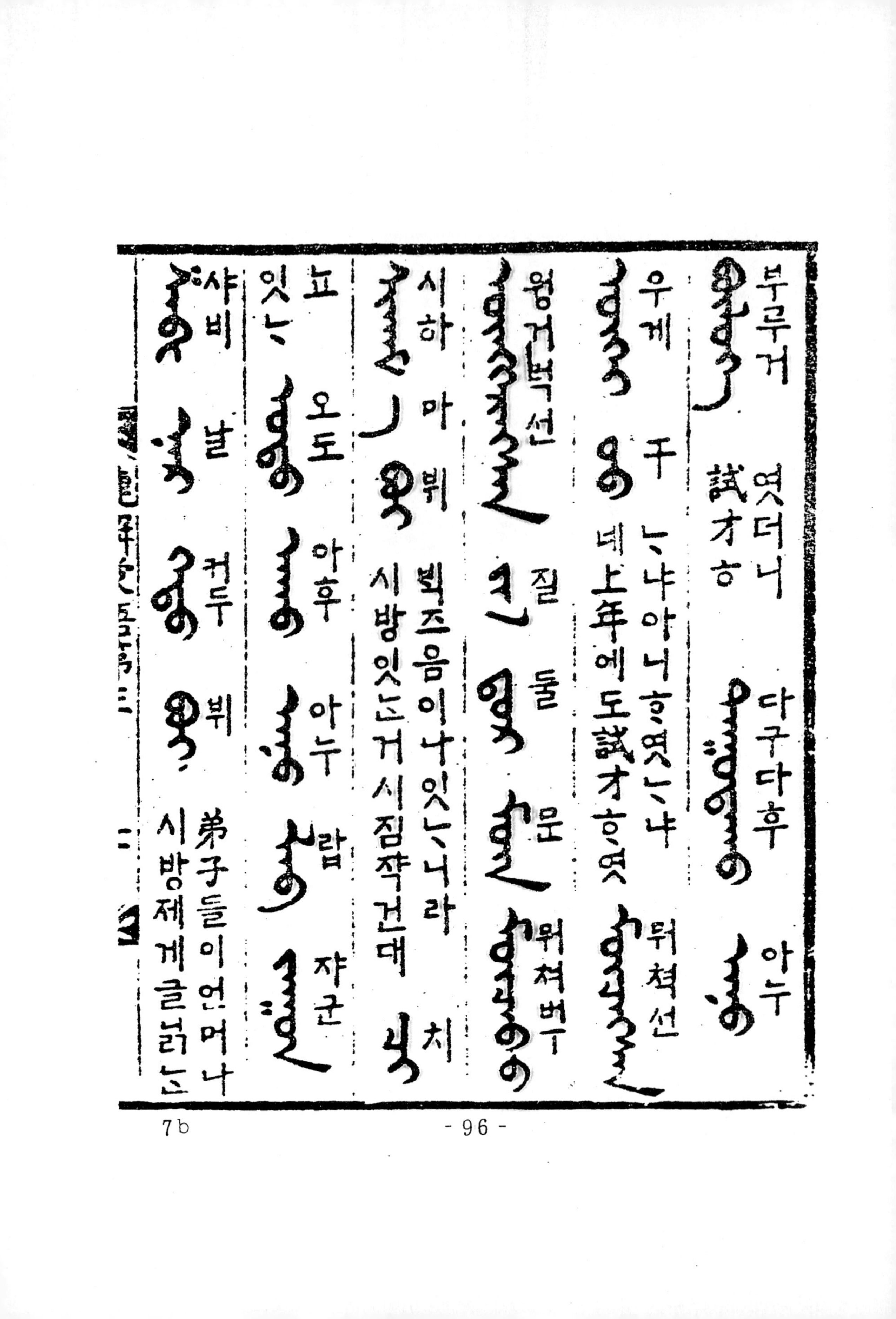

부루거 엿더니 試才ᄒᆞ 다구다후 아누

우게 千 ᄂᆞ냐아니ᄒᆞ엿ᄂᆞ냐 뒤쳑선

네上年에도試才ᄒᆞ엿

웜거벅선 질 둘 문 뒤쳐버

시하 마 뷔 벡즈음이나잇ᄂᆞ니라 치

시방잇ᄂᆞᆫ거시짐쟉건대

뇨 오도 아후 아누 랍 쟈군

잇ᄂᆞ

샤비 날 거두 뷔 弟子들이언머나

시방제게글ᄇᆡ호ᄂᆞᆫ

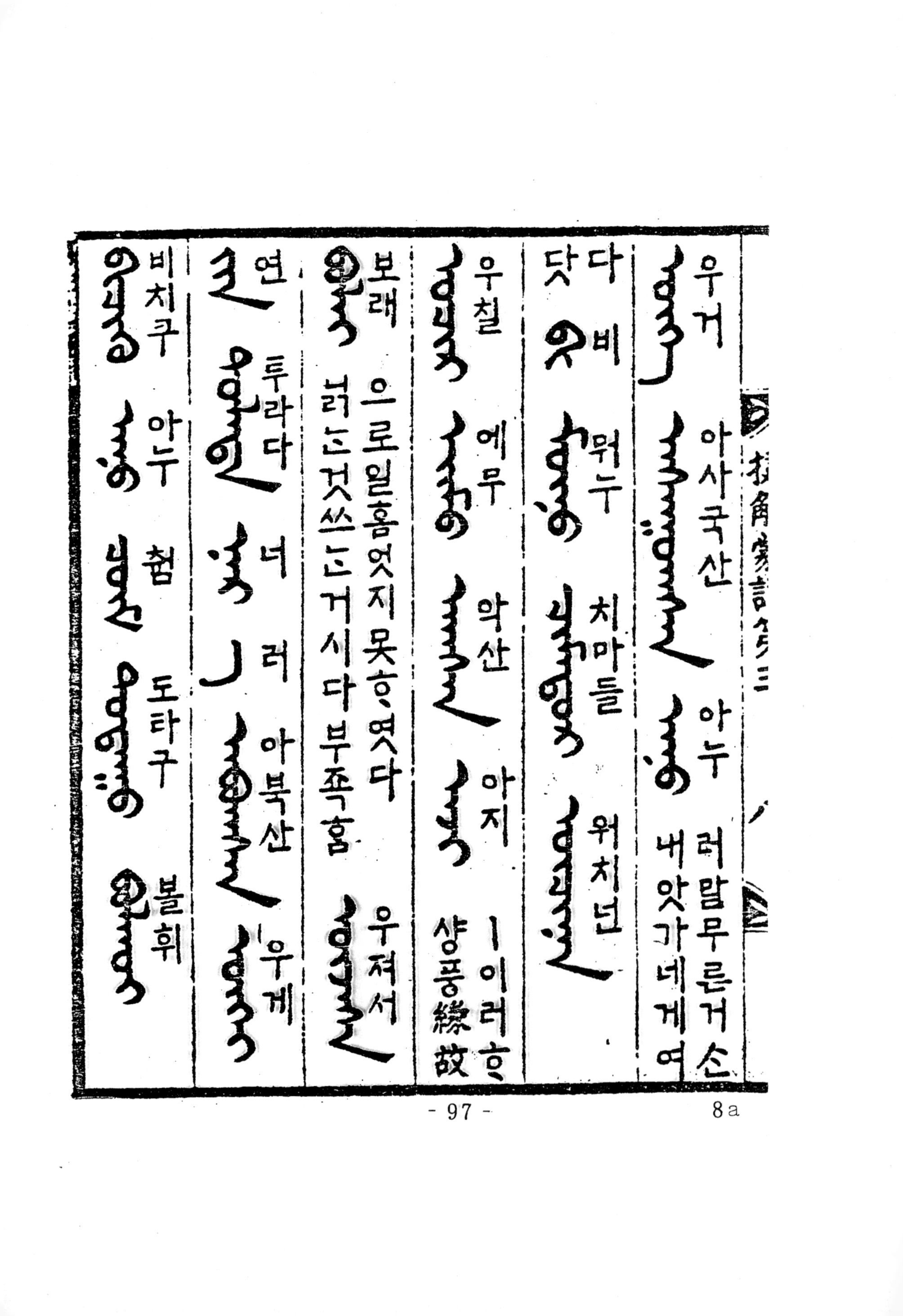

우거 아사국산 아누 러람무른거손

내앗가네게여

다비 뭐누 치마들 워치넌

닷

우칠 에무 악산 아지 ㅣ이러ᄒᆞᆫ

샹풍緣故

보래 으로일홈엇지못ᄒᆞ엿다 우저서

뉘러는것쓰는거시다부족ᄒᆞᆷ

연 투라다 너 러 아북산 우게

비치쿠 아누 춤 도타구 볼휘

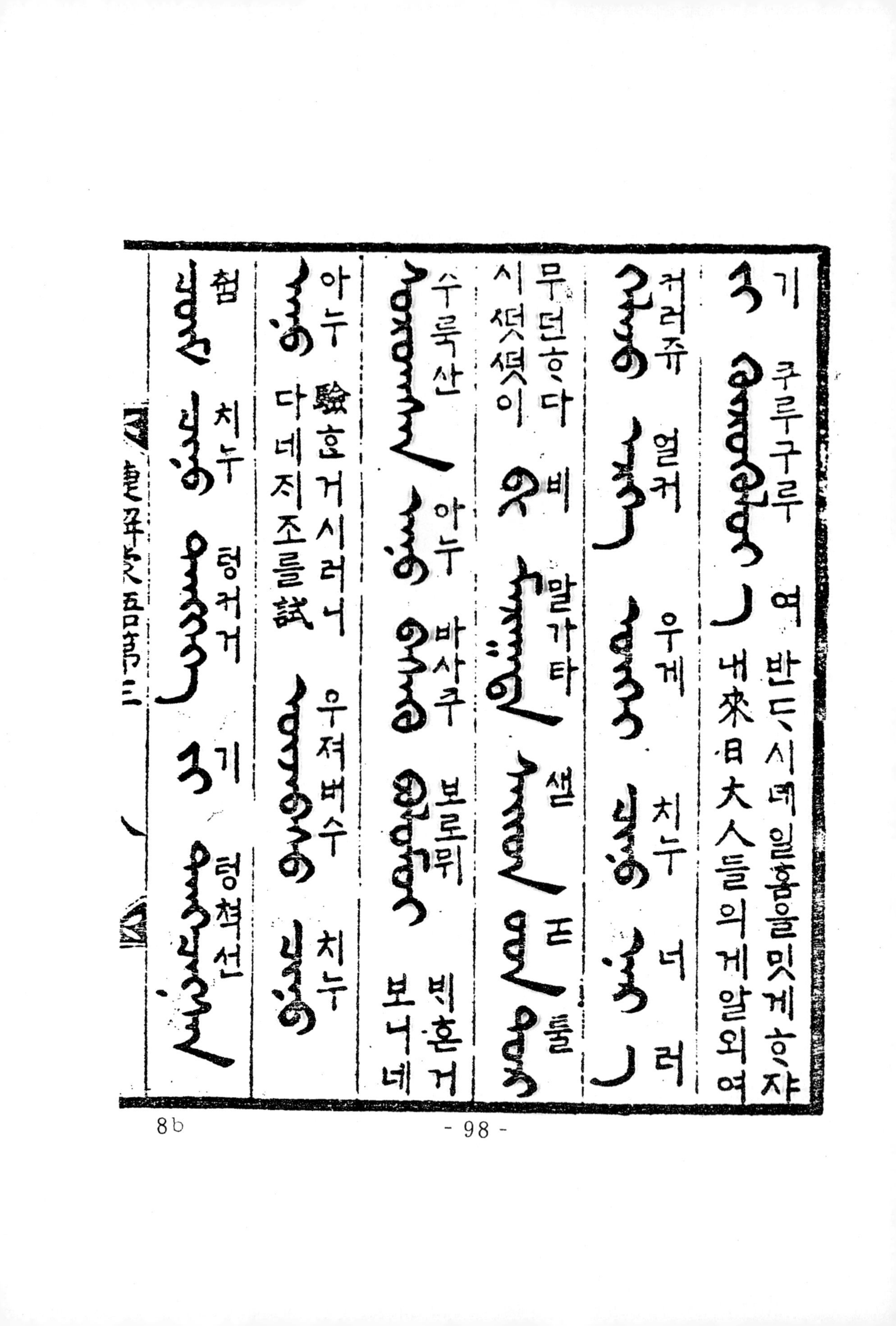

기 쿠루구루 여 반ᄃᆞ시 네 일홈을 밋게 ᄒᆞ쟈
내來日大人들의게 알외여

커러쥬 얼커 우게 치누 너러

무던ᄒᆞ다
시셧셧이
비 말가타 셈 곤 툴

수룩산 아누 바사쿠 보로뷔 벅혼거
보나네

아누 驗ᄒᆞ거시러니
다네지조를試
우져버수 치누

춤 치누 렁커거 기 렁척선

바사쿠 겹 ㅣ열 봄바수라굴쥬 日內 이數

치누 할부후 남나후 가쟐 이

ᄒᆞ니 定치못 어너 커두 어둘 고 도토 라

볼조쥬 볼후 우게 或즉제쓸줄을다 或다시試才ᄒᆞ며

어서버수 러두 커리러쿠 기 춥

어서버수 쟈산 뮈쳐굴쿠 버

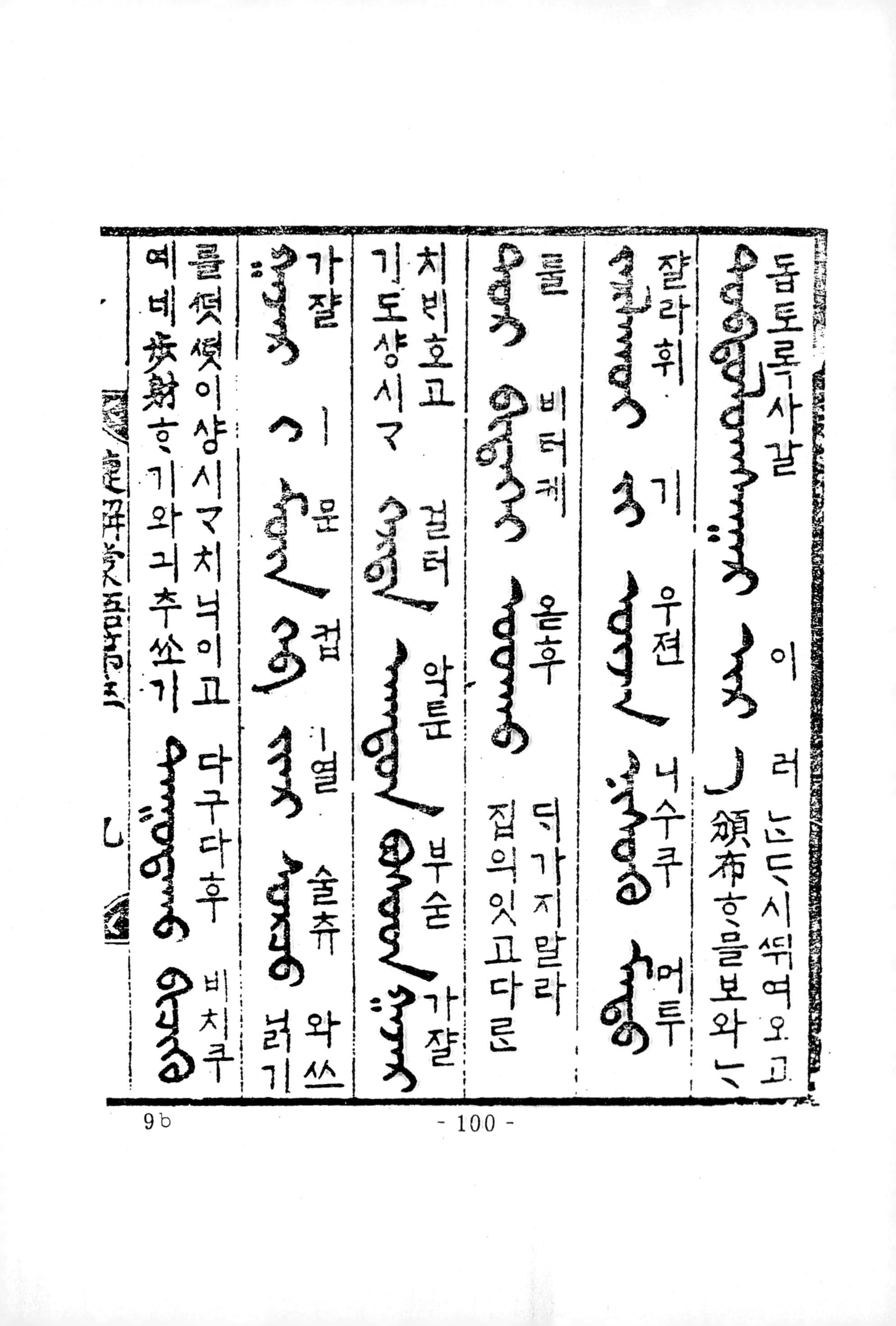

돔토로사갈 이 러 ᄂᆞᆫ다시ᄯᅱ며오고

ᄂᆞᆫ 頒布ᄒᆞ믈보와ᄂᆞ

잘라휘 기 우젼 니수쿠 머투

룰 비더궤 올후 ᄃᆞ가지말라

집의잇고다ᄅᆞᆫ

치비호고 걸더 악툰 부순 가잘

기도샹시ᄆᆞ

가잘 ᅵ 문 컵 ᅵ열 술츄 와쓰

ᄂᆞᆯ기

룰ᄭᅥᆺᄭᅥᆺ이샹시ᄆᆞ치니이고 다구다후 비치쿠

여며挾射ᄒᆞ기와긔추쏘기

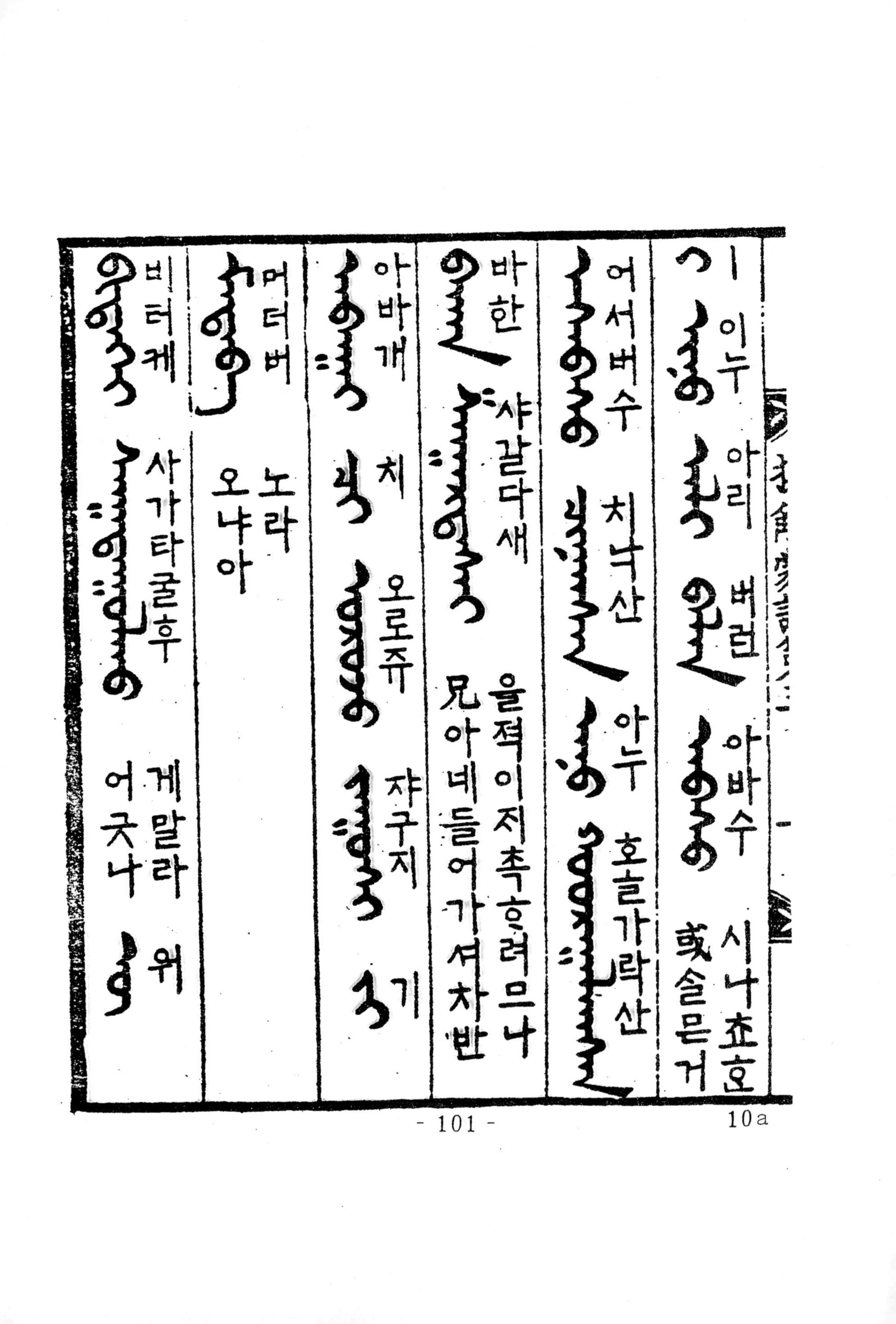

ㅣ 이누 아리 버러 아바수 시나쵸호
或슐믄거

어서버수 치낙산 아누 호늘가락산

바한 샤갈다새
울젹이지촉ᄒᆞ려므나
兄아네들어가셔차반

아바개 치 오로쥬 쟈구지 기

머더버 노라
오나아

비더케 사가타굴후 게말라 위
어긋나

돕 도괴 사구 더메 비더케

거누 쳔이스스로머으려ᄒᆞᄂᆞᆫ다 아바개
곰초앗다가너희집의셔쳔

알굴한 -열 버연 T 이더수게

이러므나 하다가라쥬 탄 T 블터
우리게머

만둘 이더구루뮈 뷔 저 저와셔
셜리가

시방잇거든 홀둔 압츄 이러쥬
거시나아모것

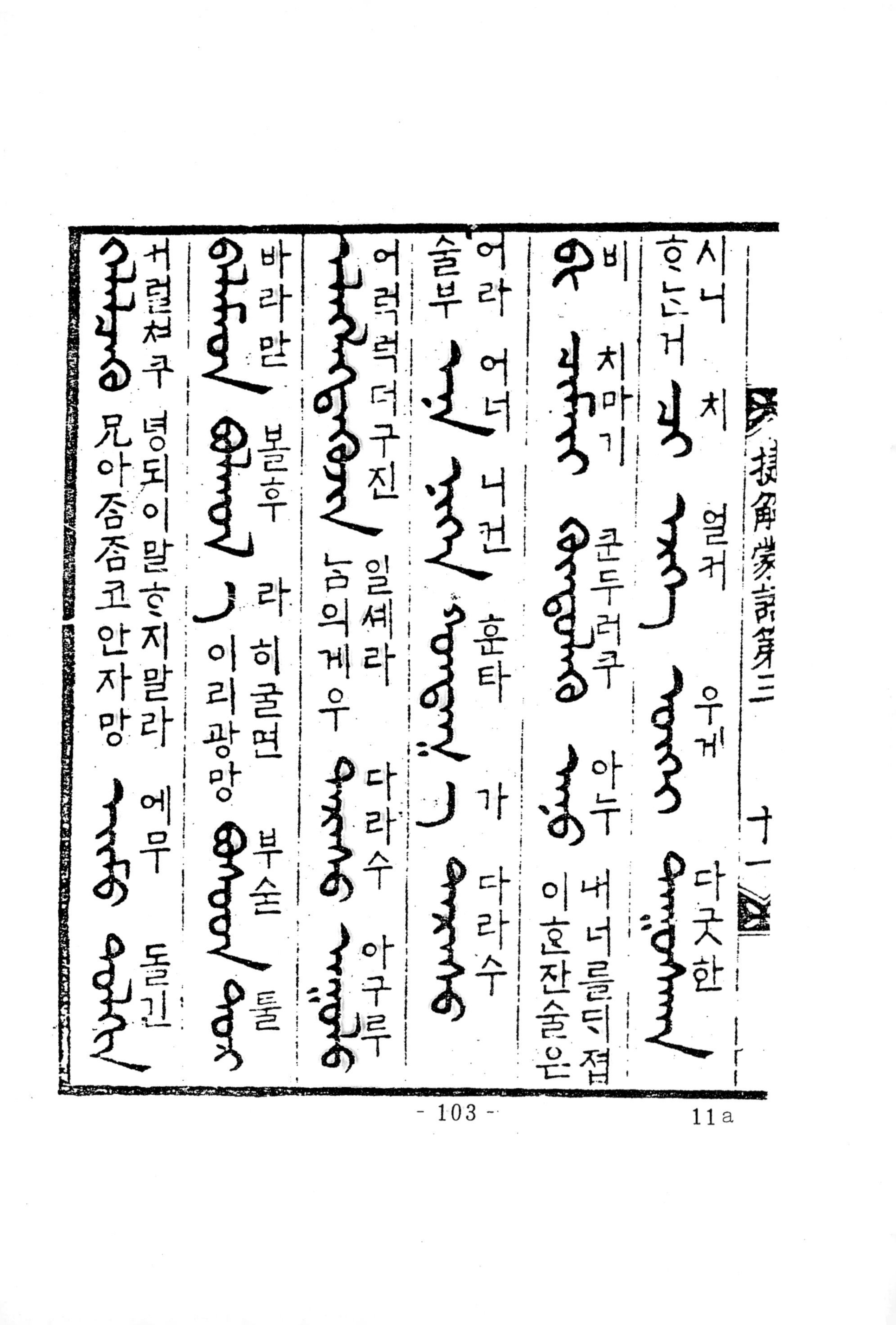

시니 치 얼커 우게 다굿한

ᄒᆞᆫᄂᆞᆫ거

비 치마기 쿤두러쿠 아누

내너를ᄃᆡ졉 이ᄒᆞᆫ잔술은

어라 어너 니권 훈타 가 다라수

술부

어럭럭더구진 일세라 다라수 아구루

놈의게우

바라만 볼후 라 히굴면 부술 틀

이리광망

거럳쳐쿠 녕되이말ᄒᆞ지말라 에무 돌긴

兄아좀좀코안자망

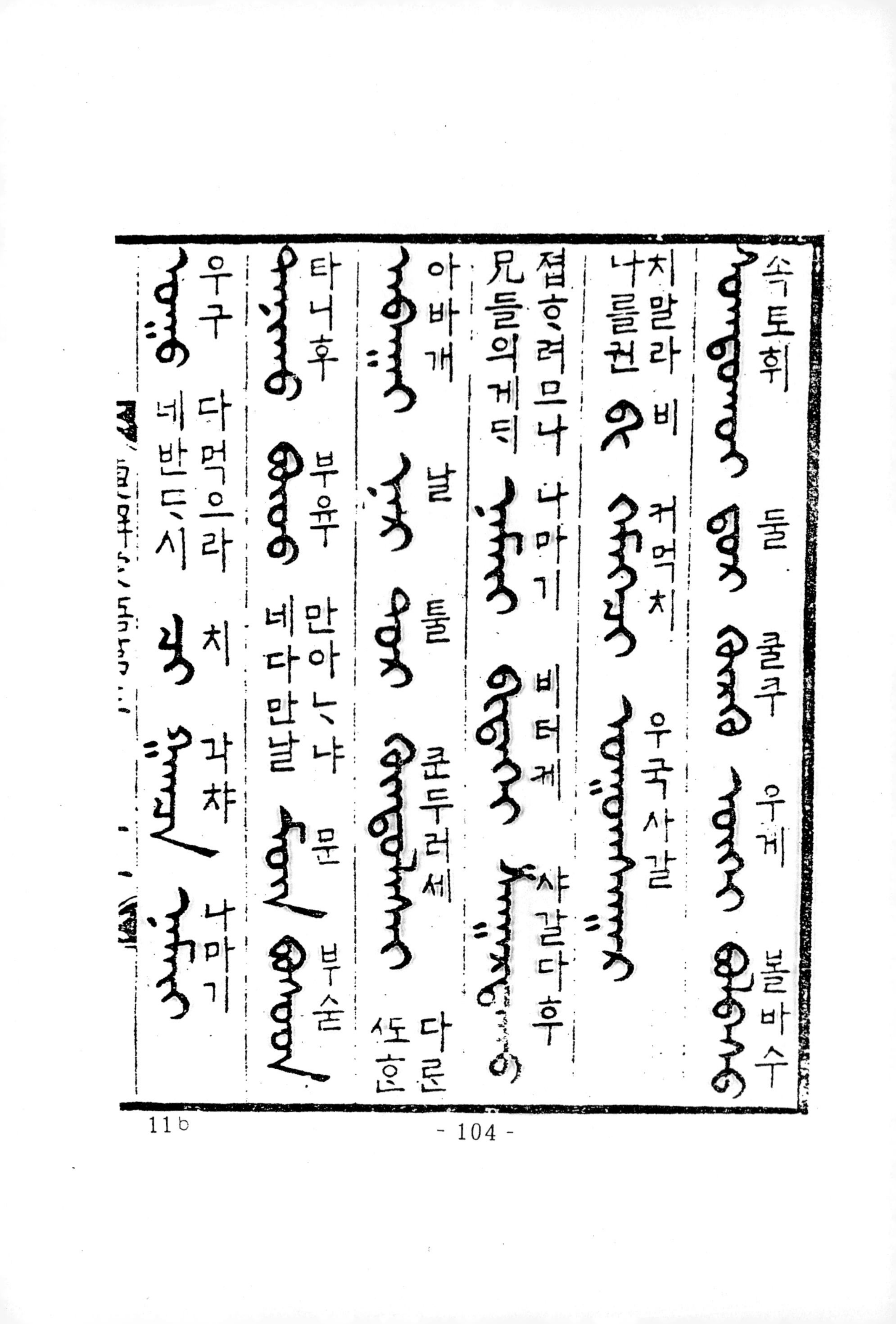

속토휘 둘 쿨쿠 우게 볼바수

치말라 비 거먹치 우국사갈

나를권

접ᄒᆞ려므나 나마기 비터게 샤갈다후

兄들의게티

아바개 날 툴 쿤두러세 다ᄅᆞᆫ

ᄯᅩᄒᆞᆫ

타니후 부유 만아ᄂᆞ냐 문 부순

네다만날

우구 다먹으라 치 가차 나마기

네반ᄃᆞ시

커쳐구 아지 쳐ᄒᆞ기잘ᄒᆞᄂᆞ니 치
엇지다 이리손인
여구거지 쳠 어무 죠친치라후
훈타 가 우국툰 여러잔먹으려므나
여러兄들아 너희도
아바개 날 타 문 쿠 거둔
커머구 쿤 보래 넌ᄂᆞᆫ사ᄅᆞᆷ이라 오란
ᄯᅩᄒᆞᆫ그치지아
니ᄅᆞ지아니ᄒᆞ면 문 배후 우게
나ᄂᆞᆫ먹어츄키에

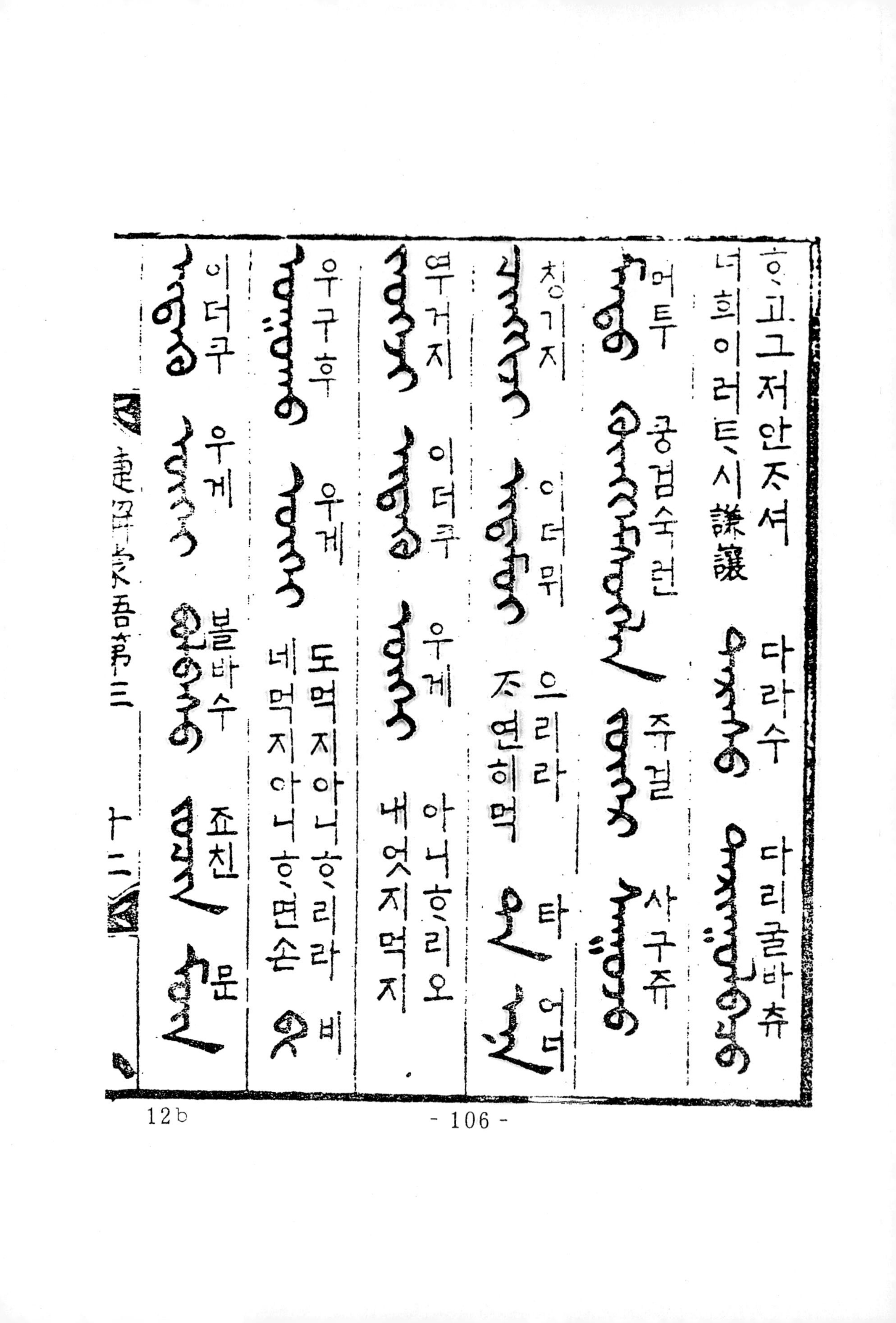

ᄒᆞ고그저안ᄌᆞ셔 다라수 다리굴바츄

너희이러ᄐᆞ시謙讓

머투 쿵겸숙런 주걸 사구쥬

칭기지 이더뮈 으리라 타어너

ᄌᆞ연히먹

뭐거지 이더쿠 우게 아니ᄒᆞ리오

내엇지먹지

우구후 우게 도먹지아니ᄒᆞ리라 비

네먹지아니ᄒᆞ면손

이더쿠 우게 볼바수 죠친 문

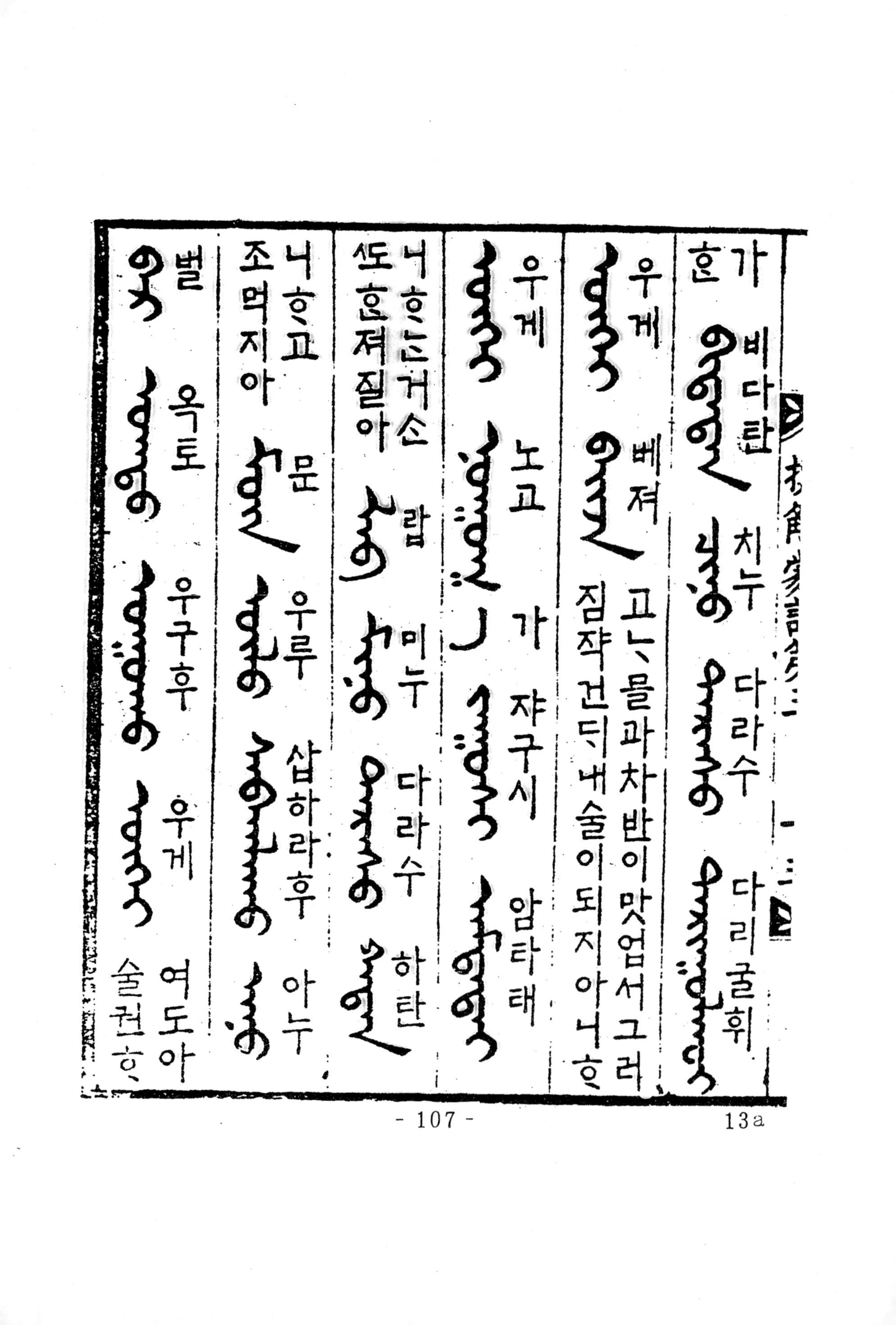

가 비다탄 치누 다라수 다리굴휘
ᄒᆞᆫ

우게 베져 고ᄂᆞ、믈과차반이맛업서그러
짐쟉컨ᄃᆡ、내술이되지아니ᄒᆞ

우게 노고 가 쟈구시 암타태

ᄂᆡ ᄒᆞᄂᆞᆫ거ᄉᆞᆫ 랍 미누 다라수 하탄
ᄯᅩᄒᆞᆫ져질아

ᄂᆡ ᄒᆞ고 문 우루 삽하라후 아누
조먹지아

벌 옥토 우구후 우게 여도아
술권ᄒᆞ、

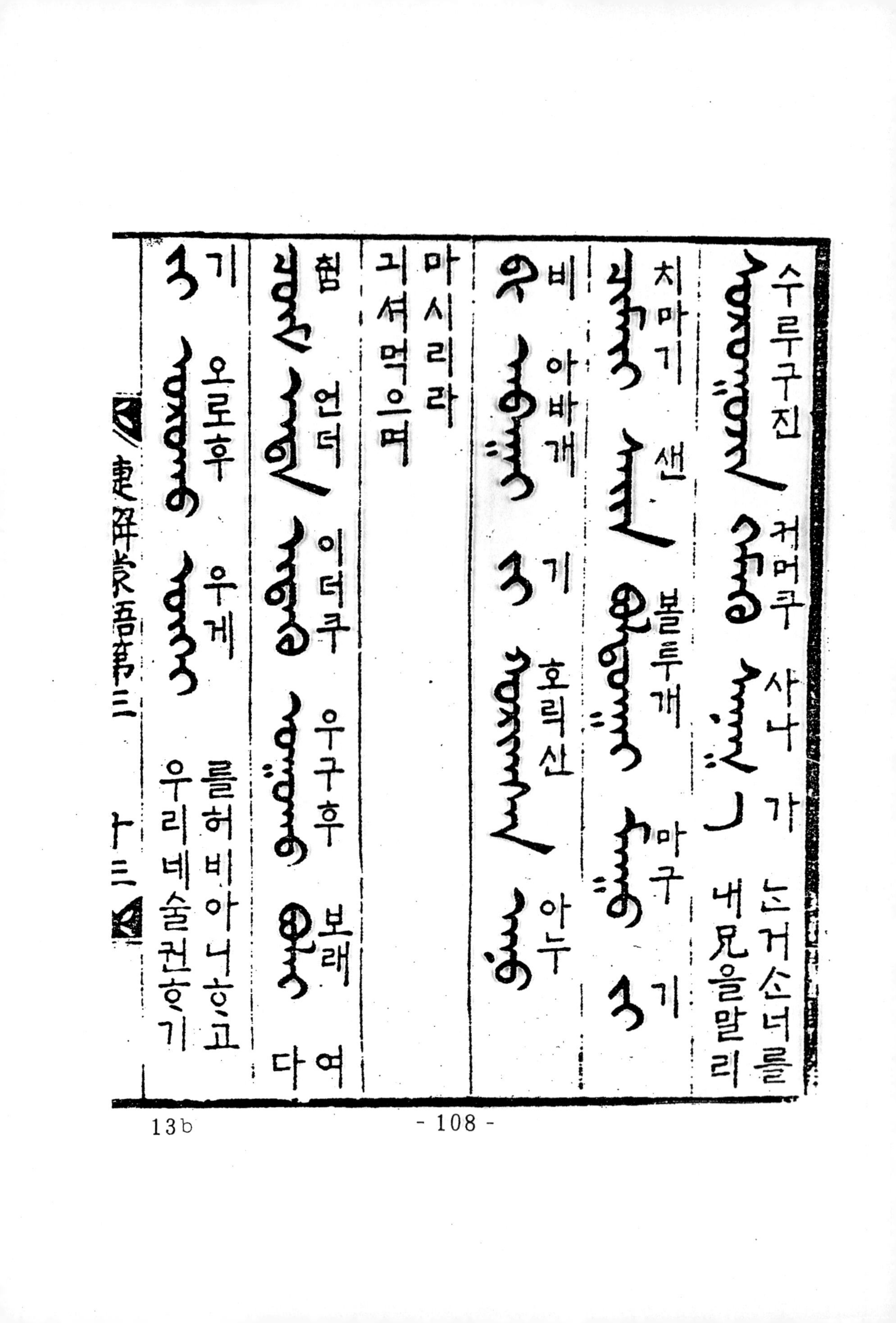

수루구진 커머쿠 사나 가 ᄂᆞᆫ거ᄉᆞᆫ너를
내兄을말리

치마기 샌 볼투개 마구 기

비 아바개 기 호릭산 아누

마시리라
괴셔먹으며

험 언더 이더쿠 우구후 보래 여
다

기 오로후 우게 를허비아니ᄒᆞ고
우리네술권ᄒᆞ기

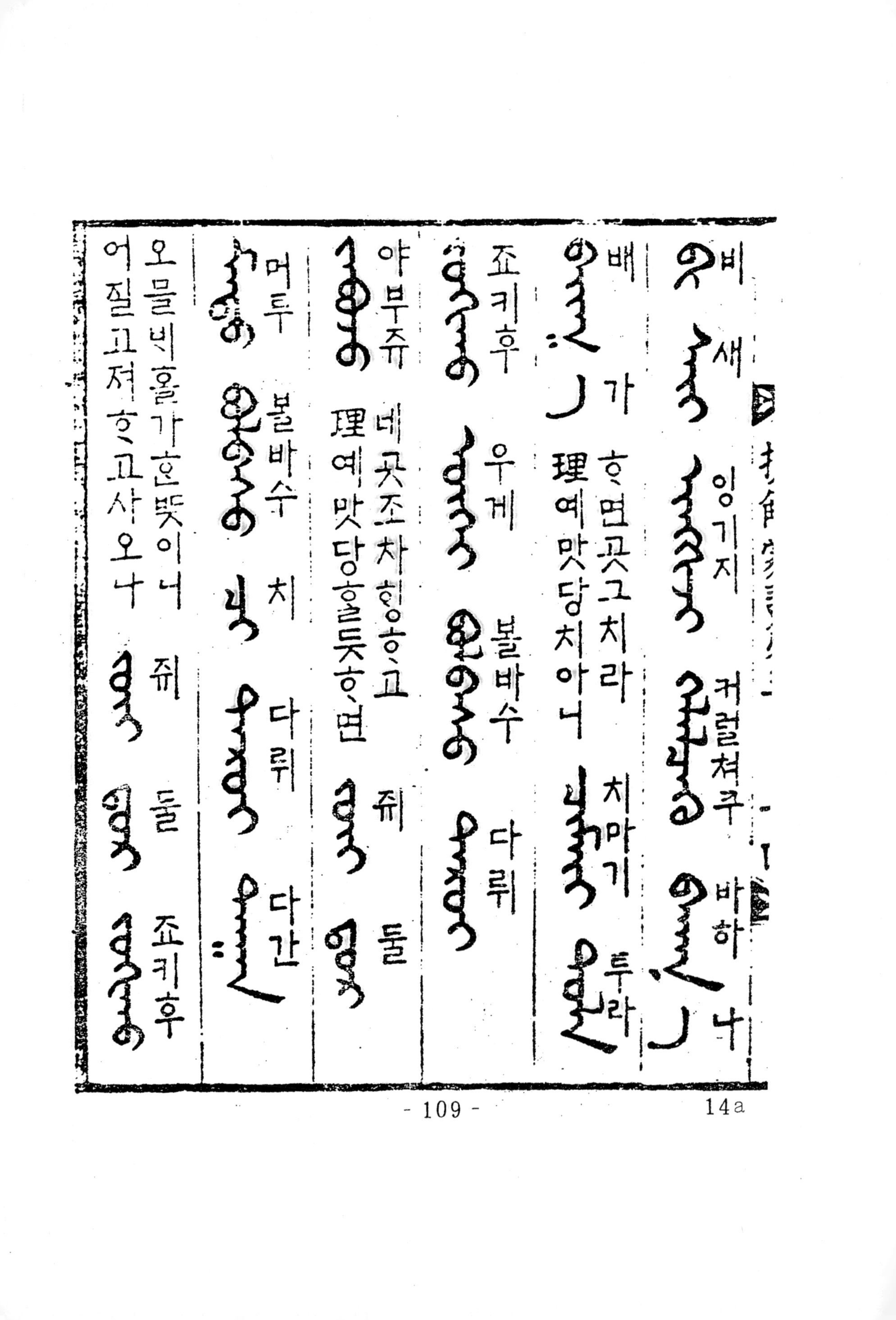

비 새 잉기지 커럴쳐쿠 바하 나

배 가 ᄒᆞ면곳그치라 치마기 투라

理예맛당치아니

죠키후 우게 볼바수 다뤼

야부쥬 네곳조차ᄒᆡᆼᄒᆞ고

理예맛당ᄒᆞᆯ듯ᄒᆞ면 쥐 둘

머투 볼바수 치 다뤼 다간

오믈비ᄒᆞᆯ가ᄒᆞᆫ뜻이니 쥐 둘 죠키후

어질고저ᄒᆞ고사오나

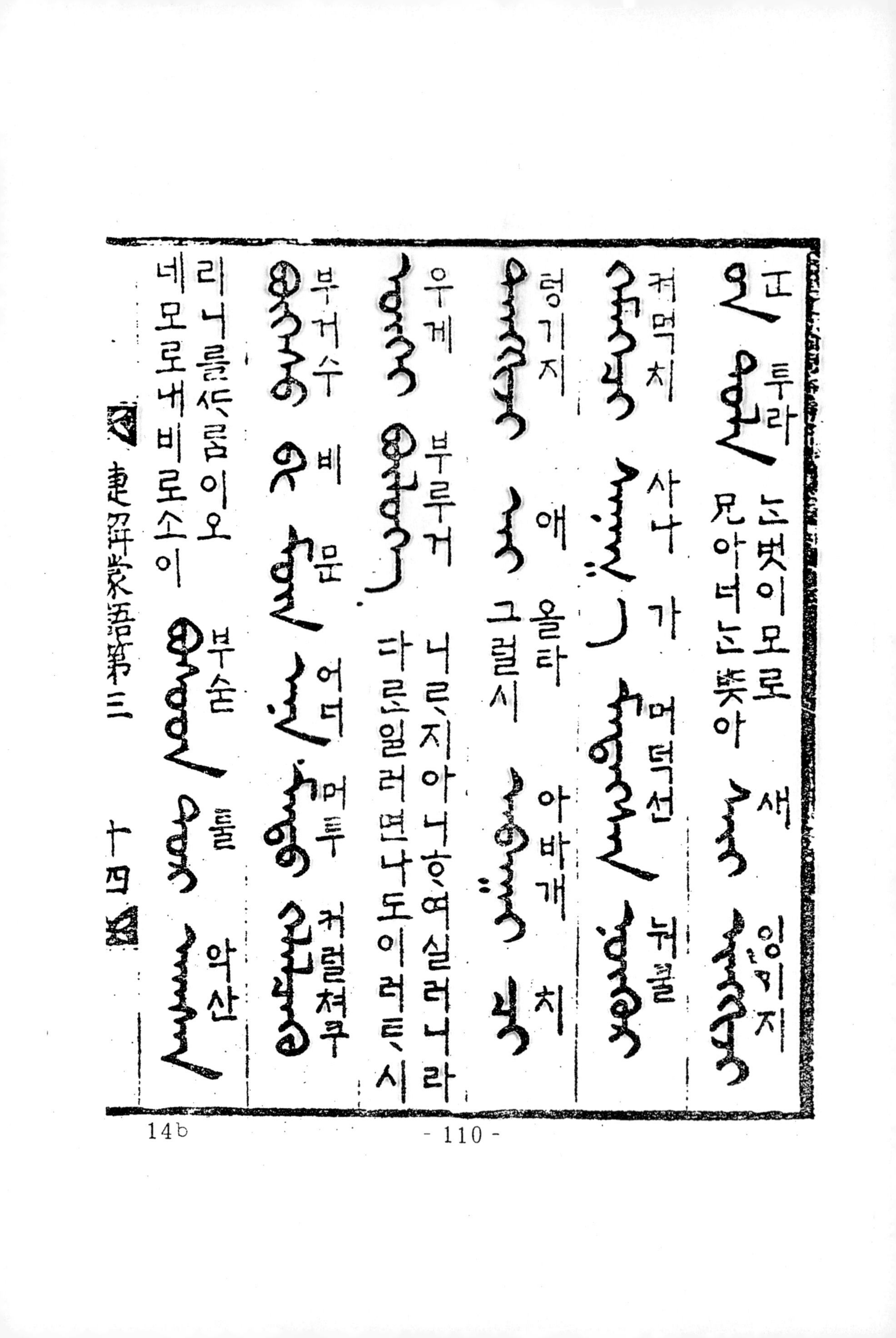

고투라 ᄂᆞᆫ벗이모로 뫼아너ᄂᆞᆫᄠᅳᆺ아 새 잉기지

커먹치 사나 가 머덕선 뉘쿨

령기지 애 올타 그럴시 아바개 치

우게 부루거 니ᄅᆞ지아니ᄒᆞ여실러니라 다ᄅᆞᆫ일러면나도이러ᄐᆞ시

부거수 베 문 어더 머투 커럴쳐쿠

리니를ᄯᅳ롬이오 네모로내비로소이 부순 룰 악산

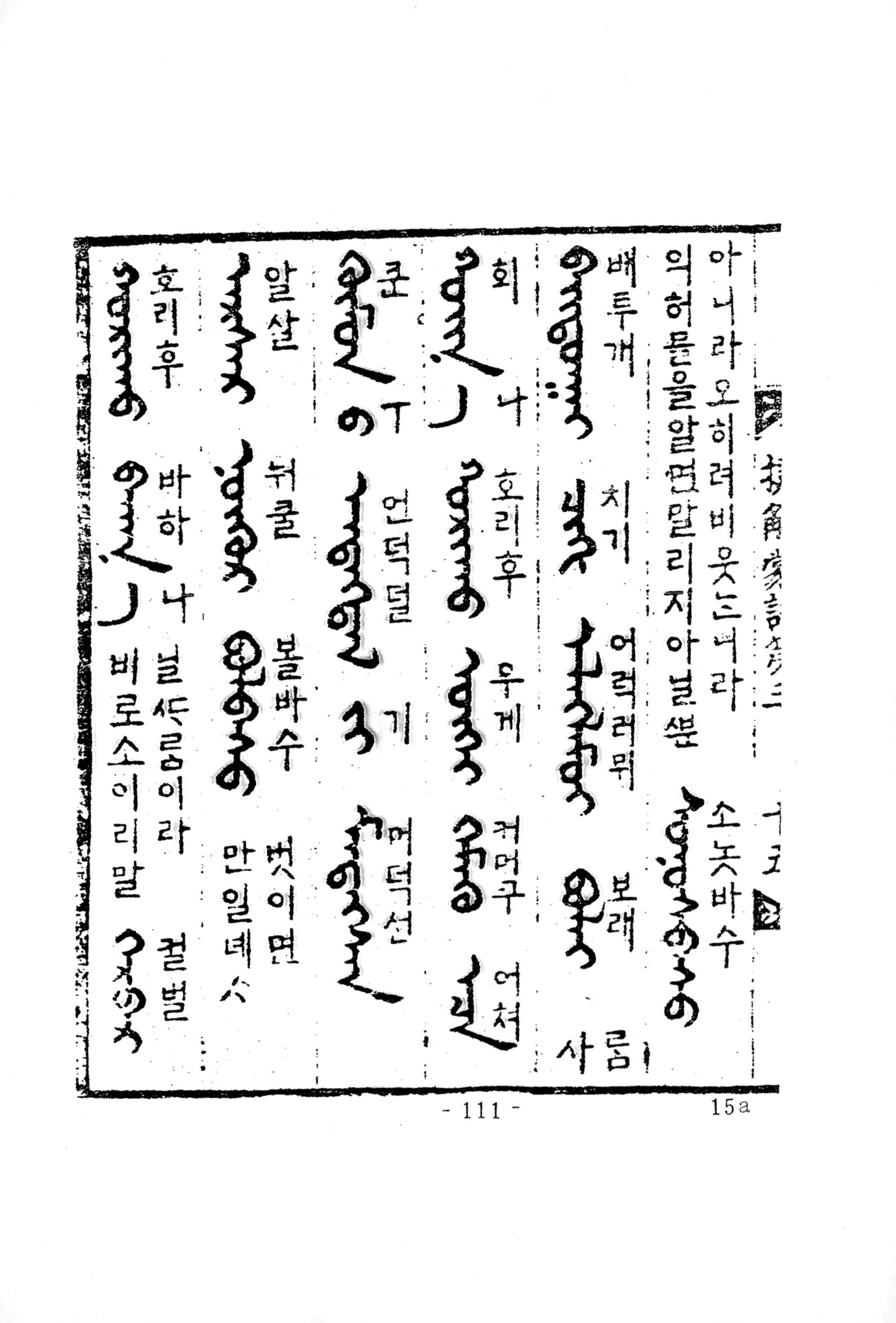

아니라오히려비웃느니라 소놋바수

의허믈을알면말리지아닐쏜

배투개 치기 어러러뮈 보래 사롬ㅣ

회 나 호리후 우게 커머구 어쳐

쿤 T 언덕뎔 기 어덕선

알샵 뷔쿨 볼바수 벗이면 만일네ᄉᆞ

호리후 바하 나 널뜨롬이라 귈별

비로소이리말

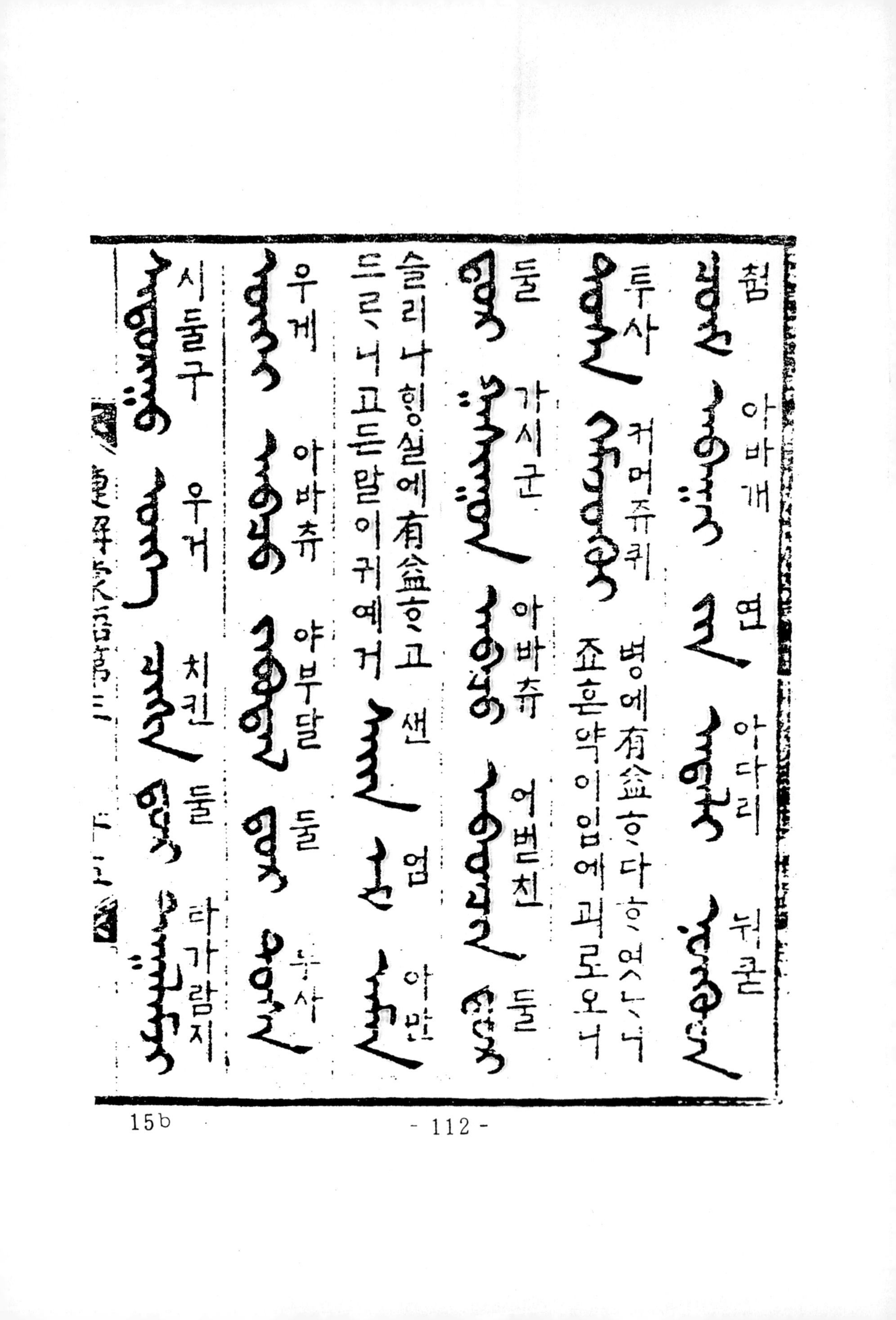

촘 아바개 연 아다리 뉘쿤

투사 거머쥬퀴 병에有益ᄒᆞ다ᄒᆞ엿ᄂᆞ니
죠흔약이입에괴로오니

둘 가시군 아바츄 어벋친 둘

슬리나힝실에有益ᄒᆞ고 샌 엽 아만
드ᄅᆞ니고든말이귀예거

우게 아바츄 야부달 둘 우사

시둘구 우거 치컨 둘 타가람지

請ᄒᆞ여ᄃᆞ리라가ᄂᆞ 내사ᄅᆞᆷ을부려셔너ᄅᆞᆯ

치누 볼 고 쿤

치마기 쟈란 아부 라 오두굴바수

비러 ᄃᆡ갓던다 어제네어 비 쿤 ㅣ 쟈루쥬

위츄거둘 치 하미 가 오둑산

뷔 흔이ᄀᆡ언머이시리오 다ᄆᆞᆺ치벗들의게죠

둘 샌 이누 투컨투 커두

치 옥토 이러쿠 우게 아니ᄒᆞ니
녜아조오지

쿠러버수 오리라ᄒᆞ여ᄒᆡ지도록기ᄃᆞ리되
내너를혜아리니應當우리집의

뮈 저 거먼 나란 우나타 라

보도바수 람 만 ㄒ 걸러 이러뮈

커머베 업고다ᄅᆞᆫᄃᆡ갓다ᄒᆞ매 비 치마기
데집사ᄅᆞᆷ이너를집의

치마기 걸러 우게 부수터시 옴바

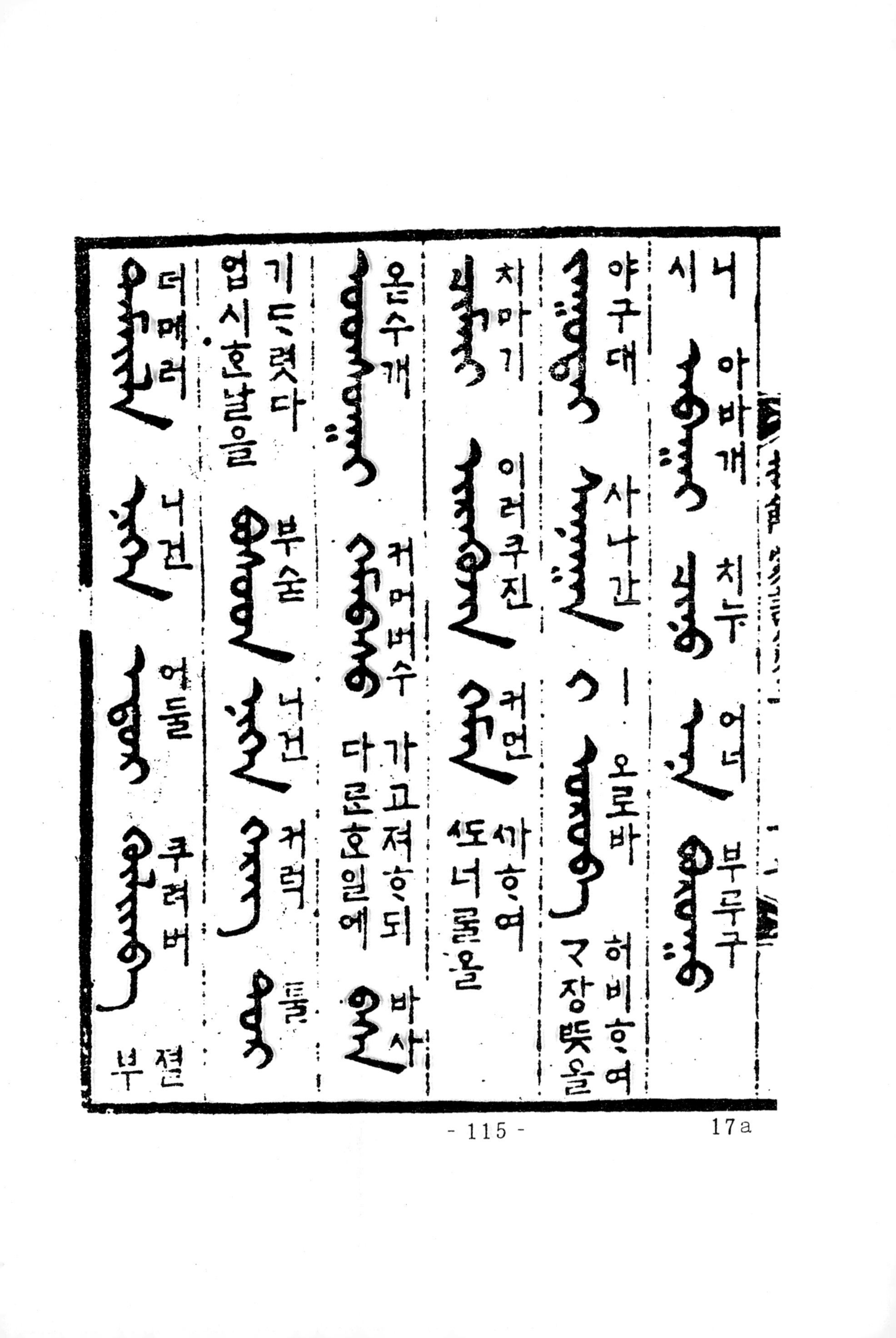

니 아바개 치뉴 어너 부루구
시
야구대 사나간 ㅣ 오로바 허비ᄒᆞ여
ᄆᆞ장ᄠᅳᆮ을
치마기 이러쿠진 커먼 ᄉᆡᄒᆞ여
ᄯᅩ너ᄅᆞᆯ올
온수개 커머버수 가고져ᄒᆞ되 바사
다ᄅᆞᆫᄒᆞᆫ일에
기ᄃᆞ렷다 부숨 너번 거럭 ᄅᆞᆷ
업시ᄒᆞᆫ날을
더메러 너건 어둘 쿠러버 졀
부

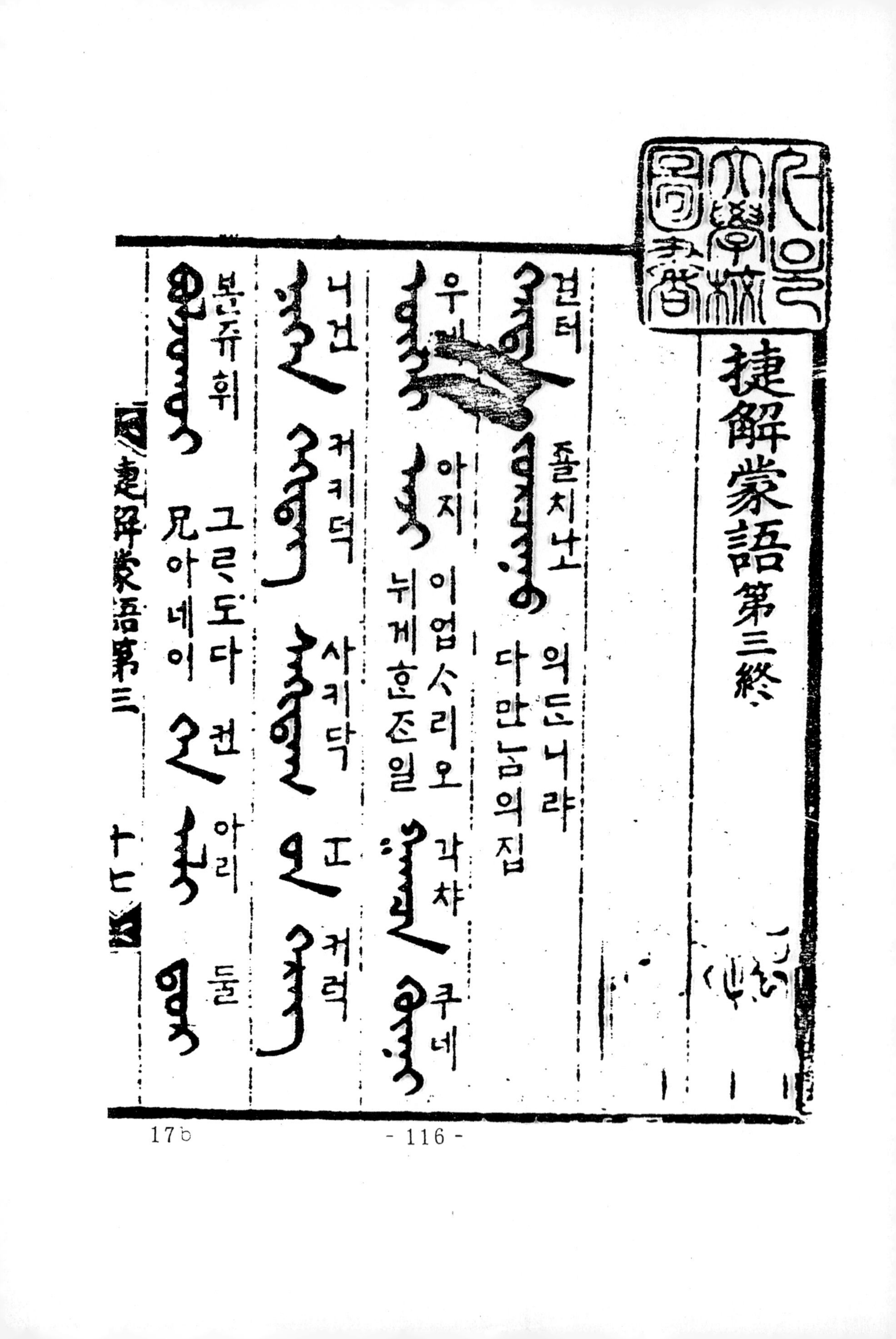

捷解蒙語第三終

건터 졸치나고 의든니라
다만남의집

우베 아지 이엽스리오 각차 쿠네
누게흔죠일

니건 거커덕 사커닥 工 커러

봄쥬휘 그릇도다 권 아리 둡
兄아네이

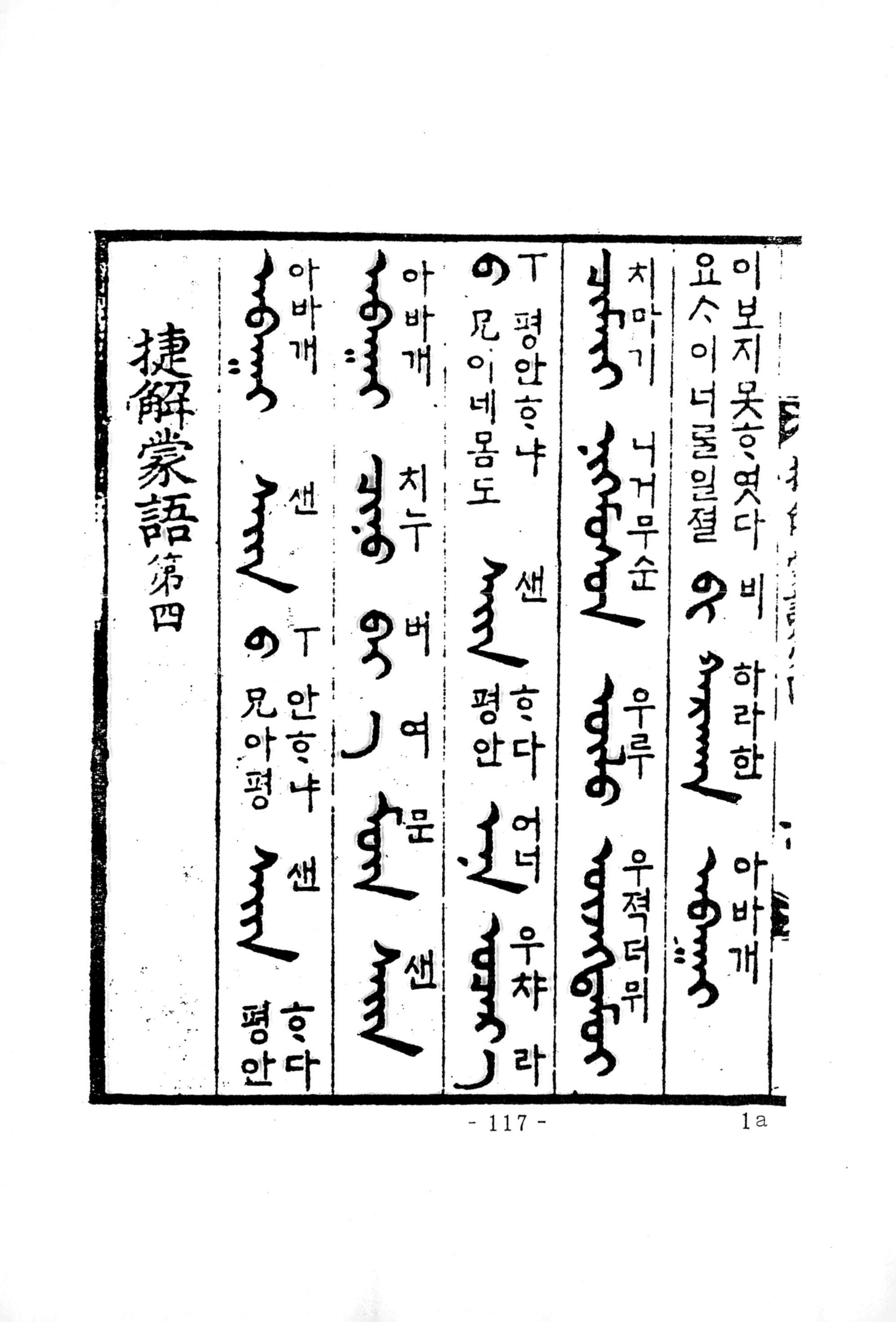

이보지못ᄒᆞ엿다 비 하라한 아바개
요ᄉᆞ이너롤일졀

치마기 너거무순 우루 우젹더뮈

丁평안ᄒᆞ냐 샌 ᄒᆞ다 어너 우챠라
兄이네몸도 평안

아바개 치누 버 여 문 샌

아바개 샌 丁안ᄒᆞ냐 샌 ᄒᆞ다
兄아평 평안

捷解蒙語第四

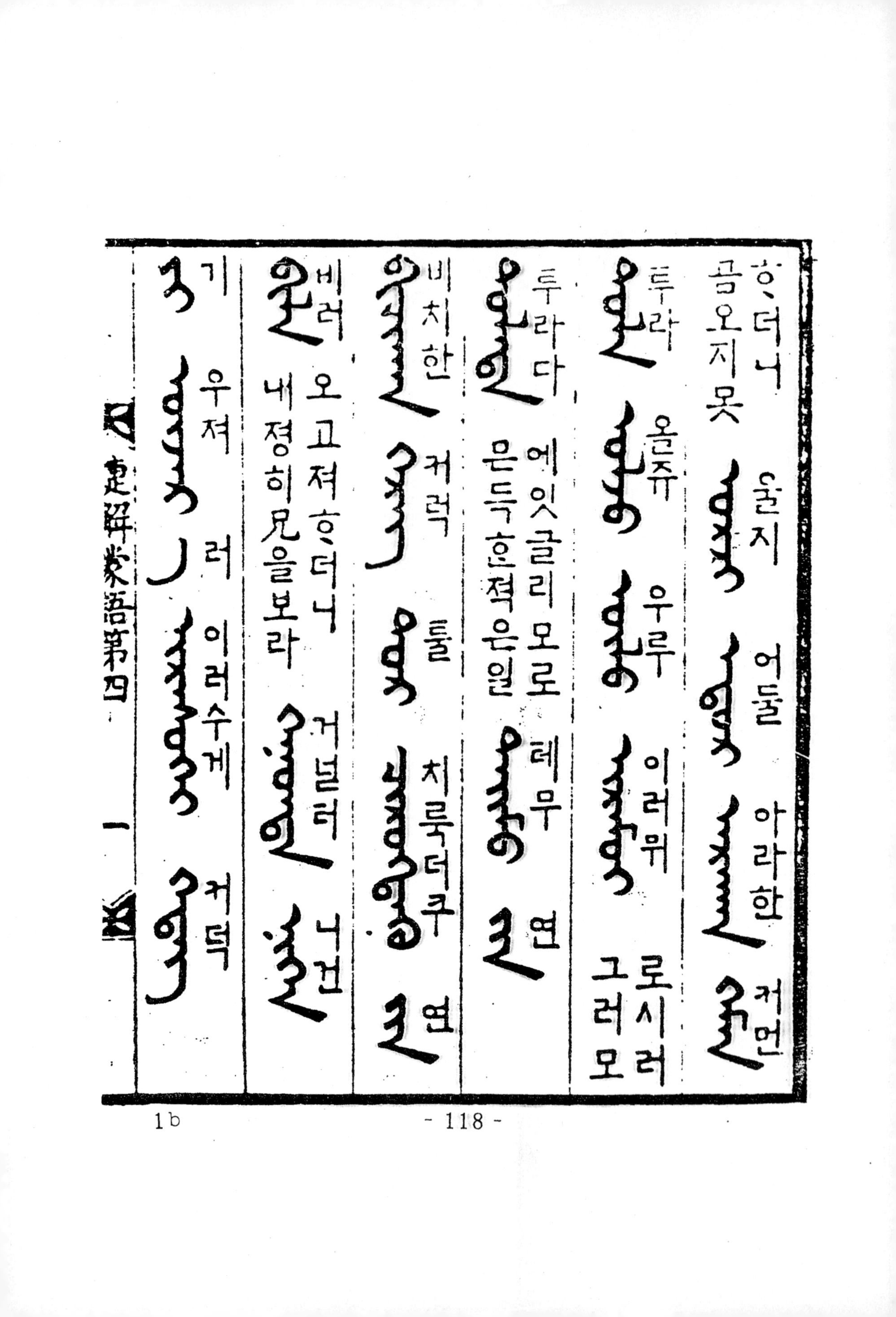

ᄒᆞ더니
곰오지못
굳지 어둘 아라한 저먼

투라 올쥬 우루 이러뮈 로시러
그러모

투라다 레무 면
에잇글리모로
믄득ᄒᆞᆫ젹은일

비치한 거럭 툴 치룩더쿠 면

베러 거블러 니건
오고져ᄒᆞ더니
내졍히見을보라

기 우저 러 이러수게 거덕

커버닉 쳡 우게
옷시다업고
내게유삼과담
머덕치 는거시라 나들 며단
兄아네아
어긋거베 작흔니 아바개 치누
쏘비시
거머버수 오고져흔즉 바사 보릇가란
어제틈어더
위츄거둘 치루거 올쥬 이러수게
커럭 ㅣ 새 바라바 을비로소뭇고
그젓긔겨요

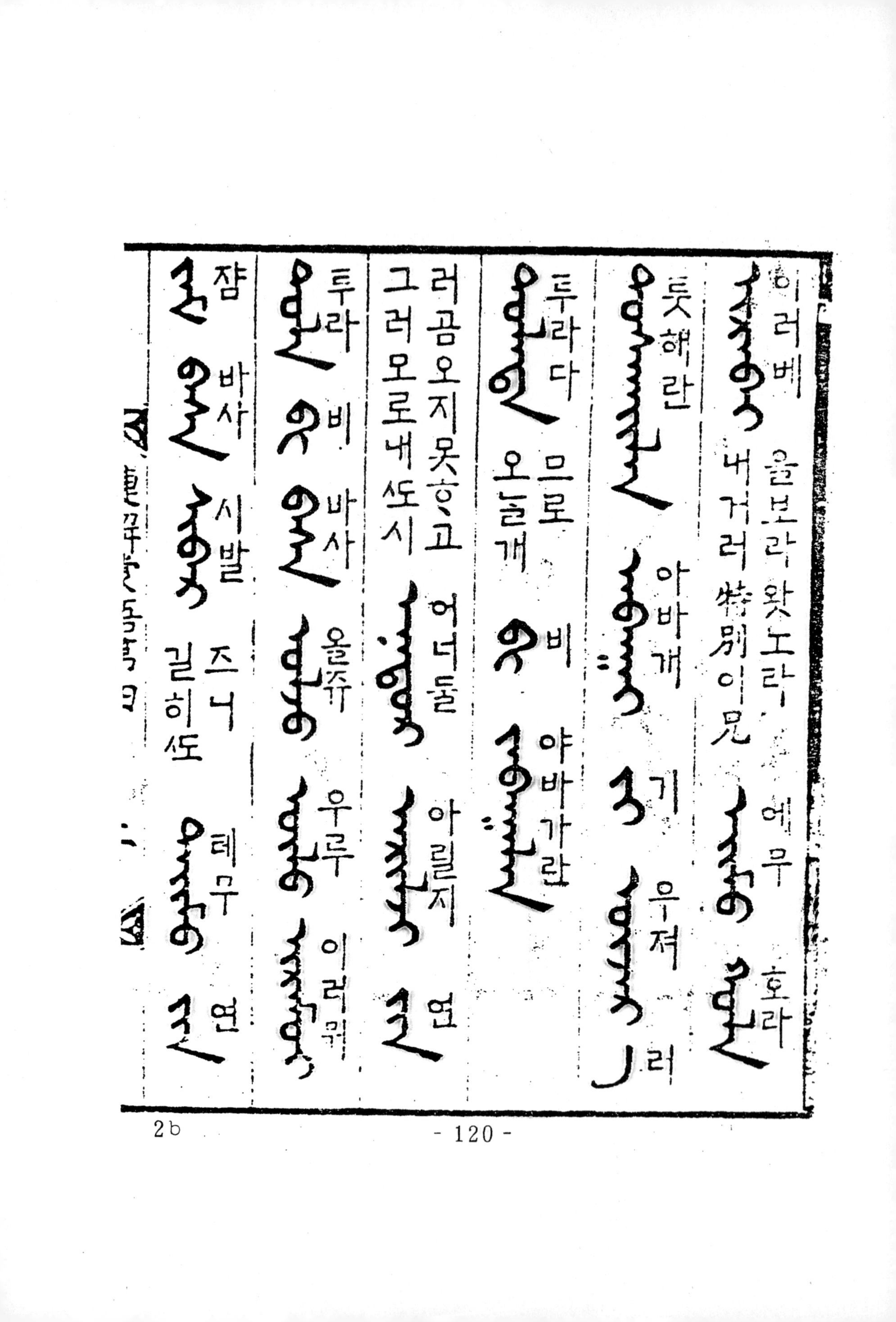

이러베 올보라 왓노라 에무 호라
내거러 特別이 見

툿해란 아바개 기 우져 러

투라다 므로 오늘개 비 야바가란

러곰오지못ᄒᆞ고 어너둘 아릴지 연
그러모로내ᄯᅩ시

투라 비 바사 올쥬 우루 이러뮈

쟘 바사 시발 즈니 테무 연
길히ᄯᅩ

重刊淸語老乞大 三

2b

못ᄒᆞ여라 물이긔지
비 · 걸더 각챠갈 사국산
시투버츄 벌 바라후 우게 蔵撒ᄒᆞ
파연내
치다뮈 여당ᄒᆞ리 우녈 비
내엇지ᄒᆞ
슈고롭게ᄒᆞᆫ거시 비 야치지 다가간
위ᄒᆞ여兄의몸을
버 여 기 쥬더구룩션 아누 더나몰
어리면
둘 나마기 투라 아바개 연

무루거두선 사나간 ㅣ 문 올쥬

고 렌 보로간 아바개 기

사나간 둘 너러버

맛치내빚어맛

네몸소온거시

이럭선 아누 칩 치커 미누

정히ᄆᆞ장심심ᄒᆞ더니

내집의혼자안자심심애

치누 버 여

둘 하라한 마시 위두후 부루거

연 우숩기 다라수 기 바자가쥬 잔
ᄒᆞᆫ
우게 별도리업스니 너건 훈타 가
공연이너롤보
호고수갈 치마기 이러거쿠 하리
쫄각산 ㅜ 투라다 面ᄒᆞ여심으로
우리兄弟오ᄂᆞᆯ對
비다 아 하 더쿠 어너둘 니굴
아마라굴바 또시러곰스훤케ᄒᆞ도다
그러ᄒᆞ고兄을그리든ᄠᅳᆺ을

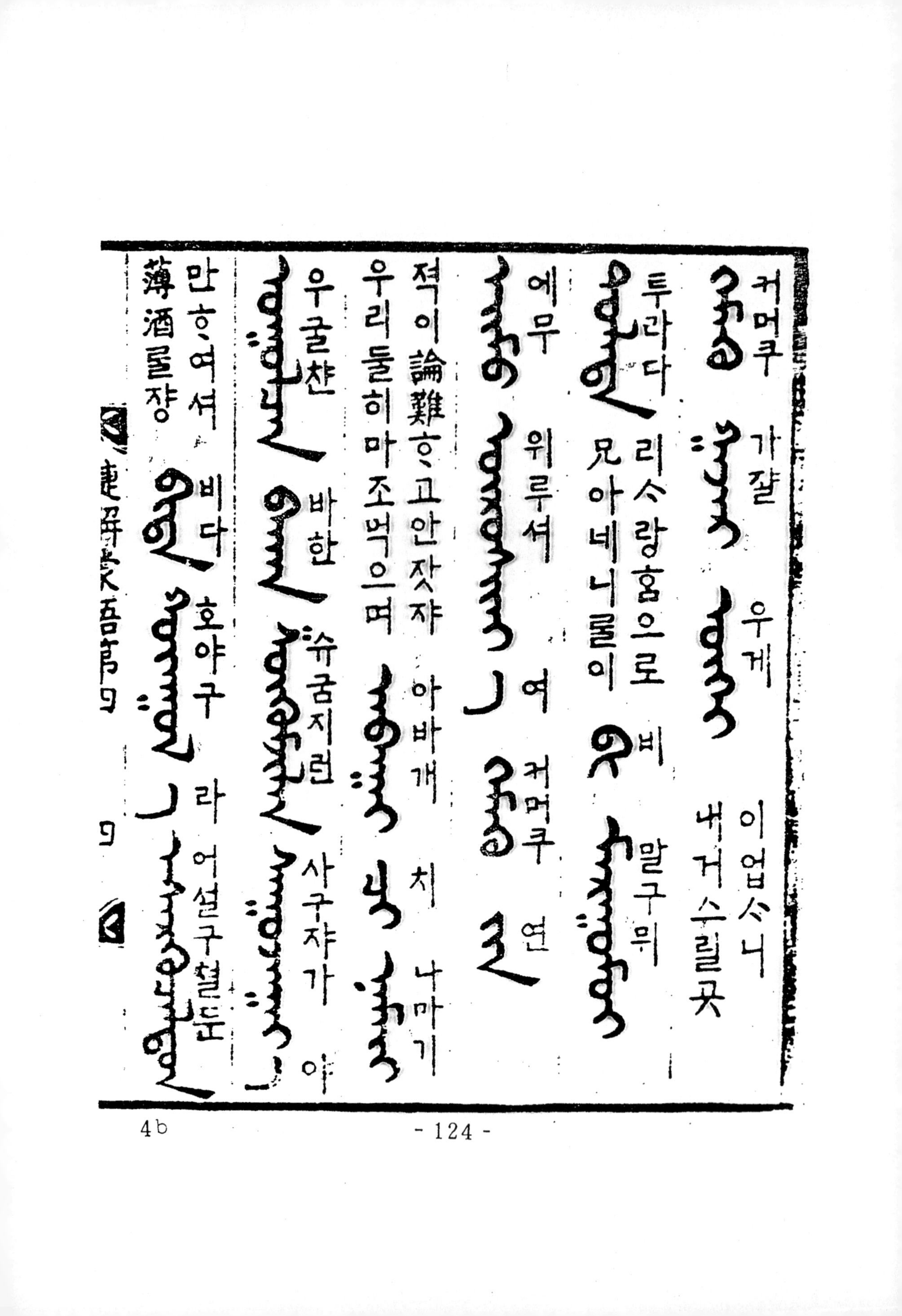

커머쿠 가잘 우게 이업ᄉᆞ니
내거ᄉᆞ릴곳
투라다 리ᄉᆞ랑홈으로 비 말구무
兄아네니ᄅᆞᆯ이
에무 위루서 여 커머쿠 연
적이論難ᄒᆞ고안잣쟈 아바개 치 나마기
우리둘히마조먹으며
우굴챤 바한 슈굼지런 사구자가 아
만ᄒᆞ여서 비다 호야구 라 어설구철둔
薄酒ᄅᆞᆯ장

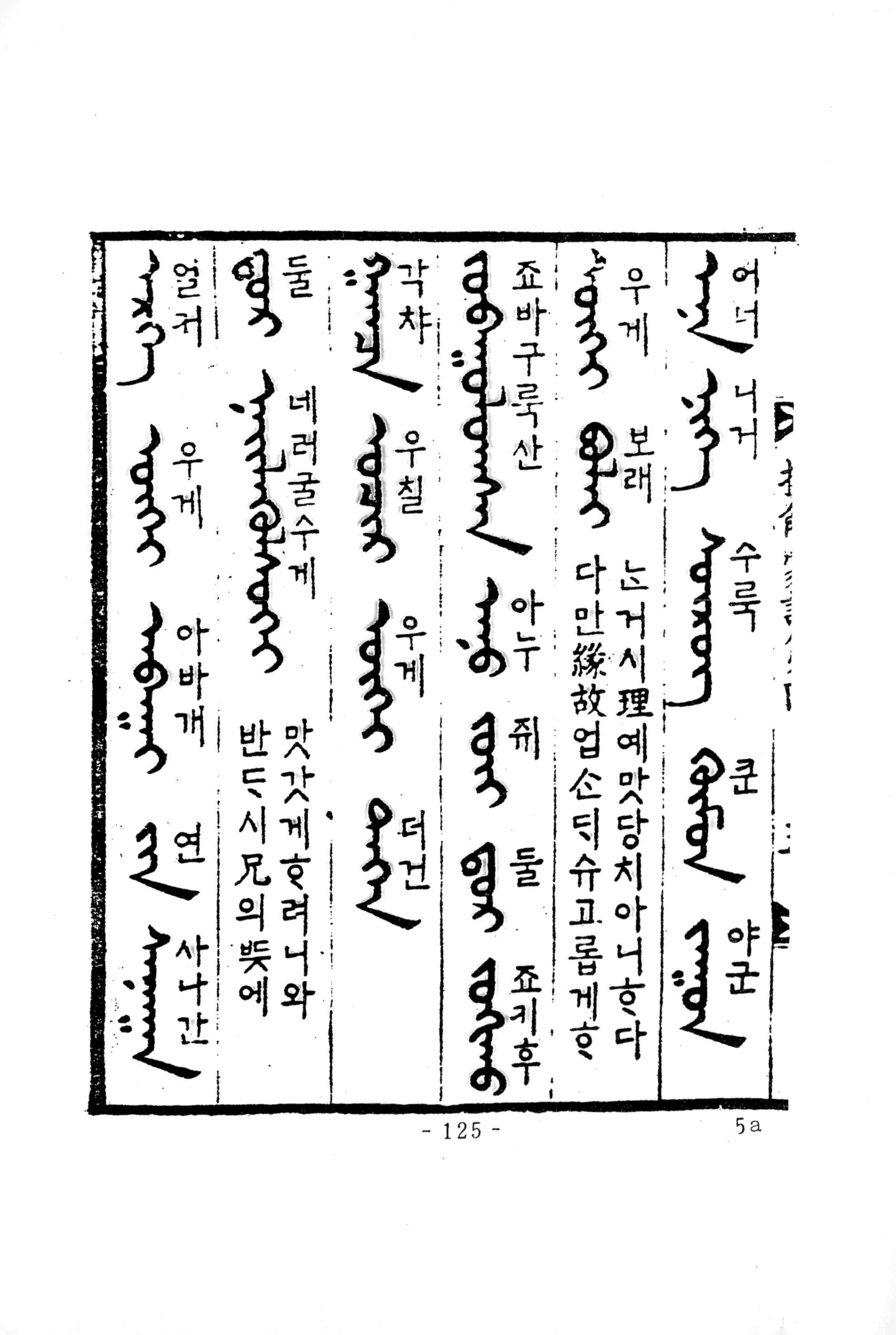

어너 니거 수룩 쿤 야군

우게 보래

는 거시 理예 맛당치 아니ᄒᆞ다

다만 緣故업ᄉᆞ 듸슈고롭게ᄒᆞ

죠바구룩산 아누 쥐 둘 죠키후

각차 우칠 우게 더건

둘 네러굴수게 맛갓게ᄒᆞ려니와

반ᄃᆞ시 兄의 뜻에

얼귀 우게 아바개 연 사나간

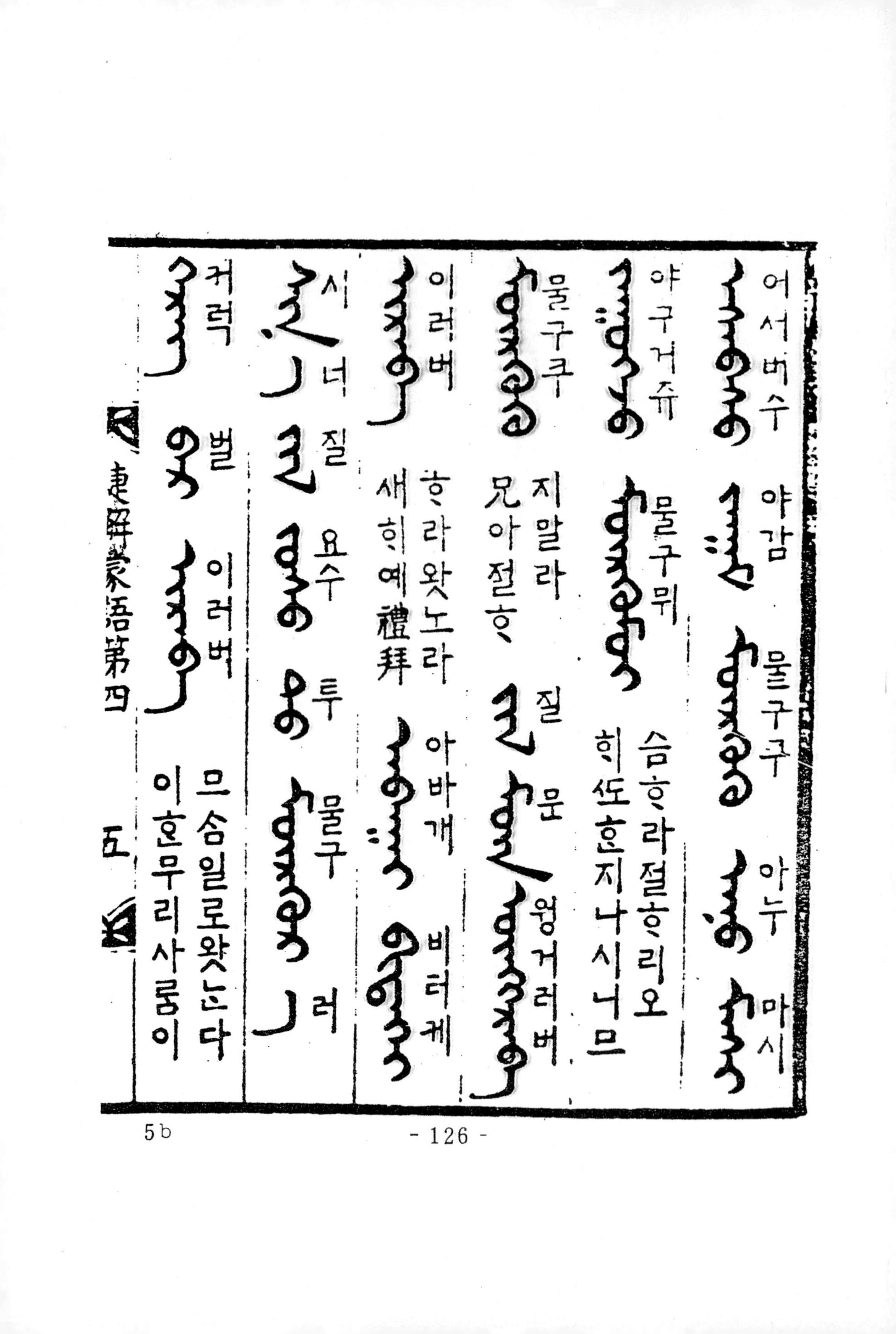

어서버수 야감 물구구 아누 마시

야구거쥬 물구뮈

슴ᄒᆞ라절ᄒᆞ리오

희ᄯᅩᄒᆞᆫ지나시ᄂᆞ니므

물구쿠 지말라 질 문 웡거러버

모아절ᄒᆞ

이러버 ᄒᆞ라왓노라 아바개 비러게

새ᄒᆡ예禮拜

시너 질 요수 투 물구 러

커럭 벌 이러버

므슴일로왓ᄂᆞᆫ다

이ᄒᆞᆫ무리사ᄅᆞᆷ이

捷解蒙語第四 五

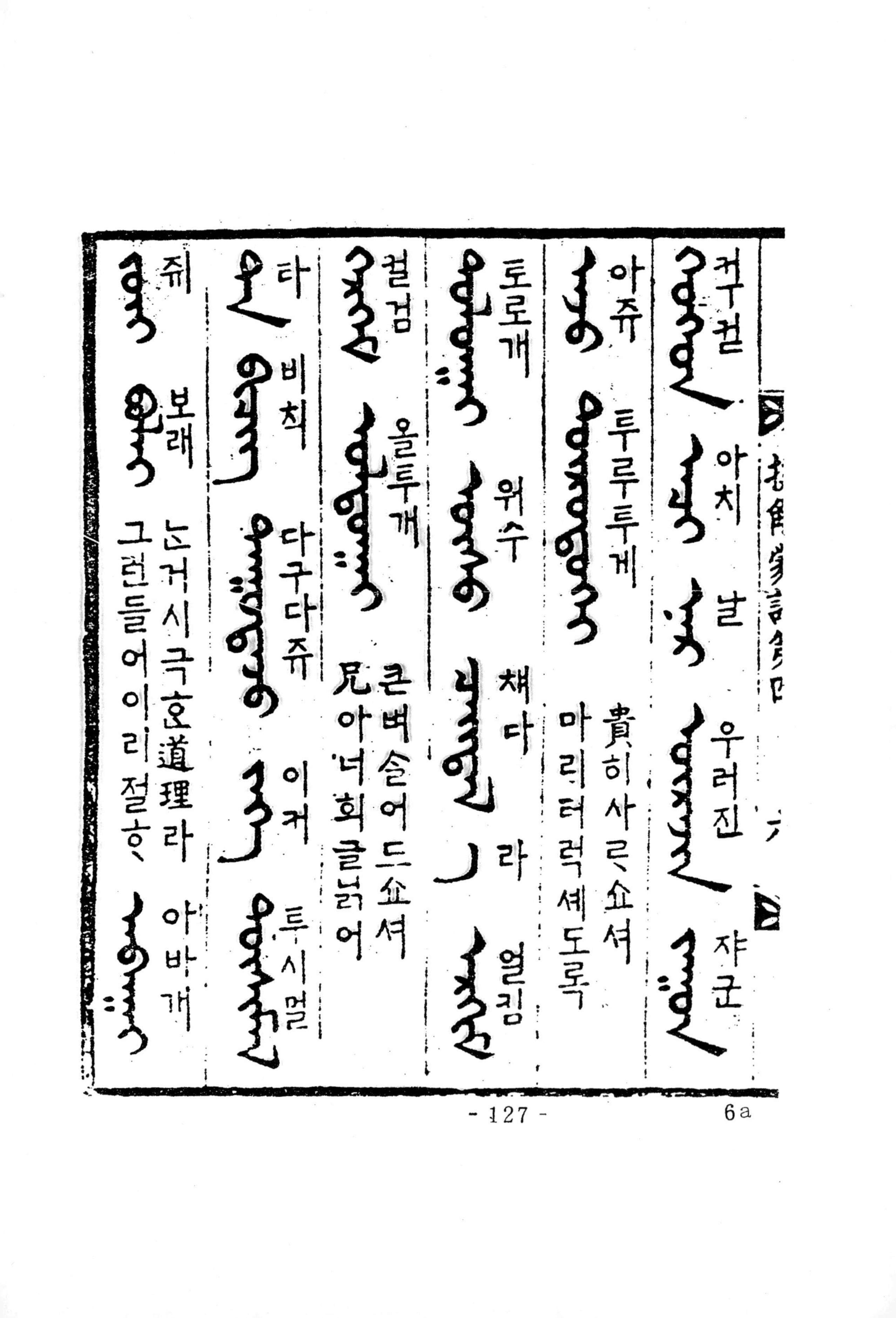

거구컨 아치 날 우러진 자군
아쥬 투루투게
貴히사ᄅᆞ쇼셔
마리터럭세도록
토로개 워수 채다 라 얼김
컬검 올투개
큰벼슬어드쇼셔
兄아너희글닑어
타 비치 다구다쥬 이커 투시멀
쥐 보래
논거시극ᄒᆞᆫ道理라
그런들어이리절ᄒᆞ
아바개

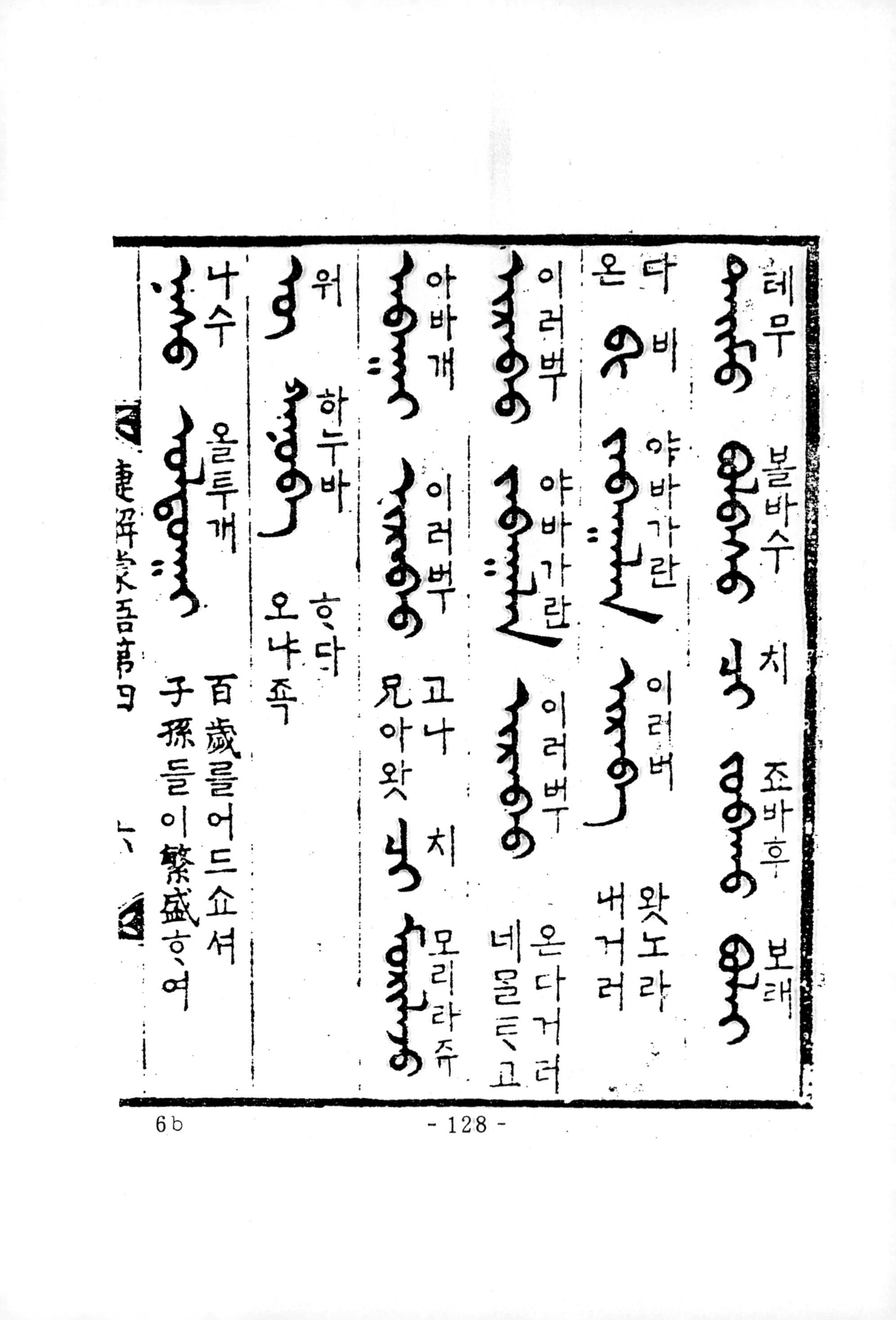

헤무 볼바수 치 죠바후 보래

다비 야바가란 이러버 왓노라

온 내거러

이러뿌 야바가란 이러뿌 온다거러

네몰트고

아바개 이러뿌 고나 치 모리라쥬

兄아왓

워 하누바 ᄒᆞ다

오나족

나수 올투개 百歲를어드쇼셔

子孫들이繁盛ᄒᆞ여

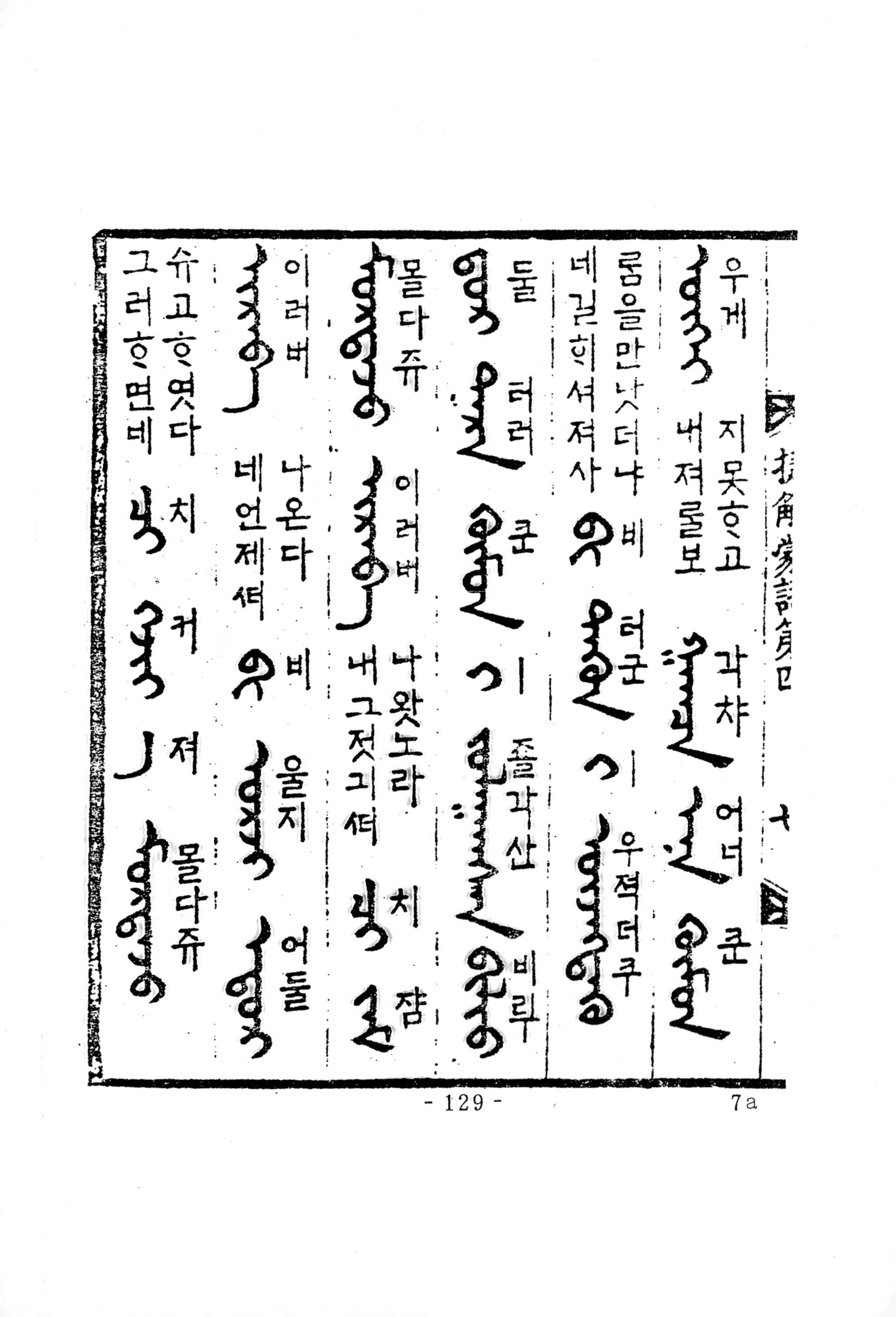

우게 지못ᄒᆞ고 각차 어너 쿤
ᄂᆡ져롤보
롬을만낫더니 비 러쿤 우젹더쿠
네길ᄒᆞᆫ서져사
둘 터러 쿤 졸각산 비루
몰다쥬 이러버 나왓노라 치 잠
ᄂᆡ그젓그셔
이러버 나온다 비 울지 어둘
네언제셔
슈고ᄒᆞ엿다 치 커 져 몰다쥬
그러ᄒᆞ면데

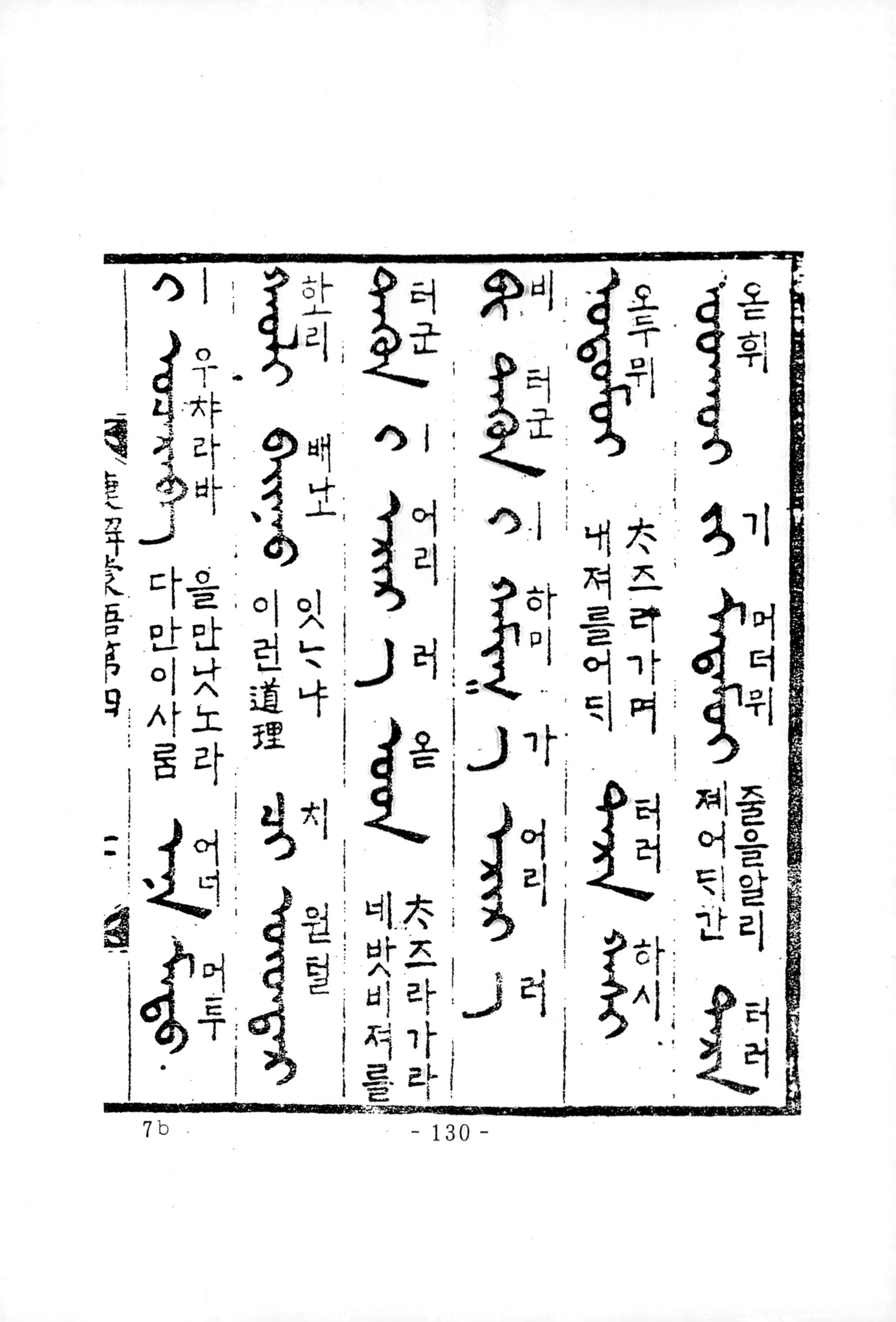

옴휘 기 머더무 줄을알리 제어든간 터러

오두뮈 ᄎᆞ즈라가며 내져를어든 터러 하시

비 터군 이 하미 가 어리 러

터군 이 어리 러 옴 ᄎᆞ즈라가라 네밧비져를

하리 배나 잇ᄂᆞ나 이런道理 치 원덜

우차라바 을만났노라 다만이사ᄅᆞᆷ 어더 머투

말라 밋지 어너 우칠 이 비 머더쿠

우건 이 비터궤 이터거쿠 이ᄂᆞᆫ 말을 네져의 속

오지아니ᄒᆞ리 니면엇지엿히 치 터군 T 하굴후 치아 그러

오도 볼타 라 이러쿠 우게

망ᄒᆞ엿도다 알ᄂᆞᆷ반ᄃᆞ시도 우게 볼바수 여거지

아라거 열커 우게 올고바 죽 저

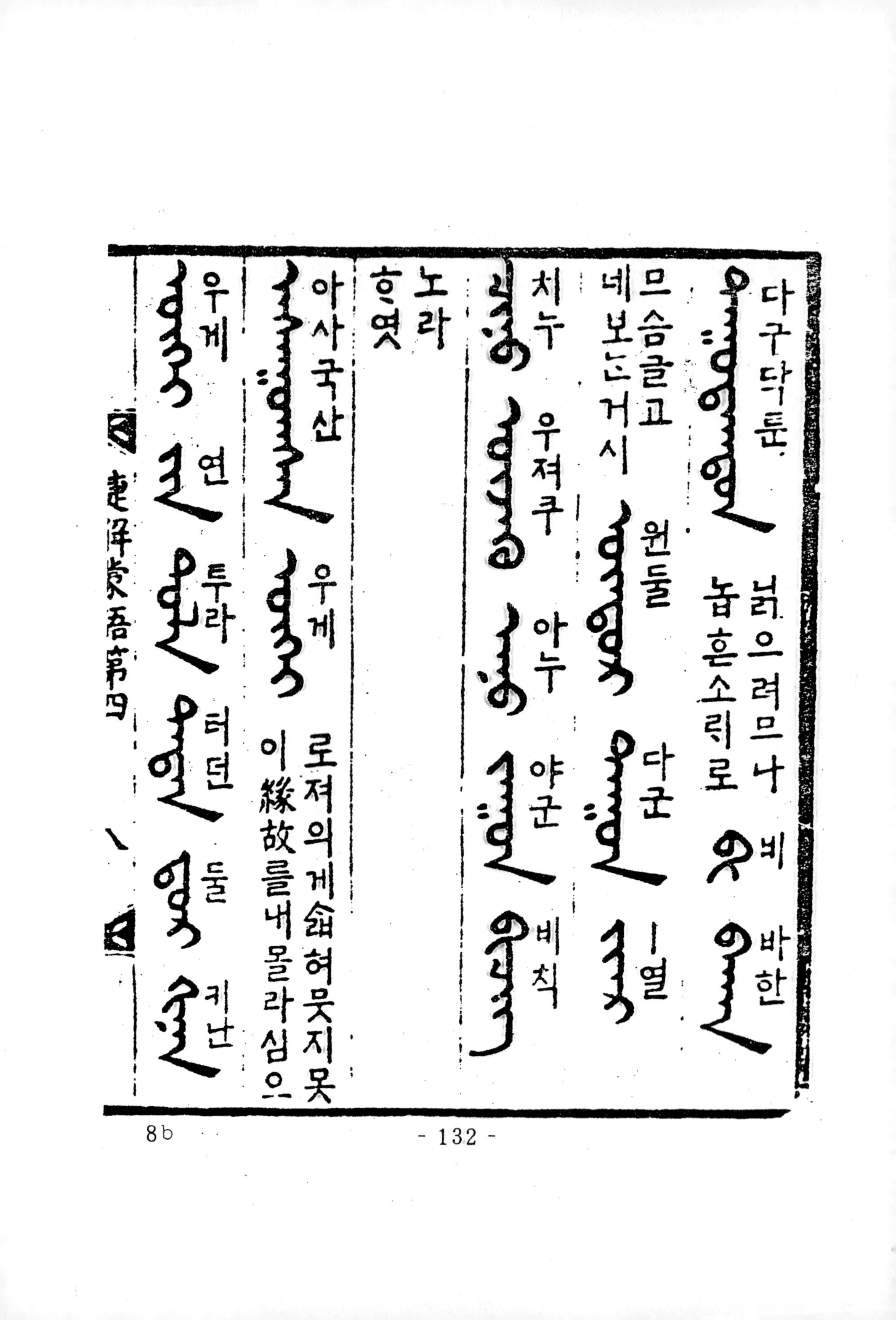

다구닥툰 넒으려므나 비 바한
므슴글고 놉흔소릭로 원둘 다군 ㅣ열
네보ᄂᆞᆫ거시
치누 우저쿠 아누 야군 베칙
노라
ᄒᆞ엿
아사국산 우게 로져의게숣혀뭇지못
이緣故를내몰라심으
우게 연 투라 터던 둘 키난

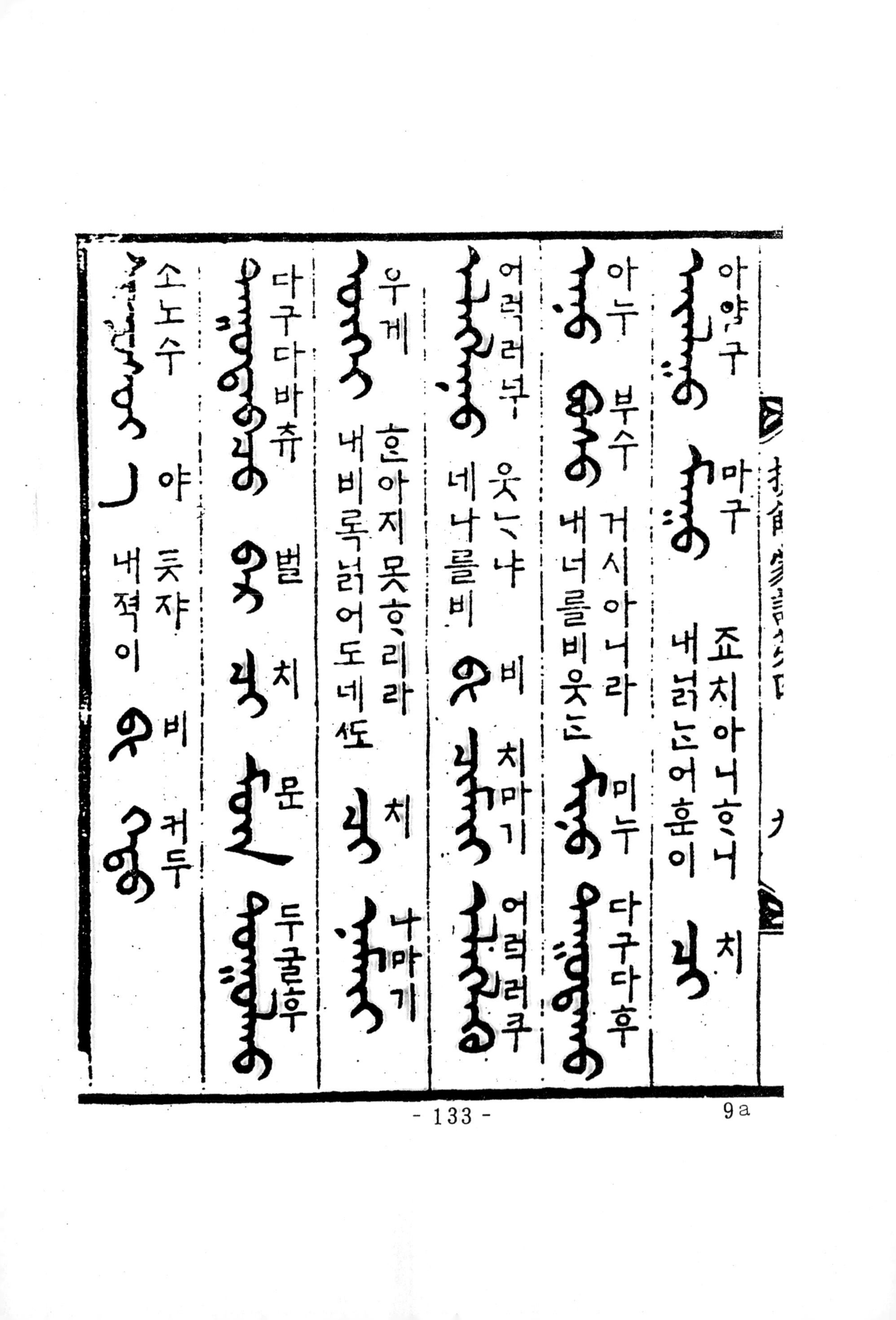

아양구 마구 죠치아니ᄒᆞ니 치
내닐러ᄂᆞᆫ어훈이

아누 부수 거시아니라 미누 다구다후
내너를비웃ᄂᆞᆫ

어러러부 웃ᄂᆞ냐 비 치마기 어러러쿠
네나를비

우게 ᄒᆞᆫ아지못ᄒᆞ리라 치 나마기
내비록닐러어도네ᄯᅩ

다구다바츄 벌 치 문 두굴후

소노수 야 ᄃᆞᆺ쟈 비 커두
내젹이

오는다 잉기지 다구다바수 타
새예야 -야
어너 챡 툴 새 이러뮈 지잇
네 엇
다구다뮈 누고브른다 치 뎌거지
門열라밧고
하갈 가 너거 가다 가 권
ᄒᆞ노라
비우슬사
소놋후 라 어러러쿠진 커머뮈 ᄅᆞ면
네드

捷解蒙語卷四 九

취ᄒᆞ엿ᄂᆞ다 술먹고이리또

더더 나마기 야시다라

우구쥬 잉기지 바사 속도쥬휘

오둑산 부루거 갓다가 다라수

네누집의

부루거 더나라 치 권 귀허

우리다자

던다 비다탄 쳠 운탁산

아니ᄒᆞ

여거지 워치쿠 우게 희엇지ᄃᆞ답지

이리브르되너

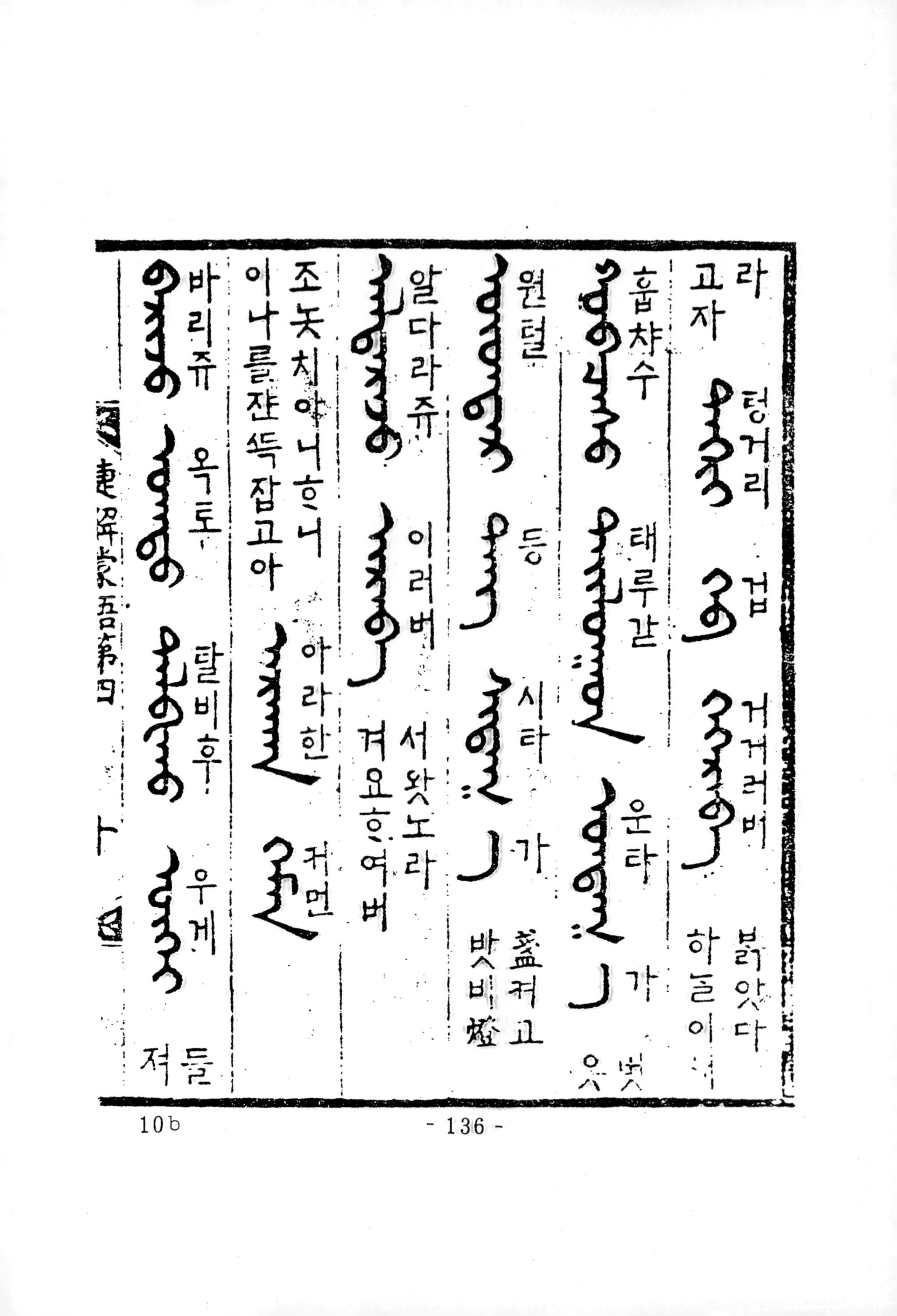

라 텅거리 겁 거거러버 붉앗다
고자 하ᄂᆞᆯ이
훕챠수 태루갇 운타 가 밧
웃
원털 등 시타 가 盞켜고
밧비 燈
알다라쥬 이러버 서왓노라
겨요ᄒᆞ여버
조놋치아니ᄒᆞ니 아라한 커먼
이나를잔뜩잡고아
바리쥬 옥토 탈비후 우게 들
저

아쟈 져오라 양치믈가 비 니굴 우가 야

아쟈 져오고 셰슈믈가 아마 재루후 우수

시적이자쟈 조을리니다 니굴 우가후 우수

울거러위 지치 바한 운타 야 ᄀ장

우게 아니ᄒᆞᄂᆞ다 엇ᄒᆡ엇지니쟈 아다바시 놀

오도 볼라 라 뭐거지 족소후

다룬ᄃᆡ가쟈 쳘버 쿤 나마기
휘와보션신고
어뭇츄 부순 가쟐 틀 오두 야
부서러쥬 ᄯᅴᄯᅴ고 구틀 외모수
衣冠ᄒᆞ고
훕챠수 마라 가 어뭇츄 부서
마라 가 부서 아챠 가져오라
옷과冠과ᄯᅴ
삣쟈 알촐 아챠 져오고 훕챠수
내ᄂᆞᆺ 슈건가

의들어셔 채 니건 훈타 가
兄아우리집
아바개 만 丁 분러 다가린 오로쥬
커러 든내게알외라
내집의도라오거
회시 이러선 회 나 나둘
거쥬 든져를來日오라ᄒᆞ고 비 걸러
아모사ᄅᆞᆷ이나를ᄎᆞᄌᆞ거
어리버수 러군 말가타 이 러

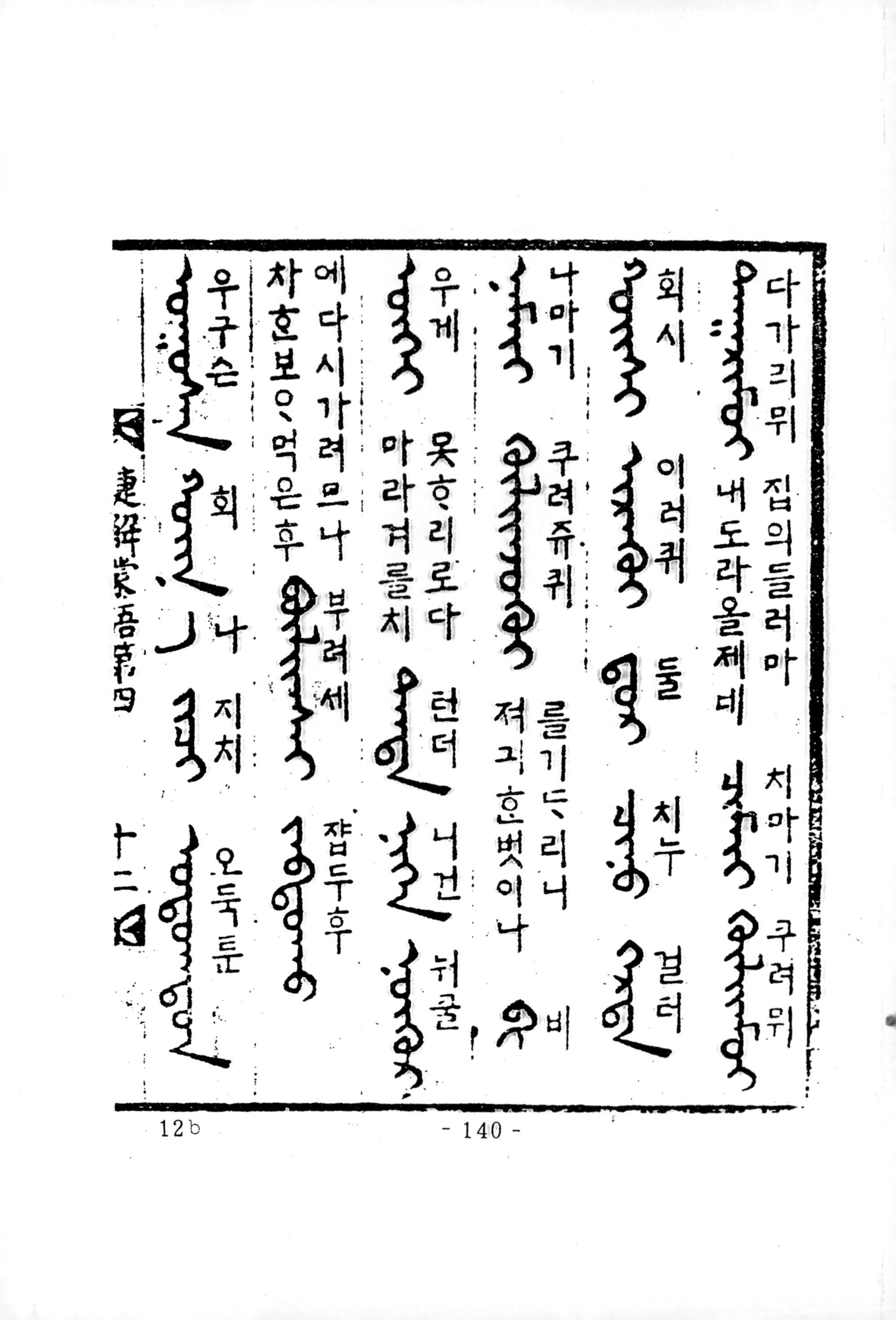

다가리무 집의들러마 치마기 쿠려뮈
내도라올제데
회시 이러퀴 둘 치누 걸러
나마기 쿠려쥬퀴 를기ᄃᆞ리니 비
젹그ᄒᆞᆫ벗이나
우게 못ᄒᆞ리로다 런더 나건 뉘굴
마라겨를치
에다시가려므나 부려세 쟘두후
차ᄒᆞᆫ보ᄋᆡ먹은후
우구슨 회 나 지치 오둑툰

반ᄃᆞ시오마 치 비더케 서지러쿠
이럴리이시랴
어서둑선 얼귀 우게 이러뮈
쉬거쿠 바하 나 비홀ᄯᆞ롬이라
내돈을공연이허
아니ᄒᆞ면 미누 죠뭇 이 곤지
네만일오지
라 치 걸벌 이러쿠 우게 볼바수
오
치 얼거 우게 이 러 마네 반ᄃᆞ시
너를기ᄃᆞ리

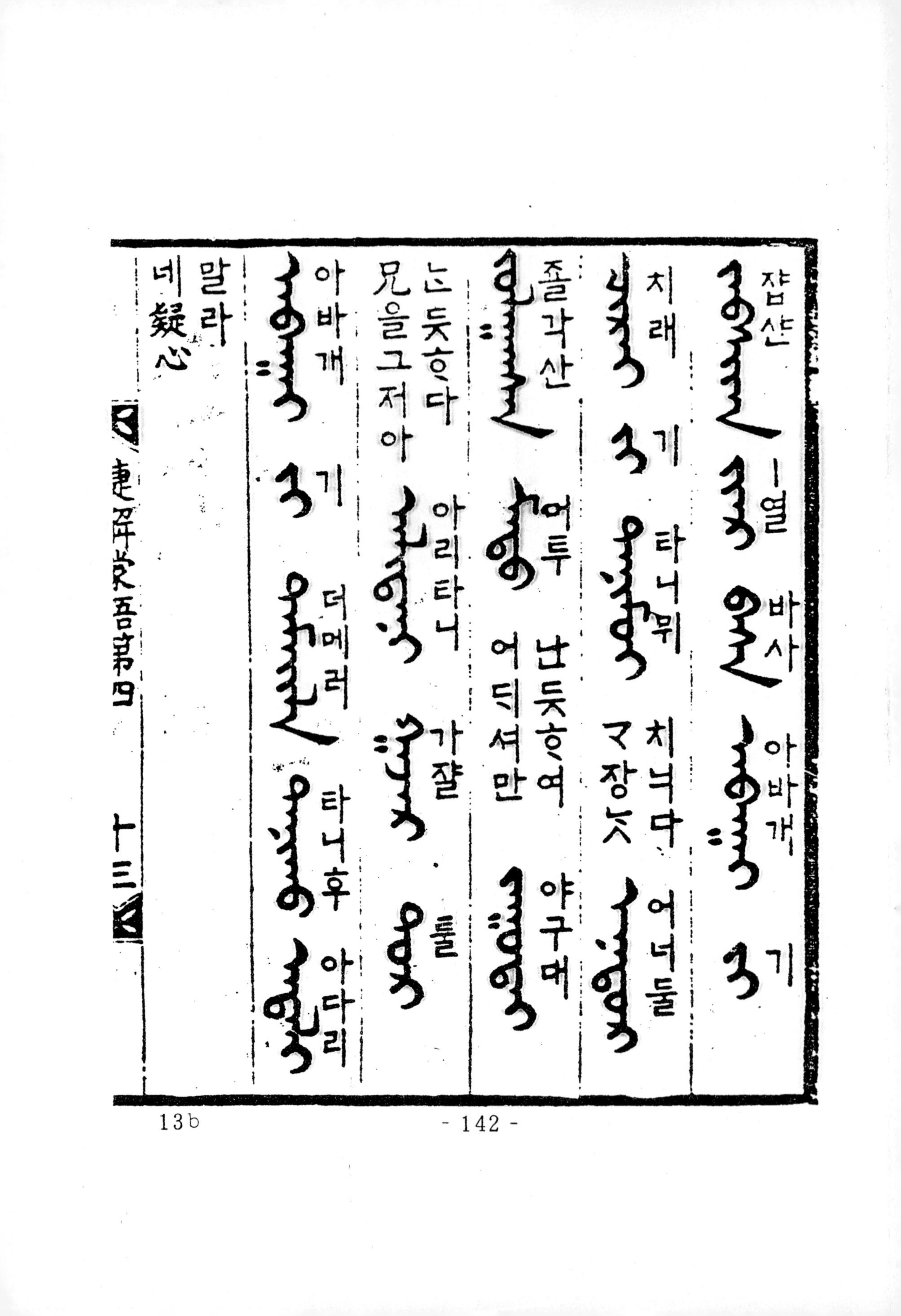

잡산 ㅣ열 바사 아바개 기

치래 기 타니뮈 치닉다 ᄆᆞ장ᄉ 어너둘

죨각산 어투 난듯ᄒᆞ여 어ᄃᆡ셔만 야구머

ᄂᆞᆫ듯ᄒᆞ다 兄을그저아 아리타니 가쟐 톨

아바개 기 더머러 타니후 아다리

말라 네疑心

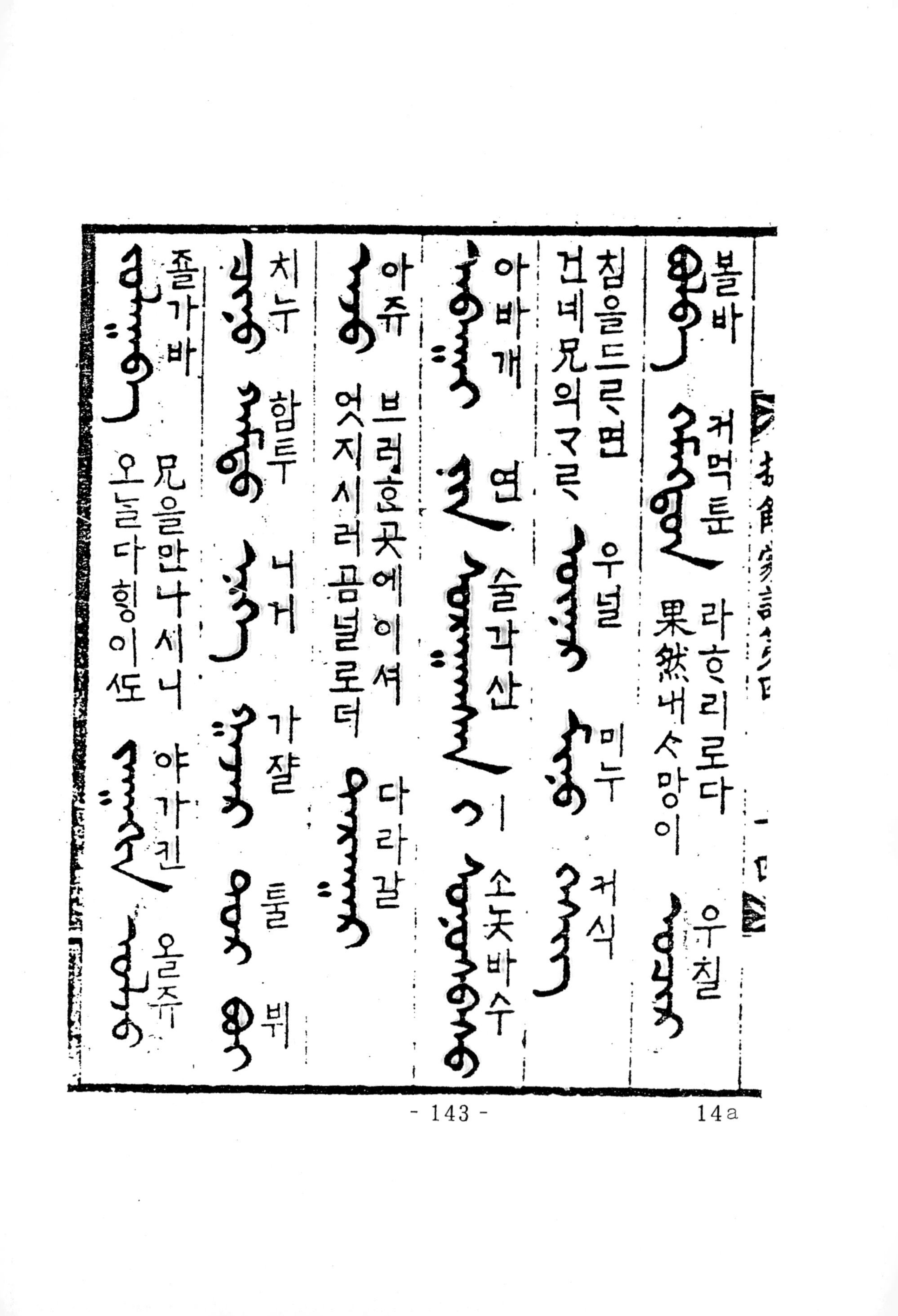

볼바 커먹툰 라ᄒᆞ리로다 우칠

果然내ᄉᆞ망이

침을드ᄅᆞ면 우닐 미누 커식

건네兄의ᄆᆞᄅᆞ

아바개 여 술가산 소돗바수

아쥬 브러ᄒᆞᆫ곳에이셔 다라갈

엇지시러곰닐로더

치누 함투 니거 가쟐 툴 뷔

졸가바 兄을만나시니 야가퀸 올쥬

오ᄂᆞᆯ다힝이또

둘 치룩더뮈 커머구 아누 토타산

온바수 우닥산 회 나 마구

뒤나아가고 마구 아랄 툴 뉘구쳔

면졈졉어진

샌 둘 답신 오두뮈 게조차가

어진류의

툴 졀거런 온바수 삼 삼 ㅣ엳

야기지 커머버수 고흐니 샌 아랄

연괴어진

捷解蒙語 苐四 十四

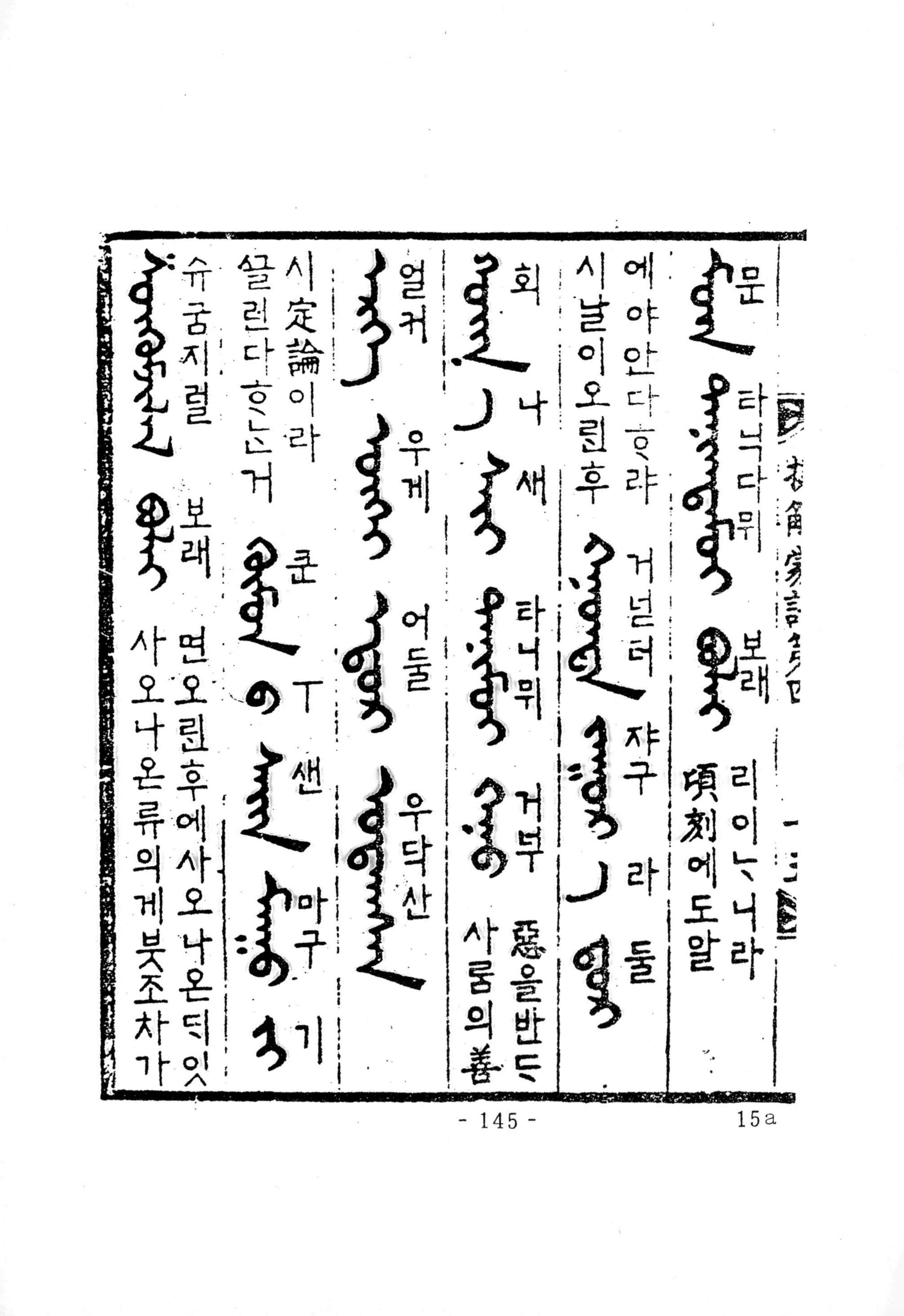

문 타ᄂᆞ다무 보래 리이ᄂᆞ니라
頃刻에도말

에야안다ᄒᆞ라 거넘더 쟈구 라 둘
시날이오련후

회 나 새 타나뮈 거부 惡을반ᄃᆞ
사ᄅᆞᆷ의善

얼커 우게 어둘 우닥산

시定論이라 쿤 ᅮ 샌 마구 기
ᄉᆞᆯ련다ᄒᆞᄂᆞᆫ거

슈굼지럴 보래 면오련후에사오나온ᄃᆡ잇
사오나온류의게붓조차가

아바개 둘 사특산 어쳐 이낙시

쿰친 걸 쳠 샌ㅜ 平安ᄒᆞᆫ냐
왼집이다

면 얼귐 버 며 샌ㅜ 이平安ᄒᆞᆫ냐
兄의貴ᄒᆞᆫ몸

커쳥귀런 쟈지바 편지ᄒᆞᆫ노라
아으내삼가 아바개

기 아사구쥬 問安ᄒᆞ며 더구 비
特别이兄의

툿해랍 아바개 면 아무구랑

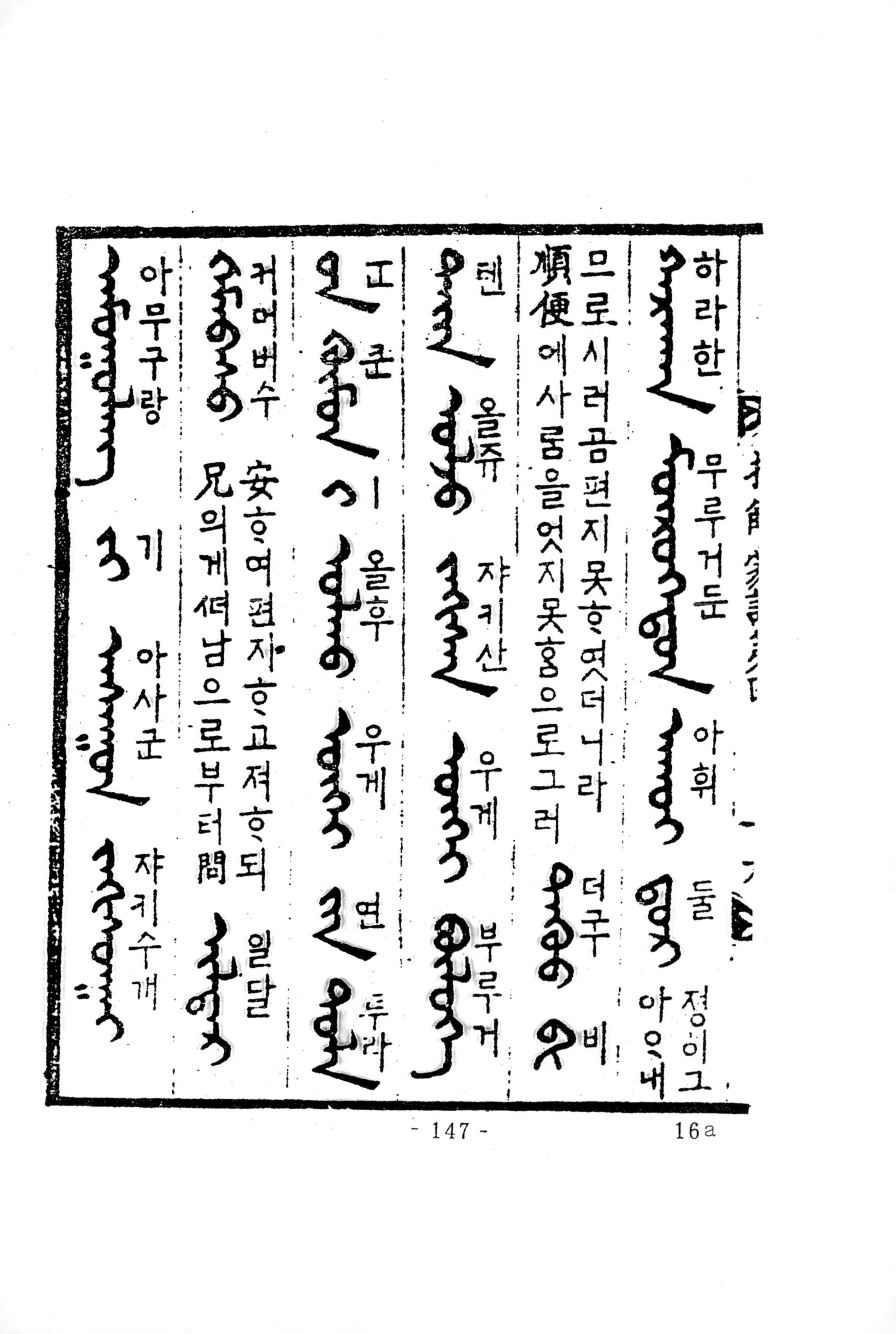

하라한 무루거둔 아휘 둘 정이그 아ᄋᆞ내

므로시러곰편지못ᄒᆞ엿더니라 더구 비

順便에사ᄅᆞᆷ을엇지못홈으로그러

텐 올쥬 자키산 우게 부루거

고 쿤 올후 우게 연 두라

거머버수 安ᄒᆞ여편자ᄒᆞ고져ᄒᆞ되 일달

兄의게셔남으로부터問

아무구랑 기 아사군 자키수개

버여 거두 호얄 가잘 툴

거머버츄 비다 아 하 더구 연

이청구럿기뮈 지못ᄒᆞ되붓그럽다 련

내果然깃부믈이긔

더ᄉ겯 우게 바얄란 부거더 러

쿨츄 이러버 편지오니 비 우널

忽然히兄의

실제 거브러건 아바개 연 쟈 캬

리고이

아무구랑 기 바사쿠 쟈치후 아쟈무

일달 툴 아바개 연 버 여

투라 으로 어군쳐 회시 아리바

이러ᄒᆞᆷ

가쟐 우게 리인곳이업ᄉᆞ니라 에무 연

ᄯᅳᆺ과ᄆᆞ음은아조갈

나사나 가 설킬 옥토 타샤락다산

시

타샤락단 아바츄 이비록두곳에갈리여이

그러ᄒᆞ나우리兄弟의몸

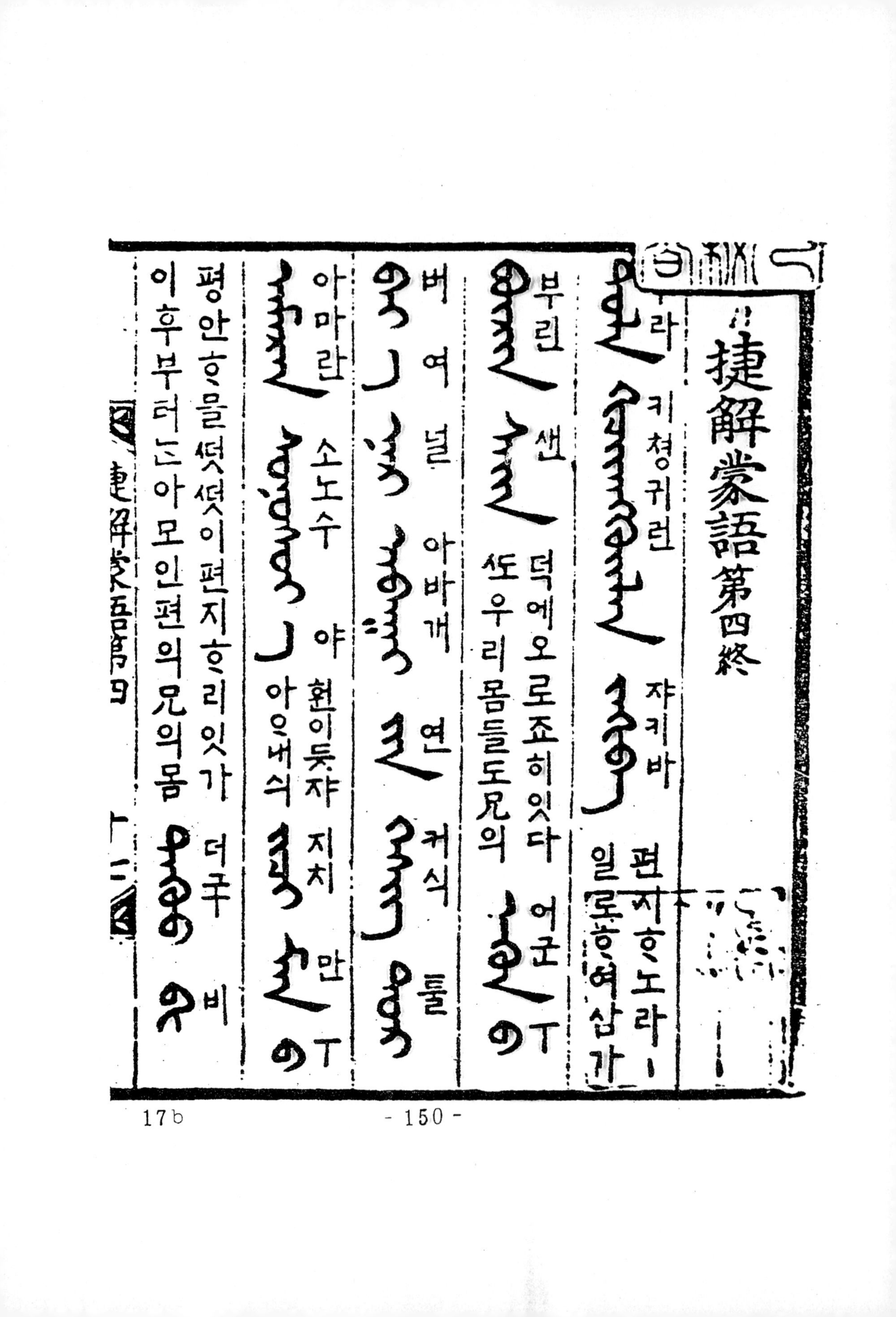

捷解蒙語第四終

라 키쳥귀런 쟈키바

편지ᄒᆞ노라 일로ᄒᆞ여삽가

부릳 섿 어군ㅜ

덕에오로죠히잇다 ᄯᅩ우리몸들도므의

버여 널 아바개 연 커식 툴

아마란 소노수 야 훤이듯쟈 지치 만ㅜ 아으내식

평안ᄒᆞᆫ믈ᄯᅥᆺᄯᅥᆺ이편지ᄒᆞ리잇가 더구 비

이후부터ᄂᆞᆫ아모인편의므의몸

蒙學三書重刊序

國家置漢清蒙倭四學各習其語以備南北應對之需而顧蒙語視他學尤難蓋蒙人遠處沙漠雖有蒙而人之入仕大國者與我

序

一

相據來易混甚言本强硬語
書吞吐如漢清人之苦澀
者解語曉爲方語之難學
有此是矣蓋有蒙語老乞
大捷解蒙語類解等書至
今用於科試往間與蒙人

1b

接語音異語殊彼此體然
此亦未必不由於冡書之不
得其真也本學堂上李公
億成曾爲訓長時慨然於
此每赴燕京輒就冡古館
與之論難字義讀習譯音

序　二

帰與有志者屢年講磨
老莊大及類解等書校正
訛謬更付剞劂新進之輩
是學者庶得其正而伊洛
數十年之間又不無古今之
差殊學者病之壯年爰使

之回購得蒙文鑑一帙而乾隆新頒之音而與清蒙語區析裒蒙語新舊音之合於時用者傍以清書註釋乃蒙語之大方也以其音釋較諸老乞大諸書太半不類

於是謀所以改舊刊新之道
而漢學官金君亨宇碩捐
財鋟梓稟白 都提擧遂
開校整之役老乞大及類解
二書則隨其字音之差異者
仍舊板而補刊之捷解一

書則蒐與字書語彙而改
之始役半載功告訖本學訓
長方君孝彥實主之又於諸
書釐正之暇裒集類解中
闕漏者一千六百餘言遂類
添載彙作一本名之曰類解

補且集語錄數百餘句附之
卷末從今以後家語三書開
卷瞭於康莊人人可以讀其
書而善其語於隨處反隅
而悟解於言外存乎其人
嗟我諸生孜孜努力毋替我

都相閣下勸課之盛意是
所望也
歲庚戌仲春下澣行副司
直李瀷序

校正官

行副司直方孝彥 兼監印

前 正朴尙秀

前僉正趙重鎭

前直長劉漢明 兼篆書入梓書寫官

書寫官

前奉事金致禎

前奉事金信璧 兼掌務官

前叅奉方孝騫

行叅奉卞光豪

監印官

前僉正金亨宇

捷解蒙語　用語索引

蒙學三書研究에서

捷 解 蒙 語

A

a 비침 1.1r
a-basu 잇거든 3.10r
a-γsan 잇든 3.6v
a-γsan bügesü 일러면 3.14v
a-γtun 잇고 3.9v
a-ǰu 이셔 1.12r, 2.9r
a-ǰu türükü 사ᄂᆞᆫ 3.6v
a-ǰu türütügei 사ᄅᆞ쇼셔 4.6r
a-qu 잇ᄂᆞᆫ 3.7v
a-qui-yi 잇ᄂᆞᆫ 줄을 3.7r
a-qui-dur 이실 제 4.16r
ab-ču 가져 3.10v
abači-mui 가고2.12r ┌여시리오 2.13r
abači-γsan ügei 가져가지 아니ᄒᆞ
abači-ǰu 가져가 2.11v ┌4.6r
abaγai 兄1.7r, 2.9r 兄아 2.16v, 4.2r,
abaγai-yin adali 형ᄀᆞ치 2.3r
abari 오ᄅᆞ라 2.16v
abu-γsan 엇지 3.8r
abu-n나게 2.6r ┌1.20r
abu-ra oduγulba 가질라 가니
abu-ra oduγulbasu ᄃᆞ리라 가니
3.16r
-ača 에셔 1.14v 에 3.5r
ača 가져오라 4.11r, 4.11v 가져오고
ači 恩惠 2.10v └4.11r, 4.11v
adabasi ᄀᆞ장 4.11r
adali ᄀᆞᄐᆞ니 1.8r ᄀᆞᄐᆞᆺ 3.15v 듯ᄒᆞ다
1.18v, 4.13v ᄀᆞᄐᆞ여 1.14r, 2.8r
adalidqa-basu 비ᄒᆞ면 1.7v 비ᄒᆞ미
adalidqa-n 비ᄒᆞ여 1.10v └2.4r
aγsun abuǰu 우어셔 2.12v
aγul-ǰu 담아 2.12r
aγul-qu 넛ᄂᆞᆫ 1.13r 담ᄂᆞᆫ 1.15r
aγulu 부어라 3.11r
aǰiγ ügei 얼런덧 2.7v
ai 울타 3.14v
ala 죽이라 2.17v 죽이고 2.17v
alage 죽일 놈 4.8r
alaγ mangnuγ 錦繡 1.15v
alčar 슈건 4.11v
aldara-ǰu 버서 4.10v
alγur aγaǰim-yiar 從容히 1.6r
alγurqan-yiar 천천이 1.5v, 3.10v
ali 뉘 3.1r 어닉 3.4v 아모것 3.10r
aliba 온갓 1.2r, 1.14r, 3.4r 아모 4.17r
alitani γaǰar-tur 어ᄃᆡ셔 4.13v
alta ed 金帛 1.13v
ama 입 1.15r, 2.4r
ama ǰayiluqu usu 양치믈 4.11r
aman 입 3.15v
amara-n 싀훤ᄒᆞ여 1.3r 싀훤이 4.17v

amaraγul-ba 싀훤케 ᄒᆞ도다 4.4r
amtatai bolon 맛이셔
  amtatai ügei 맛업서 3.13r
amu ᄡᆞᆯ 2.12r
amuγulang 평안ᄒᆞᆷ 4.17r ⌈2.5v
  amuγulang ügei 平安치 아니ᄒᆞ고
  amuγulang-yi asuγuǰu 問安ᄒᆞ여 4.15v ⌈4.15v
  amuγulang-yi asaγun 問安ᄒᆞ여
anu 거슨 1.4r 거시 3.8v, 4.3r 거시라
  ⌊1.17r 거시러니 3.8v
aqa 兄 3.1v
aqa degüü 兄弟 4.4r, 4.16v
arad 뵉 4.14v
araqan 겨요 2.7r, 4.1v
arayiqan 거의 2.7r
arban qoyar toloγai 反切 1.1r
  arban yisun 열 아홉 3.2r
ariγun 조코 1.8r
ariki 쇼쥬 2.19r
arilǰi-yin tulada 개모로 4.2v
arsar 베ᄉᆞ 3.15r
asaγu-γsan 무른 3.8r ⌈4.8v
  asaγu-γsan ügei 뭇지 못ᄒᆞ엿노라
  asaγu-ǰu 무러셔 1.2r, 1.3v
  asaγu-n üǰe 무러보라 2.19v
  asaγu-qu öčikü 問答ᄒᆞᄂᆞᆫ 2.1v
  asaγu-ya 뭇고 1.2v
asuru ᄀᆞ장 2.6v
ayalγu 어훈 4.9r
ayu-mui aǰi 두려ᄒᆞ리오 3.6v
  ayu-qu uu 두려ᄒᆞᄂᆞ냐 3.6r～3.6v
  ayu-qu ügei bolbasu 두려 아니 ᄒᆞ면 3.6v

B

baγsi 스승 2.1r, 3.4v, 3.6v ⌈셔 4.4r
baǰaγa-ǰu 쟝만ᄒᆞ고 2.17v 쟝만ᄒᆞ여
balamad bolqula 굴면 3.11r
balγa-ǰuqui 삼고 1.12r
baqan 져이 2.5r, 3.10r, 4.11r
baqana ᄯᆞ롬이오 2.3r, 3.7r ᄯᆞ롬이라
  2.13v, 3.14r, 4.13r
-bar 를 1.15v
bara-ba ᄆᆞᆺ고 4.2r
  bara-qu ügei 어긔지 못ᄒᆞ여라 4.3r
bari-γsan-dur 잡으며 2.18v
  bari-ǰu 다가 1.8r, 2.4r 잡고 4.10v
barus bürüs 荏苒 1.18r
basa 또 1.3r, 3.17r, 4.10r ⌈려 3.2v
basaku 싯싯이 1.3r, 2.1r, 4.17r 오히
batulan ülü čidamui bolai 能히
  保두지 못ᄒᆞ리로다 2.10v
bayarla-ǰu 깃거 1.3r
  bayarla-n 깃붐 4.16v
bayi-ba ᄀᆞᆺᄂᆞ리라 3.5r
  bayi-γa 그치라 3.14r ⌈3.1v, 4.7v
  bayi-nao 이시랴 2.15r, 2.18v 잇ᄂᆞ냐
  bayi-qu ügei kemekü 그치지 아
bayitala ᄒᆞᄂᆞᆫ디 2.5r ⌊넌ᄂᆞᆫ 3.12r

bayidal 형상 1.2r
belen 시방 3.10r
belke 徵兆 1.11v
-ber 로 4.5v　　「v, 4.3v
beye 몸 1.13v, 2.3r, 2.16v 몸소 1.18
　beye-ben 몸을 1.3v, 1.16v
beyen 몸 1.6v
beyen-ü 스스로 3.10v
beyiǰe 그러ᄒᆞᆫ가 3.13r
bi 내 1.7r, 3.4v, 4.8r
bičí-müi 쓰고 1.1r
　biči-besü 쓰면 1.17v
　biči-gsen 쓴 1.16v
　biči-ǰü 써셔 1.1v, 1.20v
　biči-ken 어렷다 3.2v 져은 3.6r
　biči-kü 쓰는 3.8r
　biči-kü γaǰar-i mün 쓰기도 3.9v
　biči-küi 쓰기 1.17r
　biči-küi-dür 쓸 제 1.1r
　biči-qan 져은 1.19v, 4.1v
bičig 글 1.1v, 1.8v, 3.4r
　bičig daγudamui 글 닑으며 3.4v
　bičig üǰüg 글ㅈ 1.2r
　bičig-ün yamun-u ǰigür-ün
　bičig-ün daruγa 翰林學士 3.5r
bida 우리 4.4r
bidaγu 둔ᄒᆞ여 2.4r
bidan 우리 2.9r
bidatan 우리 2.3r, 3.13r, 4.10r
bindu 동고림 1.1r
bir 붓 1.17r, 1.17v
bisi bolba 아니로라 2.2r
bitekei 말라 2.15r 어긋나게 3.10r
　bitekei aγasilana 즛ᄒᆞ지 말라 1.3v
　bitekei bayarlaqu깃거 말고 2.9v
　bitekei bodoqu 혜아리지 말고 1.6r
　bitekei duradqu 提起치 말라 3.6r
　bitekei γasaluqu 원치 말라 2.9v
　bitekei itegekü 밋지 말라 4.8r
　bitekei keleldčekü 말ᄒᆞ지 말라 3.10v～3.11r
　bitekei mürgükü 절ᄒᆞ지 말라 4.5v
　bitekei odqu 가지 말라 3.9v
　bitekei ögülekü 니ᄅᆞ지 말라 2.17r
　bitekei seǰiglekü 疑心 말라 4.13r
　bitekei šaγardaqu 권치 말라 3.11v
　bitekei udaγa 머디게 말라 2.17v
　bitekei yaγaγaqu 밧비 말라 1.6r
bodas 것 1.1v
bodo-basu 혜아리니 3.16v
boγda 聖人 1.10r　　「3.15r
bolai ᄒᆞ니라 1.10v 이니 2.20r 이라
bol-ba 이라 3.2r, 4.14r
　bol-basu 이면 2.14r, 3.4v, 3.15r
　bol-ǰu 되여 1.10r, 1.14v, 2.7v 만흐
　bol-ǰuqui 되엿다 3.2r　　L매 2.8v
　bol-qu ügei bolai 가치 아니ᄒᆞ다 2.14v　　「2.15r

bol-qu baqana 가ᄒᆞᆯ ᄯᆞᄅᆞᆷ이라
bol-qu uu 可ᄒᆞ랴 1.13r, 2.4r, 2.5r
bol-qui 되지 1.19r
bol-qula 되면 2.14v
bol-suγai 되고져 1.4r
bol-tuyai ᄒᆞ쟈 2.14r ᄒᆞ고 3.13v
bolbasura-mui 닉ᄂᆞ니라 1.5r
bolbasura-γsan qoyina 닉거든
bolbasuraγul 닉여 1.1r ⌊2.18r
bolbasuraγul-ǰu 닉이고 3.9r
bolbasuraγulu-γsan 닉인 1.1v
bolγa 삼고 1.6v
bolγa-qu 삼ᄂᆞᆫ 1.12r
bolγa-qu ba 민ᄃᆞᆯ며 1.15v
bolγoγal-tai 무셥거니와 1.13v ⌈3.9r
bolǰo-ǰu bolqu ügei 定치 못ᄒᆞ니
bolo-mui 되고 1.11v 되리라 1.17v
bolo-γad 고 1.6v ⌊무던ᄒᆞ다 3.8v
bolo-γsan 된 1.18v ᄒᆞᄂᆞᆫ 3.2r
boroγalan 비 4.2r
bučalγa-ǰu 달혀셔 2.6r

buda 밥 1.12v
bui 이시니 1.1v, 3.4v 이시리 1.19r 잇ᄂᆞ니 2.17v, 3.4v 잇다 3.1v 잇고 3.4r 잇ᄂᆞ뇨 3.7v 이시리오 3.16r
bui abaču-bar 이셔도 1.13v~1.14r
bui abasu 이시면 1.14r, 2.4v 잇거
bui aǰu 이셔 4.14r ⌊든 2.18r
bui bülüge 잇더니 3.5r ⌈~3.17v
buruγu bolǰuqui 그ᄅᆞ도다 3.17r
busu 아니라 1.17r, 4.9r
busud 다ᄅᆞᆫ 3.9v, 3.11v, 3.17r
busud γaǰar 다ᄅᆞᆫ ᄃᆡ 2.19v, 4.11v
busutasi 다ᄅᆞᆫ ᄃᆡ 3.16v
büdügülig 草率ᄒᆞ다 1.17r
büdügün üge 좀말 2.1v, 2.2v
büliyesei 마라 4.12v
bürin 오로 2.6r, 2.8v, 4.17v
büse ᄢᅴ 4.11v
büscle-ǰü ᄢᅴ고 4.11v
bütüge-kü be 일오며 2.10r

Č

čaγ 세 1.16v, 1.18r
čaγ ularil 光陰 2.7v 時運 2.7r
čaγaḷa-qu ölǰei-dü učar 歲時 2.8r
čaγan sara 正月 2.7v, 3.2v
čai 차 4.12r
čayi-dala 세도록 4.6r
čegeǰile-müi 외오고 1.1r

či 네 1.4v, 1.19r, 3.16r
čib čike 맛치 4.3v
čida-qu 能히 ᄒᆞᄂᆞᆫ 3.4r
čida-qu činegeber 일오도록 2.9v
čigi 오히려 1.13v, 2.4v, 3.14r
čigig 濕氣 1.8r
čikin 귀 2.17r, 3.15v

čilüge 듬 4.2r
čima-dur 네게 2.19v, 3.8r
　čima-yi 너를 1.18r, 1.19v, 3.16r
čina-γsan 슬믄 3.10r
　čina-ǰu 슬마 2.18r
činggiǰi 조인히 3.12v
čingγa uu 嚴ᄒᆞ냐 3.5v
činü-müi bolai 앏프더라 2.8v~2.9r
čirai-yi ᄂᆞᆺ치 4.13v
čirügde-müi 잇글린다 4.14v
　čirügde-kü-yin tulada 잇글리모
čöm 다 1.2r, 2.11r, 3.8r　⌊로4.1v

D

dab dub　⌈2.6v
　dab dub ügei 석훤치 아니ᄒᆞ여
dabsi-n odumui 나아가고 4.14v
daγa-basu 조차도 2.9v
　daγa-n 조차 1.17v, 3.14r
　daγa-qu ügei bolbasu 좃지 아
　　니ᄒᆞ여도 2.9~2.10r
daγaγa-γsan boloγad 밧고 1.12v
daγaγa-n čidamui 당ᄒᆞ긔 4.3r
daγari-mui 들러마 4.12v
　daγari-n oroǰu 들여셔 4.12r
daγuda-ba 넒엇노라 3.4r
　daγuda-baču-bar 넒어도 4.9r
　daγuda-basu 브로되 4.9v
　daγuda-basu ǰokimui 넒엄즉ᄒᆞ
　　니라 2.4r
　daγuda-γtun 넒으려므나 4.8v
　daγuda-ǰu 넒어 4.6r
　daγuda-mui 브른다 4.9v　⌈3.9v
　daγuda-qu 넒는 3.7r, 4.9r 넒기
daγun 소릐 3.6r, 4.8v
　daγun ayalγu 어훈 1.6v
daγus 다ᄒᆞ라 2.19r
daγusqan 다 3.11r　⌈~3.11v
　daγusqan uγu 다 먹으라 3.11r
daraγar 건네 2.15r, 4.14r
darasu 술 2.18r, 3.11r, 3.13r　⌈3.13r
　darasu dariγulqui 술 권ᄒᆞ기
　darasu uγuǰu 술 먹고 4.10r
dariγul-baču-bar 권ᄒᆞ여도 3.12v
daru-ǰu 눌러 1.3r
darui 곳 1.3r, 2.5r, 3.4v 즉제 1.4v
debsin odqui-yi 도라가는 1.14v
degegsi 우흐로 2.11r 놉히 2.16v
degel 옷 1.13r
-degen 에 1.2v, 1.13v
degǰi-kü 興ᄒᆞ는 1.11v
degüü 아ᄋᆞ 4.15v, 4.16r, 4.17v
　degüü-ner 弟들 3.1v
demei 망녕되이 1.6r, 3.10v 그저 1.6r
demeyile 부졀업시 3.17r, 그저 1.6r,
deng 燈盞 4.10v　⌊4.13v
dob doγai 줌줌코 3.10v
dobtol-qu gürügesü 길즘싱 1.11v

dobtolo-γsaγar ire 쥐여 오고 3.9v
dolgin 광망히 3.11r
dorom-ǰi 누즌 2.17r
dotaγu 져고 2.4r 「홈으로 3.8r
dotaγu bolqui-yin tulada 부족
dotoγadu 內 1.2r 속에 1.14r
dotor 안 1.15v
dotora 內에 2.6v, 3.9r 속 2.6v
dotora-ban 속으로 1.3r
duγul-qu ügei 아지 못ᄒᆞ리라 4.9r
-dur 만 1.11r 에 1.11v, 2.16v, 3.5r
의셔 1.13v, 3.4v 의게 2.9v, 3.6v
durad-qu ügei bolbasu 提起치 아니ᄒᆞ면 2.10v
duradu-γsan-dur 提起ᄒᆞ매 2.11r
dusul 덤 1.1r
dügürü-ǰi ᄀᆞ득ᄒᆞ니 2.16v 「에 3.15v
-dür 의게 1.2v, 1.3v, 3.6r 게 3.6v
dürim 모양 1.17v

E

ebčigü 胷 1.15r 「1.15r
ebčigü-yin dotoγadu 胷中이라
ebedčin 병 3.15v
ebesü modo 草木 1.11r
ebesün 풀 1.11v
ečige 父 3.1v
ečige eke 父母 3.1v
ečüstele 나죵내 1.9r
edege-be 나앗다 2.7r
eden 이들 2.19v
edüge 이제 2.8v 시방 3.4v
edür 날 1.5r, 3.17r
edür büri 날마다 1.4r, 2.1r, 2.14v
eg e 어져 3.6v
egün 이 1.14v
egün-eče uruγsi 이 앏부터ᄂᆞᆫ 1.6r
egün-ü tula 일로 ᄒᆞ여
egünče γadana 이 밧긔 3.7r
egünče qoyisi 이 후부터ᄂᆞᆫ 1.17v, 2.15r, 4.17r
egüske-bei 시작ᄒᆞ니 4.2r
eke 母 3.1v
eldeb 온갓 1.1v, 1.9v
elegle-müi 비웃ᄂᆞᆫ 3.15r
elegle-kü 비웃ᄂᆞᆫ 4.9r
elegle-küǰin 비우슬까 4.9v
elegle-neü 비웃ᄂᆞ냐 4.9r
eleglede-güǰin 우일세라 3.11r
elegülü-gsen bülüge 달핫ᄂᆞ니라
elgü-kü 거ᄂᆞᆫ 1.13r ㄴ2.11r~2.11v
em 약 3.15v
emgegle-gsen 病廢ᄒᆞᆫ 3.5r
emüs-čü 신고 4.11v
emüs-kemüi 닙히고 2.11v
emüs-kü anu 닙을 거시 2.11v

ende 여긔 2.16v, 2.17v 여긔셔 3.13v
endegde-kü 허믈될 1.9v
endegdel 허믈 3.15r
endür bolbasu 오날이면 2.14r
ene 이 1.3r, 3.3v, 3.17r
ene čaγ-tur sayi 잇제예야 4.9v
ene ǰerge 이런 2.2v
ene ǰil 올 2.7r
ene metü 이곳치 2.8v 이러트시 3.12v, 3.14v 이런 4.7v ⌈4.1r
ene učar 요스이 1.18r, 2.6r~2.6v,
enedür 오날 2.6r, 4.2v, 4.13v
eng-yin üge 녜스말 2.1v
erdem 저조 1.6v, 1.13r, 1.15r
erdeni 보빗 1.12r, 1.13v
ere keüken 아히 1.19v~1.20r
ere-kü bülüge 브라더니 2.8r
ere-n üǰeged 브라보고 1.20r
eregelǰe-kü 브라논 2.8v
ergičegül-ün 구을려 1.8v
eri-besü 춫거든 4.12r
eri-ǰü 추자 2.15v
eri-küi-dür 빌제 2.12v
eri-n 구ᄒᆞ여 1.8v
eri-re irebe 와시니 2.9r
eri-re odumui 추즈라 가며 4.7v
erke ügei 반드시 1.14r, 1.19r, 4.13r
erkim 貴ᄒᆞᆫ 1.18v, 2.17r, 4.15v 貴히 ⌊4.6r
erkim gerte 貴家에 1.19v
erten 녜 1.10v
ertenni ügen 常談 2.4v ⌈2.10r
ese bütüge küi-yi 일오지 못ᄒᆞᆫ믈
ese tüsügelekü 아지 못ᄒᆞᄂᆞᆫ 3.5v
ese tüsügelekü tula 아지 못ᄒᆞᆯ싸 ᄒᆞ여 1.4v
ese üǰegdekü 뵈지 아닛ᄂᆞᆫ 1.10r
esebesü 그런들 4.5v 或 3.9r
esedüγsen 이럴 리 이시랴 4.31r
esergüčel 디적ᄒᆞ리 3.5v
esergüčeldün 마조 4.4v
eyimü 이리 2.16r, 3.11r, 4.4v
eyimü aγsan aǰi 이러ᄒᆞ닷다 3.8r
eyimü bolai 이러ᄒᆞ더라 2.6v
eyimü-yin tula 이러홈으로4.17r
eyin 이리 1.2r ⌈ᄒᆞ면 1.3v
eyin bolon čidabasu ᄂᆞᆼ히 이리
eyin bügetele 이러ᄒᆞᆫ딕 2.4r
eyin kü 이리 1.7r

G

ge-ǰü ᄒᆞ고 4.12r
ge-neü ᄒᆞ랴 4.15r
geb 채 4.10v
geb gegerebe 채 붉앗다 4.10v
gegegde-gsen 일흔 것 1.3r
gemsi-n 뉘우처 1.16v
genedte 믄득 1.2v, 4.1v
genedte ǰaγuγa 頃刻 4.15r

genedteken 忽然히 4.16v
ger 집 2.11r, 3.2v
ger-te 집의 2.17r, 3.9v 3.16v 집의
ger-tür 집의 1.18v ⌊서 3.10v
ger-ün eǰen 主人 2.20r
ger-ün kümün 집 사람 3.16r
gü leü 鼓樓 3.2v
güičen 밋처 1.16r
güilgekü 草雷 1.1v

γ

γadaγa 밧긔 2.15v, 4.9v
γaγča 다만 1.6r, 2.13r, 4.5r
γaγča kü 다만 2.15r
γaγčaγar ᄒᆞᆫ자 4.3r
γaǰar 곳 1.6v, 3.4r, 4.16v
γalaγu 기유 2.17v
γaru-mui 나ᄂᆞ니 1.14r
γaru-γsan-dur 나면 2.12r
γarudi 鳳凰 1.11v
γasalu-na 원ᄒᆞ리 1.16v ⌈1.16v
γasalu-qu baqana 원ᄒᆞᆯ ᄯᆞ름이라
γasiγun abaču 괴로오나 3.15v
γonǰi 공연이 4.13r
γoyilγalan 謂ᄒᆞ라 2.9r ⌈2.12r
γoyirinčila-n erimüi 비로리ᄒᆞ니
γurban 三 1.1v, 2.19v, 3.4r
γutul 훠 4.11v
γuyan 다리 2.13r

I

-i 을 1.2v, 2.11v, 3.17r ⌈4.16v
ičenggüreski-müi 붓그럽다 4.16r,
ide-müi 먹으리라 3.12v
ide-bečü 먹으나 2.6v ⌈3.10v
ide-sügei geneü 먹이려 ᄒᆞᄂᆞ다
ide-gsen 먹은 2.5v
ide-gsen ügei 먹지 아니ᄒᆞ며 2.13r
ide-kü 먹으며 3.13v
ide-kü ügei 먹지 아니ᄒᆞ리오 3.12v
ide-kü ügei bolbasu 먹지 아니ᄒᆞ면 3.12v ⌈2.13v
idegülü-gsen ügei 먹이지 못ᄒᆞ다
idegülü-müi bui ǰe 먹이려므나
idesi 먹을 것시 2.12r ⌊3.10v
iǰaγur 본ᄃᆡ 2.19r, 3.5r
iǰilidü-gsen 친ᄒᆞᆫ 2.10r
ilda 인편 4.17r
ildar 順便 4.16r
ileg-küi 보냄 1.20r
ilege-gsen 보내ᄂᆞᆫ 1.18r
ilege-kü 보낼 4.4r ⌈1.20v
ilege-kü aǰiyamu 보내리잇가
ilegen čidaǰu ᄂᆞᆼ히 입시ᄒᆞ여 1.9v
ilekeyile-kü 나타내ᄂᆞᆫ 1.15v
inggiǰi 이리 2.15r, 3.14v, 4.10r
inu 거슬 1.14v

inu kü 곳 1.10v, 1.16r, 2.3v
ire 오라 4.12r, 4.13r ⌈4.10v
ire-be 왓ᄂᆞ냐 2.15v 왓노라 4.6v,
ire-bei 왓노라 4.2v
ire-besü 오니 2.17r ⌈ᄒᆞ거ᄂᆞᆯ 2.14r
ire-besü ǰokiqu anu bolai 왐즉
ire-beü 왓ᄂᆞ냐 2.16r 왓고나 4.6v
ire-gsen 온 4.3v ⌊온다 4.6v
ire-ǰü 와셔 2.1r, 2.12r, 3.10v ⌈2.16v
ire-ǰüküi 왓노라 2.16v 왓다 2.15v,
ire-kü ügei 오지 아니ᄒᆞᆫ다 2.13v
오지 아니ᄒᆞ니 3.16v 오지 아니ᄒᆞ
리 4.8r ⌈면 4.13r
ire-kü ügei bolbasu 오지 아니ᄒᆞ
ire-küǰin kemen 올까 ᄒᆞ여 3.17r
ire-müi 오ᄂᆞ니라 2.1r 오마 2.13v,
ire-müi bui ǰe 오리라 3.16v ⌊4.13r
ire-neü 오ᄂᆞ냐 2.1r
ire-sügei 오고져 4.1v, 4.2r
iskülge-n 초셔 2.11r
itege-müi 밋ᄂᆞ니 6.2r
itege-kü 밋을 2.15r

J̌

ǰabdu-γsan ügei 겨를치 못ᄒᆞ다 2.14r ⌈1.19v
ǰabdu-qu ügei 겨를치 못ᄒᆞ여
ǰabsiyan-yiar 다ᄒᆡᆼ이 4.13v
ǰaγun ᄇᆡᆨ 1.5r, 3.7v
ǰaγusi 차반 3.10r, 3.13r
ǰaki-ba 편지ᄒᆞ노라 4.15v, 4.17v
ǰaki-qu aǰiyamu 편지ᄒᆞ리잇가 4.17r ⌈더니라 4.17r
ǰaki-san ügei bülüge 편지 못ᄒᆞ엿
ǰaki-suγai 편지ᄒᆞ고져 4.16r
ǰaki-ya 편지 4.16v
ǰakir-qu 檢擧ᄒᆞᄂᆞᆫ 3.5v
ǰala-n 請ᄒᆞ여 3.16r
ǰalaγu 졈은 1.16r, 졈어실 2.8r ⌈1.12r
ǰalγamǰila-γsan balγasun 連城
ǰalqaγura-n 게을리ᄒᆞ여 1.11r, 1.12v
ǰam 길 1.15r, 4.2v, 4.7r
ǰang 天性 1.7v 性 1.12v
ǰarla-qui 頒布ᄒᆞᆯ 3.9v
ǰaru-ǰu 부려셔 3.16r
ǰasan 다시 3.9r
ǰergele-n odbasu ᄌᆞ차가면 4.14v
ǰibe 동녹 1.8r, 1.9r, 1.10r
ǰibere-besü 동녹쓰면 1.18v
ǰibere-müi 동녹쓰ᄂᆞ니 1.8r
ǰiči 또 1.15r, 4.17v 다시 2.15r, 4.12v
ǰigür-ün bičig-ün daruγa 學士 3.5r ⌈2.5r
ǰikegüče-kü-yin tulada 초기로
ǰil ᄒᆡ 1.2r, 3.4r
· ǰil toγrin 왼 ᄒᆡ를 2.2v
ǰil-tai 生고 3.2r
ǰirγuγan 여ᄉᆞᆺ 3.2r
ǰoba-mui 근심ᄒᆞ리오 1.4r, 1.4v
ǰoba-qu bolai 슈고ᄒᆞ엿다 4.6v

ᠺ

kelelčc-ged 말ᄒᆞ고 1.6r
kelelčc-kü 니ᄅᆞᆯ 1.4v, 니ᄅᆞᄂᆞᆫ 2.1v, 니ᄅᆞᆫ 3.14r ┌2.9v
kelelčc-kü aǰiyamu 니ᄅᆞ리잇가
kelelčc-kü ügei bülüge 니ᄅᆞ지 아니ᄒᆞ여실러니라 3.14v ┌2.4v
kelelčc-küle 말ᄒᆞ게 되면 1.6r,
kelelče-müi 말ᄒᆞ리오 1.4v
kelelče-n üǰeye 말ᄒᆞ여 보쟈 2.9v
kelelče-n ülü čidabasu 能히 말 못ᄒᆞ면 1.15r
kelelče-n ülü čidamui bolai 능히 말ᄒᆞ지 못ᄒᆞ니라 1.5r
kelelče-n ülü čidaqu 능히 니ᄅᆞ지 못ᄒᆞᄂᆞᆫ 1.5v
kelelčegül-kü 니ᄅᆞᆯ 1.19r
keltürigül-ǰü 샤ᄒᆞ여 2.19v
kem 셰 2.8r
keme-müi 시븐지라 2.5v ᄒᆞ고 2.14v ᄒᆞ더라 2.16r ᄒᆞ노라 4.9v
keme-bečü mün 라도 2.3v
keme bei ᄒᆞ매 3.16r
keme-besü ᄒᆞ되 3.17r, 4.16r, ᄒᆞᆫ즉 4.2r ᄒᆞ니 4.14v
keme-gči 이란 1.1v, ᄒᆞᄂᆞᆫ 거슨 1.13r, 1.15r ᄂᆞᆫ 3.11v, 3.14v
keme-gseger ᄒᆞ여 2.14v
keme-gsen bolai ᄒᆞ엿더니 1.19r
keme-gtün ᄒᆞ리로다 2.8r, 4.14r
keme-ǰüküi ᄒᆞ여시니 1.11r, 1.13r ᄒᆞ엿ᄂᆞ니라 2.5r ᄒᆞ엿ᄂᆞ니 3.15v
keme-kü 이란 2.8v, ᄒᆞᆫ 3.13v ᄒᆞᄂᆞᆫ 4.14v ┌2.13v
keme-kü baqana ᄒᆞᆯ ᄯᆞᄅᆞᆷ이라
keme-kü-eče bayituγai ᄒᆞᆯ ᄲᅮᆫ이 아니라 2.3v
keme-kü-yin tulada ᄒᆞᆷ으로 4.4v
keme-n ᄒᆞ고 2.13v ᄒᆞ여 4.10v
keme-n čidamui 일오되 1.5v
kemǰiyen 졔 1.16r ┌1.16v
ken 뉜다 3.1r, 누고 4.9v 뉘 4.10r 눌
ken ali-dur 뉘게 3.17v
kenegerke-müi 편치 못ᄒᆞ여 2.5r
kerbe 만일 2.3r, 2.21r 아모 4.11v
kerber 萬一 1.5v, 2.4v, 3.4v
kereg 일 2.10r, 2.9r,4.2r 구실 3.1v
kereg ügei ᄡᅳᆯᄃᆡ 업ᄉᆞᆫ 2.17r
keregle-müi ᄡᅳ리오 1.12v, 2.11v
keregle-kü ᄡᅳᆯ 2.11v
keregle-küi ᄡᅳᆯ 줄 3.9r
kerkibesü-ber 결단코 1.3v, 2.19v
kesig 덕 2.7v ᄉᆞ망 4.17v, 4.14r
ketürkei bolbasu ᄲᅡ혀나면 1.14v
keüked 아ᄒᆡ들 3.6r
keüked ači 子孫 4.6r
kičege-n 힘ᄡᅥ 1.4r, 1.10v, 1.13r
kičiyenggüi ügei-eče 삼가지 아니키에 1.17r ┌1.18r 삼가지 1.17r
kičiyenggüile-n 삼가 1.6v, 1.17v,
kiǰig aγur 륜감 2.7r, 2.7v
kiling 麒麟 1.11v
kina-n 숣혀 4.8v

kübčin 왼 2.16r, 2.16v, 4.15v
kübčin beyen 왼 몸 2.5v
kübki-ǰu 헤근ᄒᆞ여 2.7r
küčün 힘 2.5v
kügsiregül-ün 늙게 2.8r
küiten 치우니 2.16v
küiten ügei 칩지 아니ᄒᆞ다 2.16v
kükigül-kü 勸奬ᄒᆞᄂᆞᆫ 1.11r
küliye-be 기ᄃᆞ렷다 3.17r
küliye-besü 기ᄃᆞ리되 3.16v
küliye-ǰüküi 기ᄃᆞ리니 1.20r, 4.12v
küliye-müi 기ᄃᆞ리마 4.12v 「2.18r
küliye-müi bolai 기ᄃᆞ리리라
külüsü 쫌 2.6r, 2.16v
külüsü abun 쫌 나게 2.6r
kümün 사롬 1.2v, 1.3v, 1.5v
kümün-ü tulada 사롬임으로 1.19r
kündüle-kü 더졉ᄒᆞᄂᆞᆫ 3.11r
kündüle-sei 더졉ᄒᆞ려므나 3.11v
künggemsügle-n 謙讓ᄒᆞ고 3.12v
kür-čü 밋처 2.16v 「오니 4.16v
kür-čü irebe 니르럿ᄂᆞᆫ지라 2.7v
kür-čü odbasu 다ᄃᆞ르면 1.14r
kür-čü odumui 다ᄃᆞᆺᄂᆞ니 1.14v
kür-kü ügei ᄀᆞᆺ지 못ᄒᆞ다 1.11r
kür-kü ügei bolbasu 니르지 아니ᄒᆞ면 3.11v 「2.18r
kürge-ǰü ire 보내라 2.18r 보내고
kürge-ǰü iregülkü 보내지 1.19v
kürge-ǰü iregülkü bayituγai 보내게 ᄒᆞᆷ으론 1.19v
kürügülü-ye 밋게 ᄒᆞ쟈 3.8v
kürüngge 家産 3.6v
küse-n 願ᄒᆞ여 2.8r
küsel γuyači 私欲 1.7v, 1.8v
küsigün 포만ᄒᆞ여 2.6v

L

lab 짐쟉컨대 1.19v, 3.7v, 3.13r 應當 3.16v
labla-ya 다시 뭇고져 1.2v
lan cbesü 蘭草 1.15r
laoya 老爺 2.9v
ling di 靈芝 1.11v
luu 辰 3.2r
luu-yin ǰiltai 辰生이라 3.2r

M

maγu 죠치 아니ᄒᆞ니 4.9r 사오나온 4.14v 「니ᄒᆞ여도 1.17v
maγu kemebečü mün 죠치 아
maγu-yi 사오나오믈 3.13v 「1.17r
maγu-yin tula 죠치 아니ᄒᆞ기로
malaγa 冠 4.11v
man 우리 2.1v, 4.17v
man-dur 우리게 3.10v
marγata 來日 2.14v, 3.8v, 4.12r
marγu-mui kemekü 거스릴 4.4v

masi 극진히 1.1v 극히 1.8r, 1.17r, 2.18v 극ᄒᆞᆫ 4.5v ᄀᆞ장 4.3v
medc-bc 아노라 3.10r
mede-gči 아ᄂᆞᆫ 거시라 4.2r
mede-gči bolai 아ᄂᆞᆫ 거시라 2.12v
mede-gsen 아ᄂᆞᆫ 3.14v
mede-gsen qoyina 알면 3.15r
mede-kü 아ᄂᆞᆫ 1.3r
mede-kü baqana 알 ᄯᆞ름이오2.3r
mede-kü kin 아노라 ᄒᆞ여 1.3v
mede-kü ügei 모로노라 3.7r ⌈2.3r
mede-kü ügei bolai 모ᄅᆞᄂᆞᆫ ᄯᅩ다
mede-kü ügei-yin tula 몰라심으로 4.8r~4.8v, 4.8v
mede-müi 알리 4.7v
medege 긔별 2.15v
mekele-neü 속이ᄂᆞ냐 2.14v
mergen degüü 賢弟 1.18v, 1.20r
metü ᄃᆞ시 1.3r, 3.9v ᄀᆞᆺ치 1.13v
minu 내 1.17r, 2.6v, 3.1v
minu ǰaqadur 내게 2.12r
miqa ᄉᆞᆯ 2.13r
moǰii-mui bügetele 답답ᄒᆞ고 2.6v
moqo-γsan 窮迫ᄒᆞᆫ 2.12r
morda-ǰu irebe ᄯᅥ나 왓노라 4.7r
morila-ǰu 몰ᄐᆞ고 4.6v
möče-beü 試才ᄒᆞ엿ᄂᆞ냐 3.7v ⌈3.7v
möče-gsen bülüge 試才ᄒᆞ엿더니
močegül-kü be 試才ᄒᆞ여 3.9r
möčid boloγad ,엿고 2.4r
mönü 앗가 3.8r
mülkü-küi 긔기 2.4v
mün 도 1.6v, 3.4r, 3.4v ᄯᅩᄒᆞᆫ 1.9r 올코 2.2v 논 2.20r 이라 3.2v
mün kü 도 3.12r
münggü 銀 2.11v
mürgü-müi 절ᄒᆞ리오 4.5v
mürgü-kü 절ᄒᆞᄂᆞᆫ 4.5v
mürügedü-gsen 그리든 4.3v
mürügedü-n 그리고 4.16r
mürüled-čü ᄢᅦ여 2.12r

N

nadur 내게 1.19r, 2.9r
naiman 八 1.12r
nama-yi 나를 2.12v, 2.19r 날만 3.11v
namna-qu γaǰar 긔추ᄡᅩ기 3.9r
namna-qui 긔추ᄡᅩ기 3.3r, 3.5v
namna-qui-yi 긔추ᄡᅩ기ᄂᆞᆫ 3.3r
-nar 들 3.7v
naran 日 2.8r 희 3.16v
naran unatala 희 지도록 3.16v
naran degdekü eteged 東편
naran saran 日月 2.8r ⌊3.2v
narin niγuča 細密ᄒᆞᆫ 3.4v
nasu ᄉᆞᆯ 1.12r, 3.2r 나히 3.2r 歲 4.6v
nasuǰi-qu odumui 늙어가ᄂᆞ니 1.16r
nasun 나히 2.8v
nebtere-gsen qoyina 通ᄒᆞ면 1.9v

nebtere-sügei kemekü 통코져
nege 일라 4.9v └1.8v
nege-n ülü čidamu 能히 셔히지 못ᄒᆞ니 3.3v
negegde-besü 열리이고 1.9v
negegde-kü 열리이ᄂᆞᆫ 1.9r
neme-bei 더ᄒᆞ니 2. r
neng 더옥 1.2v
nere 일훔 1.2r, 3.1v, 3.8r
neyile-be 맛고 4.3v ┌2.12v
neyilegül-ün 맛초와 1.9v 응ᄒᆞ여
neyilegül-sügei 맛갓게 ᄒᆞ려니와 4.5r
ničügün qobolo 죵나모 1.12r
nidu 눈 1.16r
nidun 눈 2.1v
nige daraγar ᄒᆞᆫ 번의 2.4r
nige edür ᄒᆞ루 2.1r
nige nigen-yier 낫낫치 1.1v
nigemüsün 일졀이 4.1r
nigen ᄒᆞᆫ 1.2v, 2.9r, 3.17r
nigen quntaγa ᄒᆞᆫ 잔 2.18v
nigente ᄒᆞᆫ 번 2.1r, 2.10v
nigente qoyarta ᄒᆞᆫ두 번 2.15r
niγur face 4.11r ┌ᄒᆞ여심으로 4.4r
niγur ǰolγaγsan-u tulada 對面
niγur uγaqu usu 세슈믈 4.11r
nis-kü sibaγu 놀즘싱 1.11v
nisü-kü ᄂᆞᄂᆞᆫ 3.9v
noγoγa ᄂᆞ믈 3.13r
noyir ürgelemüi 조을리니 4.11r
nögüge edür 모릐 2.14v
nöküče-n 붓조차 4.14v
nöküd 벗들 2.12v, 3.15v
nökür 벗 3.14v, 3.15r
nökürle-müi 사괴고 2.10r
nökürle-gsen 사괸 2.9r
numu 활 3.3v

oberen 제 3.7r
oboγ 姓 3.1r
oboγala-baču-bar 싸혀셔도 1.13v
od 가라 4.7v
od-ba 갓다 3.16v
od-basu 가면 4.14v
od-ču 가셔 2.15v, 2.16r, 2.17v
od-qui 간 줄 4.7v
od-suγai 가고져 1.18v, 3.17r
odo 시방 3.7r
odo boltala 엿틔 1.19r, 4.8r, 4.11r
odu-γsan bile 갓던다 3.16r
odu-γsan bülüge 갓다가 4.10r 갓던다 2.16r
odu-γtun 가려므나 4.12v
odu-ya 가쟈 4.11v
oγtol-ǰu 버혀 2.13v

ol-basu 어드먼 1.3r
ol-ǰu 어더 4.2r 시러곰 4.3v, 4.14r
ol-ǰu ǰolγaqu ügei ayoo 어더보지 못홀가 1.18v 「못ᄒᆞ니 1.18r
ol-ǰu üǰegdegsen ügei 어더보지
ol-qu 엇ᄂᆞ 3.7r· 엇지 4.16r
ol-tuγai 어드쇼서 4.6r
olan 여러 3.12r 衆 1.14v
olan ori-yin bičig 諸子書 2.4v
olo-γsan 어든 1.3r
omorqaγ 驕慢ᄒᆞᆫ 1.3r
orčiγul-qu 翻譯ᄒᆞ여 3.5v
orčiγul-qui 翻譯ᄒᆞ기 2.2v
orgiǰu 소사 2.11r
orγo-ba 도망ᄒᆞ엿도다 4.8r
orkiča 빗북 2.8r 「2.7r
orkiγda-γsan bülüge 너머질러니
orki-qu 더짐 2.8r
oro-ba 허비ᄒᆞ여시니 3.17r
oro-ǰu 들어가셔 3.10r
oro-qu ügei 허비 아니ᄒᆞ고 3.13v
osolda-qu ügei 게을리 아니ᄒᆞ고 1.2r
oyila-mui 긔록ᄒᆞ며 1.1v
oyila-n 긔록ᄒᆞ여 1.1r
oyila-n obuγad 着念ᄒᆞ여 1.6v
oyila-suγai 긔록ᄒᆞ쟈 1.7r
oyila-ya 긔록ᄒᆞ쟈 1.18r
oyimosu 보션 4.11v

Ö

ö 오냐 3.10r, 4.6v
öber-tür 제게 2.11v, 2.13v, 3.7r
öberen 제 2.9v, 2.11r, 2.13r
öbesüben 自然히 1.5r, 1.14v
öči-kü ügei 디답지 아니ᄒᆞ던다 4.10r
öčinen 여러 3.8r
öčügedür 어제 2.6r, 3.16r, 4.2r
ödter 밧비 4.7v, 4.10v
ög-čü 주어서 1.20r
ög-kü 주마 1.19r 주며 1.20r
ögere 다ᄅᆞᆷ이 1.15r, ᄯᅩ로 3.7r
ögere ǰüil-ün 별로 2.2r
öggü-müi 주ᄂᆞ니 2.13r
ögüle 닐리라 2.17v
ögüle-gsen 니ᄅᆞᆫ 2.2v
ögüle-gsen anu 닐러시되 1.7v, 1.11r, 2.4v
ögüle-gsen-i 니ᄅᆞ믈 1.10v
ölǰei 壽 1.12r
ölǰei-dü edür 名日 2.8v
öndür 놉흔 4.8v
önggere-be 지나시니 4.5v
önggere-gsen ǰil 上年 3.7v
önggeregül-ǰü 지내치고 1.16r
örüsiye-kü ᄉᆞ랑홈으로 2.19r
örüsiye-n ᄉᆞ랑ᄒᆞ여 1.7r
örüsiye-ye ᄉᆞ랑 4.4v

örüsiye-ye kemekü-yin tulada
ᄉᆞ랑ᄒᆞᆫ으로 4.4v
ösü 터럭 4.6r

Q

qabtaγan 주머니 1.14r
qabur 歲 1.12r
qadaγala-ǰu ᄀᆞ초앗ᄂᆞᆫ가 3.10v
qaγalγa 문 1.20r, 4.9v
qaγalγa-yin bošoγa 문지방 2.11r
qaγalγan 문 2.15v ┌2.15v
qaγalγan-u γadaγa 문밧긔
qaγas 기의 半 1.5r
qaγučin 네 2.9r, 3.6v
qaγur-basu 속이면 2.15r
qaγur-basu mün 속여도 2.15r
qaγur-qu 속이ᄂᆞᆫ 4.8r
qaǰiγula-n 시즈러 2.5v ┌ᄒᆞ더니 1.7r
qala-n ülü čidamui ᄂᆞᆼ히 고치지 못
qalaγun ebesün 生茁 2.6r
qalqalaγda-γsan-yiar ᄀᆞ리여 1.7v
qalqalaγda-ǰu ᄀᆞ리여서 1.8v
qamiγa 어ᄃᆡ 2.16r, 4.7v 어ᄃᆡ셔 3.2v
qamtu ᄃᆡ브리 4.14r
qanǰu 방 2.16v
qanu-ba 족ᄒᆞ다 4.6v
qaoli 道理 4.4r, 4.7v
qaraγa bui ǰe 타시로다 2.7v
qarangγui bolomui 어려오니라
1.8v 어리오니 1.9r
qaraqan 겨히 1.10r, 4.1r
qarbu-qu 步射 3.3r 步射ᄒᆞ기 3.3r 步
射ᄒᆞ며 3.5v
qasi 어ᄃᆡ 4.7v
qata-n 되야 2.18v
qata-n ügei 되지 아니ᄒᆞ고 3.13r
qataγu-γsaγar 강잉ᄒᆞ여 2.7r
qoγ siroi 糞土 1.11r 두험 1.12r
qoγola 목 2.11r ┌2.11r
qoγola büglegülǰüküi 목이 멘다
qoγorondu ᄉᆞ이 1.16r
qoγosuγar 공연이 4.4r
qola 먼 4.2v
qola-dur 먼 ᄃᆡ 4.2v~4.3r
qonin 양 2.17v
qoorγara-γsan 쵸ᄒᆞᆫ 3.10r ┌3.10r
qoorγara-γsan-i inu 쵸ᄒᆞᆫ 거시나
qori-γsan 말리ᄂᆞᆫ 3.13v
qori-qu 말리지 3.15r ┌3.15r
qori-qu baqana 말닐 ᄯᆞ름이라
qosiγu-tai 긔헨다 3.1r
qoyaduγar 둘재 3.1v
qoyaγula 둘히 4.4v
qoyar 두 2.5r, 4.16v
qoyina 후 1.7v, 4.12v, 4.14v
qoyina sayi 후에야 1.1v, 4.15r
qoyisi 도로 1.20v ┌든 4.12v
qoyisi iregsen qoyina 도라오거
qoyisi irekü̈i-dür 도라올 제 4.12v

qubčasu 옷 4.10v, 4.11v 「고 4.11v
qubčasu malaγa emüsčü 衣冠ᄒᆞ
qudalduγa 갑 1.13r
qudalduγan-u γaǰar 져ᄌᆡ 5.1v
quduγ 우믈 1.15r
qulaγai 盜賊 1.13v
qulaγai qudal 盜賊 1.13v
qulaγu-ču bolqu ügei 도적ᄒᆞ지 못ᄒᆞᄂᆞ니라 1.14r
quntaγa 잔 2.18r, 3.12r 보ᄋᆞ 4.12r
quntaγa bariγsan-dur 잔 잡으며 2.18v 「2.7v
qurdun 셸리 2.18r, 3.10v 셸라 1.18r,
qurdun bolbasu 셸으면 1.6v

S

saba 그룻 1.15r
saγataγul-qu 말라 3.10r
saγu 안ᄌᆞ라 2.16v 안자 3.10v
saγu-baču 안ᄌᆞ나 2.5v 「4.3v
saγu-γsan-dur 안자심애 4.3r～
saγu-ǰu 안자셔 2.18r, 3.12v
saγu-ǰuqui 사ᄂᆞᆫ다 3.2v
saγuǰaγa-ya 안잣쟈 4.4v
saγulγa-qu 심그기 1.15r
saki-ǰu aǰu 직희여 3.7r 「4.15v
salu-γsan-ača inaγsi 제남으로부터
sam sam 김김 4.14v
sana-mui ᄉᆡᆼ각ᄒᆞ노라 1.18v 「1.16v
sana-baču-bar mün ᄉᆡᆼ각하여도
sana-basu ᄉᆡᆼ각ᄒᆞ면 1.10v, 2.7r, 2.9r
sana-qula ᄉᆡᆼ각ᄒᆞ면 1.14v 「4.17r.
sanaγa ᄉᆡᆼ각 1.2v 뜻 1.3r, 3.14,
sanaγan 뜻 3.17r, 4.3v, 4.5r
sayaqan 비로소 3.2r 「야 4.15r
sayi 비로소 2.6r, 3.14v 이제야 2.16v,
sayid 大人 3.8v
sayin 됴흔 1.12v, 잘 1.19r, 평안ᄒᆞ다 4.1r 어진 4.14v 됴히 잇다 4.17v
sayin boltuγai 어질고져 ᄒᆞ고 3.13v
sayin inu 됴흔 이 3.16r
sayin maγu 善惡 4.15r
sayin-u 平安ᄒᆞ냐 4.1r, 4.15v
sayiqan 잘 1.1r, 아름답고 1.8r
sečen 聰明ᄒᆞᆫ 1.12v
sečen sergüleng aγsan abasu 伶俐ᄒᆞ드면 2.3r～2.3v
sedkil ᄆᆞᄋᆞᆷ 1.2v, 2.8v, 4.17r
segül ᄭᅡ임 1.1r, 1.1v
sibada-mui 저축ᄒᆞᆫ다 2.8r
sibaγu 禽 1.11r
sibaγu gürügesü 禽獸 1.11r
sibar ᄌᆞ니 4.2v
sibügen 송곳 1.14r
sidurγu 고든 3.15v 「고 2.5v
sigge-kü ügei boloγad 삭지 아니ᄒᆞ
siluγun sira nayiki 正黃旗로다 3.1r
simda-bosu 窮究ᄒᆞ면 1.10r

simda-n 窮究ᄒᆞ여 1.17v
sine ǰil 새ᄒᆡ 4.5r
singge-gsen qoyina 비런 1.13v
sintara-ǰu 푸러져 2.12v
siqa-ba 이로되 1.5r
siqama 즈음 3.7v
sitaγa 켜고 4.10v
sitü-bečü-ber 感激ᄒᆞᄂᆞᆯ 4.3r
soγto-mui bolai 취ᄒᆞᆫ다 2.18v
soγto-ǰuqui 취ᄒᆞ엿ᄂᆞᆫ다 4.10r
soγto-qu 취ᄒᆞᄂᆞᆫ 2.18v
soγto-qui 취키 3.11v 「4.14r
sonos-basu 드ᄅᆞ니 3.15r 드ᄅᆞ면
sonos-qu ügei 듯지 아니ᄒᆞ노라 2.17v
sonos-qula 드ᄅᆞ면 3.6r, 4.9v
sonosu-γsan 드르면 2.8v
sonosu-ya 듯쟈 4.9r, 4.17v
soyoγa 半行 1.1v
sulaqan bolba 우연ᄒᆞ다 2.6r
sumu 牛彔 3.1r
sumu nayiki 牛彔이라 3.1r
sur-un 비화 1.4r
sur-baču-bar mün 비화도 1.5r
sur-basu 비호면 1.2r 비홈이 2.5r
sur-basu ǰokimui bolai 비환즉 ᄒᆞ니라 1.10v 「호고 1.15r, 3.9v
sur-ču 비환지 1.5r 비화 1.13v 비
sur-qu 비호ᄂᆞᆫ 1.4r
sur-qu ügei 비호지 아니ᄒᆞᆫ다 3.3r
sur-suγai 비호고져 2.3v
surγa-mui ᄀᆞᄅᆞ치ᄂᆞ니 2.1v
surγa-γsan ᄀᆞᄅᆞ침 1.7r, 4.14r 비호ᄂᆞᆫ 2.2r ᄀᆞᄅᆞ치ᄂᆞᆫ 2.2v 「로 1.7r
surγa-γsan-u tulada ᄀᆞᄅᆞ침으
surγa-ǰu ᄀᆞᄅᆞ쳐 2.2v 「2.2v
surγa-qu ügci ᄀᆞᄅᆞ치지 아니ᄒᆞ고
surγaγuli 집 3.4v
suru-γsan 비혼 2.4r, 3.8v 「라 3.3v
suru-γsan ügei 비호지 못ᄒᆞ엿노
suru-γuǰin 비홀가 3.13v
süidke-kü 허비홀 4.13r
sünesü 닛 3.6r
süng-gin cüng 宋仁宗 1.10v
süni 밤 2.5r
sürüg 무리 4.5r
sw šu bičig 四書 2.2r, 2.3v

Š

šabi 弟子 3.5v, 3.7v 「3.10r
šaγarda-sai 지촉ᄒᆞ려므나 2.20r,
šügümǰile-n 論難ᄒᆞ고 4.4v

T

ta 너희 3.12r, 3.12v, 4.10r
tabun 五 2.3v, 2.4r

tabun nom 五經 2.3v
tačir 죠치 아닌 1.12r 「니 ᄒᆞᆯ리니 2.10v
tačiyada-qu ügei bülüge ᄇᆞᆫ치 아
tayači-γsan 산 1.12r 「니라 1.6v
tayala-mǰi ügei 듯기 조치 아니ᄒᆞ
tayala-mǰi ügei abaču 거슬리나 3.15v
talbi ᄇᆞ려두라 3.3v
talbi-basu 두면 1.12v
talbi-qu ügei ᄂᆞᆺ치 아니ᄒᆞ니 4.10v
talbiγur 쵯대 1.13r
tamaγa 正當 1.1r
tan-u 너희 2.1r, 3.10v
tan-dur 너희게 2.1r 「다 4.15r
tani-mui 알쎄라 1.2r 넉다 4.13v 안
tani-qu 아ᄂᆞᆫ 1.5v 알며 1.6r 아ᄂᆞᆫ 4.3v
tani-qu buγuu 아ᄂᆞ냐 3.11v
tani-qu ügei 아지 못ᄒᆞ노라 2.15v
tani-qu-yin tula 알거심으로 1.2r
taniγda-mui bolai 알리이ᄂᆞ니라 4.15r
tariyalang 밧 1.12r
tariyan 곡식 1.12v
tasiyalaγda-γsan γaǰar 갈리인 곳 4.17r 「나 4.17r
tasiyalaγda-n abaču 갈리여 이시
tasiyara-qu 그르며 1.6v
tata-ǰu üǰe 다리여 보라 3.3v
tayil-ǰu 버서 2.11v 「다 3.4r
tayilburila-n čidanao 能히 講ᄒᆞᄂᆞᆫ
tayilburila-bao 講ᄒᆞ엿ᄂᆞ냐 3.4r
tayiburila-qu 講ᄒᆞ며 3.5v
tayilburila-qu ügei 강ᄒᆞ지 아니
tayilu-γad 벗고 4.10v └ᄒᆞ며 2.2r
tebke 도고리 3.3v
tede 저들이 4.10r
tedü 즉제 3.9r
tegede-müi 머두어리ᄂᆞᆫ지라 2.4v
tegri 하ᄂᆞᆯ 1.12v, 2.7v, 4.10v
tegün 져 2.2r, 3.6v, 4.12r
tende 저긔ᄂᆞᆫ 2.16v 저긔 4.12v
teneg aqa 愚兄 1.18r
tengče-gsen 試驗ᄒᆞᆫ 3.8v
tenggiǰi 그럳시 3.14v
tenggiǰi ai 그럳시 올타 2.6r
tengkege 지조 3.8v 「4.7v
tere 그 1.16v 저 2.9v 아뫼라 3.1v 제
tesergüle-gsen 비반ᄒᆞᆫ 2.10v
teskel ügei bayarlan bügetele 깃부믈 이긔지 못ᄒᆞ되 4.16r
teükentü 긔 3.16r 「언머치 1.16r
teükentü kedü 1.16r 긔 언머 3.16r
teyimü 그리 2.12v
teyimü aǰi 그러ᄒᆞ리 1.17v
teyimü bolbasu 그러ᄒᆞ면 2.1r, 3.3v, 4.6v 「4.2v
teyimü-yin tula 그러모로 4.1v,
teyin 그러므로 4.16r
teyin boloγad 그러ᄒᆞ고 4.3v
teyin kemebečü 그러ᄒᆞ나 4.16v

teyin kemebečü-ber 그러ᄒᆞ나 2.3r
toγorin 왼 2.2v 누루 2.16r
toγosu 뒷글 2.16r
toγta-γuri 一定ᄒᆞᆷ이 2.13v
toγta-san šügümǰilel bolai 定論이라 4.14v~4.15r
tokira-mui 절로 나ᄂᆞ니라 1.2v 절로 나ᄂᆞ니 1.3r
tokira-γsan 난 1.17r
toli 거울 1.7v, 1.8v
tolila-basu 빗최여도 1.10r
tolin 거울 1.9r, 1.10r
toloγai 마리 2.8v, 4.6r
tomoron 구뭏 1.6v
tuγtam 처음으로 1.1r
tula ᄒᆞ여 1.4r 모로 3.14r, 3.14v 위ᄒᆞ여 4.3r
tulada 모로 4.1v
tungγalaγ ᄆᆞᆰ으되 1.8r
-tur 에 1.14r 서ᄂᆞᆫ 2.19v 의게 3.11r
tus-basu ᄡᅳ이면 1.8r
tusa 有益ᄒᆞ다 3.15v 有益ᄒᆞ고 3.15v
tusqayilan 特別히 1.19v, 2.9r, 4.15v
tutum 마다 1.7v
tügerigde-gsen 어득ᄒᆞᆫ 1.9v
tügerigde-ǰi 어득ᄒᆞᆫ지라 1.7v
tügükei 선 1.6v 설어 1.6v
tülkile-müi 미뢰니 2.14v
-tür 에 1.8v, 3.1v 게 2.11v 의게 2.12v ᄂᆞᆫ 2.14r 에서 3.2v
türgelen 급히 1.20r
türü-gsen 난 1.15r
türü-gsen edür 生日 3.2v
türü-kü 살 3.7r
tüsi-ǰü 지혀서 1.20r
tüsimel 벼ᄉᆞᆯ 3.2r
tüsimel kergem 벼ᄉᆞᆯ 4.6r
tüsügele-müi 알고 3.3r
tüsügele-gsen 아ᄂᆞᆫ 2.4r
tüsügele-kü ügei 아지 못ᄒᆞ노라 3.3r
tüsügele-neü 아ᄂᆞ냐 3.7r

U

učara-ba 만낫노라 4.7v
učir 緣故 3.8r, 4.5r, 4.14r
učir ǰüi 묘리 1.1v
učir-i 緣故를 4.8r
učir-tu 緣故로 3.5r
-ud 들 3.8v
uda-mui 오래리오 1.16r
uda-γsan 오랜 4.14v, 4.15r
uda-γsan-dur 오래면 1.5r
uγa-ya 씻쟈 4.11r
uγu 먹으라 2.18r
uγu-baču 마시나 2.6v
uγu-γsaγar 먹어 3.11v
uγu-γtun 먹으려므나 3.12r
uγu-qu baqana 먹을 ᄯᆞᄅᆞᆷ이라 2.19r
uγu-qu bolai 마시리라 3.13v

uγu-qu ügei 먹지 아니ᄒᆞ리라 2.19v, 3.12v 먹지 아니ᄒᆞ고 3.13r
uγu-qu ügei bülüge 먹지 아니ᄒᆞ더니 2.19r
uγu-qu-yin tulada 먹으니 2.6r
uγu-qula 먹으면 2.19v, 2.20r
uγu-san 먹은 4.12v
uγu-san qoyina 먹으니 2.18v
uγuγul-qu ügei 먹이지 아니ᄒᆞ리라 2.20r
uγuta 부대 1.13r 잘레2.12r
ulamla-n 젼ᄒᆞ여 2.9v
ulus 나라 1.11v
-un 의 2.7r ⌈3.6r
una-mui kemegtün ᄯᅥ러지ᄂᆞ니라
ungsi-basu ᄇᆞᆰ도록 1.2v
ungsi-n ᄇᆞᆰ어 1.1r
unta-γa 자라 4.10v
unta-γsan bülüge 자더니라 4.10r
unta-ya 자쟈 4.11r
unu-ǰu ᄐᆞ고 2.15v
urdula 앏ᄒᆡ 2.1v
urduta 앏 3.2v
urγu-mui 나ᄂᆞ니 1.12v
urida 몬져 2.18r
urǰi edür 그짓긔 1.19r, 2.14r, 4.1v
usu 믈 2.6r
usubki darasu 薄酒 4.4r
uyiduqu bülüge 심심ᄒᆞ더니 4.3v

Ü

-ü 의 3.15r
üdesi 저녁 2.6r
üge 말 1.4v, 2.2r, 3.8r
ügei 아니ᄒᆞ고 1.2r 아니 1.17v 아니ᄒᆞᆫ다1.19v 업ᄉᆞ니라 2.2r 못ᄒᆞ다 2.13v
ügei anu 아닛ᄂᆞᆫ 거시 1.17r
ügei aǰi 업ᄉᆞ리오 3.17v
ügei ayoo 못ᄒᆞᆯ가 1.18v
ügei bayarlan bügetele 이긔지 못ᄒᆞ되 4.16v
ügei bayitala 업ᄉᆞᆫ듸 1.4v ⌈3.8r
ügei bolai 업ᄉᆞ니라 1.15r 못ᄒᆞ엿다
ügei bolbaču 업ᄉᆞᆯ찌라도 2.12v
ügei bolbasu 아니ᄒᆞ면 1.9r 업ᄉᆞ면 2.11v ⌈1.10r
ügei bolomui 업고 1.9v 업ᄂᆞ니
ügei bülüge 못ᄒᆞ엿더니라 4.16r
ügei kemekü-eče bayituγai 업ᄉᆞᆯ ᄲᅮᆫ 아니라 2.8v 아닐 ᄲᅮᆫ 아니라 3.15r
ügei uu 아니 오ᄂᆞ냐 2.1r 못ᄒᆞ엿ᄂᆞ냐 3.4r 아니ᄒᆞ엿ᄂᆞ냐 3.7v
ügei-degen 업ᄉᆞᆫ듸 4.5r
ügei-yin tula 못ᄒᆞᆷ으로 4.16r 업기로 3.3r∼3.3v
ügen 말 1.2v, 1.13r, 1.17v
üiledü-n 민드라 1.8r

üǰe-re 보라 4.1v, 4.2v
üǰe-besü 보니 3.8v
üǰe-gtün 보라 2.15v
üǰe-kü 보눈 4.8v
üǰe-n 보와 3.9v
üǰe-re odsuγai kemebesü 보라 가고져 ᄒᆞ되 1.18v
üǰe-ye 보쟈 2.16r
üǰegde-besü 뵈면 1.11v
üǰegde-gsen qoyina 뵈거든 1.4v
üǰegde-kü ügei 보지 못ᄒᆞ고 4.7r
üǰese 샹풍 3.8r
üǰüg 글지 1.17r
üǰüg bičikü be 글 쓰며 3.5v
üǰügür 긋 1.14r ┌1.7r
ükenče doro bolbaču 朋劣ᄒᆞ다
ülege-gsen 기친 1.10r
ülemǰi aǰi 만호니 2.16r
ülü arilγabasu 업시치 아니ᄒᆞ면 1.9r
ülü čidamui 能히 못ᄒᆞ노라 3.4v
ülü čidaqu 能히 못ᄒᆞᄂᆞᆫ 3.4r
ülü güičegülkü bolomui 밋지 못 홀 거시니 1.16v
ülü iremüi 오지 못ᄒᆞ더니 4.1v
ülü itegebesü 밋지 아니ᄒᆞ거든 2.19v ┌1.5r
ülü kelelčebesü 말ᄒᆞ지 아니ᄒᆞ면 3.13v
ülü kičegbesü bolqu 가히 힘쓰지 아니ᄒᆞ며 1.14v
ülü kürkü-yin tula 밋지 못홀가 ᄒᆞ여 1.3v~1.4r
ülü ögküi-yi 주지 아님을 1.20r
ülü sabqalaqu 저질 아니ᄒᆞᄂᆞᆫ
ülü simdabasu bolqu uu 가히 窮究치 아니ᄒᆞ랴 1.14v~1.15r
ülü surbasu 비호지 아니ᄒᆞ면 1.12v, 1.16r 비호지 아니홈이 1.13r
ülü taniqui 아지 못홈 1.6r ┌4.1r
ülü üǰegdemüi 보지 못ᄒᆞ엿다
-ün 이 1.10v
ünenči sanaγan 誠心 1.4r
ünenči sanaγan-yiar 졍셩으로
üner 과연 2.8r, 4.14r, 4.16v └1.17v
üreǰi-n 繁盛ᄒᆞ여 4.6r

Y

yabaγala-n 거리 4.2v, 4.6v
yabu-basu 힝ᄒᆞ면 1.9v
yabu-γsaγar 돈니다가 2.16v
yabu-ǰu 힝ᄒᆞ고 3.14r
yabu-san geǰü 돈녓노라 4.7r
yabudal 힝실 3.15v
yaγam 어이리 4.5v
yaγakin 엇지 4.14r
yaγudai 구장 2.7v, 3.3v, 4.13v
yaγuge-ǰu 므슴ᄒᆞ라 1.4r, 4.5v
yaγuki-mui 므슴ᄒᆞ리오 2.2v
yaγuma 것 1.9r, 2.5v

yaγun 므엇 1.4v 므슴 1.19r, 3.2r
므스 2.13r 므合 4.5r 무어시며
3.1r 어읜 3.6v
yaγun ǰerge üge 므슴 말 2.1v
yaγun yaγuma-yi 므스 거슬
2.13r
yaγsitala 쟌뜩 4.10r
yaki-ba 무엇ᄒᆞ던다 2.14r, 1.11r
yaki-ǰi 엇진고 1.11r, 4.14v 엇지ᄒᆞ
여 4.3r
yeke 큰 2.12r, 4.6r
yerü 벽벽이 2.4v
yeüdan 유삼 4.2r
yeügeǰi 엇지 1.19r, 2.2r, 4.11r
yeünai 어이 1.17v
-yi 을 1.1r, 2.3r, 는 3.3r
-yiar 로 1.4r, 1.12r
-yier 로 1.20r, 4.8v
-yin 의 1.7r, 1.10r, 3.4v
yisun 아홉 3.2r
yirtinčü 世上 1.15r
yosu 도리 2.2r, 2.18v
yosu-du mürgüre 禮拜ᄒᆞ라 4.5v
yosun ǰüi 道理 1.8v, 9.1r

捷解蒙語 索引 終